Fadi Chabarek

Interaktive Vervollständigung von Szenariospezifikationen

Fadi Chabarek

Interaktive Vervollständigung von Szenariospezifikationen

Südwestdeutscher Verlag für Hochschulschriften

Impressum/Imprint (nur für Deutschland/only for Germany)
Bibliografische Information der Deutschen Nationalbibliothek: Die Deutsche Nationalbibliothek verzeichnet diese Publikation in der Deutschen Nationalbibliografie; detaillierte bibliografische Daten sind im Internet über http://dnb.d-nb.de abrufbar.
Alle in diesem Buch genannten Marken und Produktnamen unterliegen warenzeichen-, marken- oder patentrechtlichem Schutz bzw. sind Warenzeichen oder eingetragene Warenzeichen der jeweiligen Inhaber. Die Wiedergabe von Marken, Produktnamen, Gebrauchsnamen, Handelsnamen, Warenbezeichnungen u.s.w. in diesem Werk berechtigt auch ohne besondere Kennzeichnung nicht zu der Annahme, dass solche Namen im Sinne der Warenzeichen- und Markenschutzgesetzgebung als frei zu betrachten wären und daher von jedermann benutzt werden dürften.

Coverbild: www.ingimage.com

Verlag: Südwestdeutscher Verlag für Hochschulschriften GmbH & Co. KG
Dudweiler Landstr. 99, 66123 Saarbrücken, Deutschland
Telefon +49 681 37 20 271-1, Telefax +49 681 37 20 271-0
Email: info@svh-verlag.de

Zugl.: Berlin, Berlin, TU, Diss., 2011

Herstellung in Deutschland:
Schaltungsdienst Lange o.H.G., Berlin
Books on Demand GmbH, Norderstedt
Reha GmbH, Saarbrücken
Amazon Distribution GmbH, Leipzig
ISBN: 978-3-8381-2901-3

Imprint (only for USA, GB)
Bibliographic information published by the Deutsche Nationalbibliothek: The Deutsche Nationalbibliothek lists this publication in the Deutsche Nationalbibliografie; detailed bibliographic data are available in the Internet at http://dnb.d-nb.de.
Any brand names and product names mentioned in this book are subject to trademark, brand or patent protection and are trademarks or registered trademarks of their respective holders. The use of brand names, product names, common names, trade names, product descriptions etc. even without a particular marking in this works is in no way to be construed to mean that such names may be regarded as unrestricted in respect of trademark and brand protection legislation and could thus be used by anyone.

Cover image: www.ingimage.com

Publisher: Südwestdeutscher Verlag für Hochschulschriften GmbH & Co. KG
Dudweiler Landstr. 99, 66123 Saarbrücken, Germany
Phone +49 681 37 20 271-1, Fax +49 681 37 20 271-0
Email: info@svh-verlag.de

Printed in the U.S.A.
Printed in the U.K. by (see last page)
ISBN: 978-3-8381-2901-3

Copyright © 2011 by the author and Südwestdeutscher Verlag für Hochschulschriften GmbH & Co. KG and licensors
All rights reserved. Saarbrücken 2011

Inhaltsverzeichnis

1 **Einleitung** 1

    1.1 Zielsetzung und Lösungsansatz 4

    1.2 Aufbau der Dissertation 7

2 **Grundlagen** 9

    2.1 Szenariospezifikationen 9

        2.1.1 Repräsentation von Szenarien - Die Funktionsstruktur 10

        2.1.2 Verallgemeinerung des Ansatzes durch Linearisierungen 12

        2.1.3 Das Parkassistenzsystem 13

    2.2 Zustandsautomaten 18

    2.3 Vollständigkeit von Szenariospezifikationen 20

    2.4 Vollständigkeit von Zustandsautomaten 21

    2.5 Synthese von Zustandsautomaten aus Szenarien 22

        2.5.1 Synthesearten 22

        2.5.2 Allgemeiner Aufbau eines Syntheseverfahrens 23

        2.5.3 Induktive und Deduktive Syntheseverfahren 24

    2.6 Interaktive Induktive Inferenz 24

        2.6.1 Der RPNI-Algorithmus 24

        2.6.2 Blue-Fringe und die EDSM-Heuristik 30

        2.6.3 Anfragegestütztes Lernen 34

        2.6.4 Der QSM-Algorithmus 34

        2.6.5 Chancen und Herausforderungen 36

II Inhaltsverzeichnis

3 Verwandte Arbeiten 45

    3.1 Synthesebasierte Vervollständigung 45

        3.1.1 Induktive Vervollständigungsverfahren 48

        3.1.2 Deduktive Vervollständigungsverfahren 51

    3.2 Wissensbasierte Vervollständigung 55

4 Vollständigkeit von Szenariospezifikationen 57

    4.1 Rückführung der Vollständigkeit auf Transitionssysteme 57

    4.2 Strukturelle und Funktionale Vollständigkeit 58

    4.3 Ziele der Vervollständigung 61

5 Strukturelle Vervollständigung von Szenariospezifikationen 63

    5.1 Vervollständigung fehlenden Verhaltens 63

    5.2 Interaktive Erreichbarkeitsprüfung 64

    5.3 Interaktive Inferenz strukturell fehlenden Verhaltens 70

        5.3.1 Musterbasierte Induktion auf Basis von EDSM-Minimalwerten 72

        5.3.2 Interaktive Gewinnung fehlenden Verhaltens 73

        5.3.3 Interaktionsintensivierung 77

        5.3.4 Effizienzsteigerung durch Priorisierung 78

        5.3.5 Gezielte Übergeneralisierung der Lösung 81

        5.3.6 Anfragecaching 82

    5.4 Ergebnis des Scenario Puzzlings 82

6 Funktionale Vervollständigung von Szenariospezifikationen 91

    6.1 Induktion der Szenariokomposition 91

    6.2 Abgesicherte Erschließung der Szenariokomposition 92

        6.2.1 Einsatz von Teilmengenanfragen 93

        6.2.2 Verhinderung der Übergeneralisierung 98

        6.2.3 Das Problem der lokal optimalen Zustandsvereinigungen 101

        6.2.4 Erkennung und Vermeidung lokaler Optima 103

6.2.5 Funktionale Vervollständigung 106

6.3 Effiziente Erschließung der Szenariokomposition 108

    6.3.1 Musterbasierte Induktion von Szenariokompositionen 108

    6.3.2 Auswahl gestellter Merge-Validation-Anfragen 110

    6.3.3 Verkürzung und Auswahl der Komplementärmengenanfragen 111

    6.3.4 Anfragecaching 112

    6.3.5 Reduzierung der Interaktion durch Anfragebeschränkung 113

6.4 Ergebnis der Merge Validation 113

    6.4.1 Funktionale Vervollständigung des Parksystems 114

7 Realisierung und Methodik des Verfahrens 121

7.1 Realisierung des Verfahrens 121

    7.1.1 Aufbau und Umsetzung 121

    7.1.2 Modellierung von Szenariospezifikationen und Transitionssystemen 122

    7.1.3 Konfiguration und Realisierung der Algorithmen 124

    7.1.4 Automatisches Layout szenariobasierter Anfragen 126

7.2 Methodik 128

    7.2.1 Begutachtung synthetisierter Zustandsautomaten 129

    7.2.2 Iterative Anwendung der Vervollständigung 130

    7.2.3 Übergang zum Design 130

    7.2.4 Einsatz durch Autoren und Gutachter 130

8 Validierung und Evaluierung 131

8.1 Messung relativer Vollständigkeit 131

8.2 Empirische Vervollständigung des Parksystems 133

8.3 Experimente auf generierten Szenariospezifikationen 141

    8.3.1 Automatisierung und Experimentaufbau 142

    8.3.2 Steigerung der strukturellen Vollständigkeit 147

    8.3.3 Steigerung der funktionalen Vollständigkeit 149

8.4 Evaluierung der Ergebnisse 151

Inhaltsverzeichnis

9 Zusammenfassung und Ausblick 155

    9.1 Ergebnisse 155

    9.2 Ausblick 156

A Anhang 161

    A.1 Hilfssätze 161

    A.2 Funktionen der Erreichbarkeitsanalyse 162

    A.3 Die Selektion von Zustandspaaren mit der EDSM-Heuristik 163

Literaturverzeichnis 165

Sachverzeichnis 171

1

Einleitung

Vollständige Spezifikationen sind wichtig. Eine vollständige Beschreibung entscheidet oftmals darüber, ob ein System in der vorgegebenen Zeit, mit der gewünschten Funktionalität und mit Qualität entwickelt werden kann. Dies gilt sowohl für Gesamtverhaltensmodelle wie auch für Szenariospezifikationen.

Szenariospezifikationen sind partielle Verhaltensmodelle, die Systeme über deren Interaktion mit Nutzern und anderen Systemen beschreiben. Szenarien als Teil der Spezifikation stellen einzelne Systemfunktionen durch geordnete Ein- und Ausgabeereignisse dar. Sie erlauben aufgrund ihrer partiellen Natur und dank der Einnahme der Endnutzer-Sicht die Abstraktion von komplexen Abhängigkeiten zwischen Funktionen und der technischen Realisierung. Szenariospezifikationen sind daher verständlich, erweiterbar sowie eine gute Basis zur Kommunikation und zur Diskussion von Anforderungen. Angesichts dieser Merkmale sind Szenariospezifikationen eine der beliebtesten Spezifikationstechniken in der Anforderungsanalyse, die in über 50% aller Projekte genutzt werden [NL03]. Sie kommen vor allem bei der Anforderungsgewinnung und der Dokumentation von Anforderungen zum Einsatz.

Während der Anforderungsgewinnung können Analysten über szenariobasierte Techniken die Kernfunktionalität und das Normalverhalten eines Systems schnell und einfach erfassen. Die effektive Ermittlung dieses Verhaltens hat bei der Szenariospezifikation jedoch den Nebeneffekt einer verringerten Übersicht über das Gesamtverhalten. Zum einen werden während der Anforderungsanalyse Zusammenhänge zwischen den einzelnen Teilverhalten häufig nicht durch explizite Komposition erfasst. Zum anderen erschwert der partielle Charakter von Szenarien die Betrachtung von Alternativ- und Ausnahmefällen sowie von ähnlichen und selten auftretenden Verhalten [WK04]. Darüber hinaus fällt es Autoren und Gutachtern schwer, intuitiv über die Vollständigkeit partieller Spezifikationen zu entscheiden [AE03]. Kriterien zur Analyse der Vollständigkeit des Gesamtverhalten sind für Szenariospezifikationen nicht gegeben. Als Grundlage der weiteren Entwicklung resultieren daraus unvollständige Szenariospezifikationen.

Relevanz vollständiger Szenariospezifikationen

Die den Szenariospezifikationen inhärente Unvollständigkeit hat zur Folge, dass sich fehlende Anforderungen genau wie bei Gesamtverhaltensmodellen negativ auf den gesamten Entwicklungsprozess auswirken. Werden fehlende Szenarien erst während der Entwicklung entdeckt, führt dies zu einer erhöhten Anzahl an Änderungsanträgen. Der Aufwand zur Umsetzung der Änderungen steigt mit dem Fortschritt des Projekts an, da sich diese auf bereits entwickelte Artefakte auswirken. Im Extremfall werden fehlende Szenarien sogar erst nach der Auslieferung eines Systems bemerkt und führen neben den notwendigen Nachbesserungen zu erheblichen Mehrkosten durch Rückrufaktionen und Imageschäden.

Fehlende Szenarien haben nicht nur einen großen Einfluss auf den Mehraufwand in der Entwicklung eines Produkts, sondern auch auf die Testbarkeit eines Systems. Eine unvollständige Beschreibung der Szenarien führt zu einer verringerten Abdeckung abgeleiteter Tests. Ein System kann dadurch nur eingeschränkt validiert werden, so dass Fehler im unspezifizierten Verhalten einer Szenariospezifikation unentdeckt bleiben.

Sowohl die nachträglichen Änderungen in der Entwicklung als auch die verringerte Testbarkeit von Systemen führen zu vermeidbaren Nachbesserungen in Projekten. Der dadurch entstehende Aufwand wird im Vergleich zu einer Entwicklung mit vollständiger Anforderungsspezifikation auf das 200-fache beziffert [Boe81]. In heutigen Projekten wird der betriebene Mehraufwand auf insgesamt 40-50% des Projektvolumens geschätzt [Sel07]. Die weite Verbreitung von Szenariospezifikationen und ihre aus der Unvollständigkeit resultierenden Verbesserungsspielräume führen daher zu einem erheblichen Potential, Aufwand und Kosten in Projekten durch eine automatisierte Vollständigkeitsanalyse von Szenariospezifikationen zu reduzieren.

Potential der Verhaltenssynthese aus Szenarien

Szenariospezifikationen werden durch fehlende Szenarien und durch unbeschriebene Zusammenhänge zwischen Szenarien vervollständigt. Die Aufdeckung fehlender Szenarien wird genutzt, um vermeidbare Nachbesserungen zu reduzieren. Durch die Vervollständigung der Zusammenhänge werden Szenarien explizit komponiert und dadurch eine automatische Synthese des Gesamtverhaltens aus den partiellen Spezifikationen ermöglicht.

Im Gegensatz zum manuellen Design können durch automatisierte Syntheseverfahren die Eigenschaften von Szenariospezifikationen bewahrt werden. Zusätzlich sollen unpräzise Anforderungen durch Interaktion aufgedeckt und ergänzt werden, so dass die Korrektheit eines synthetisierten Gesamtverhaltensmodells per Konstruktion sichergestellt wird. Die entstehende Systembeschreibung kann dann gegenüber Sicherheitseigenschaften verifiziert, zur modellbasierten Entwicklung genutzt und weiter verfeinert werden. Eine interaktive Vervollständigung von Szenariokompositionen ermöglicht daher einen effizienten und nahtlosen Übergang von der Analyse zum Design. Dieser erhöht die Korrektheit entwickelter Systeme und bietet ein vielversprechendes Potential, um neben der Aufdeckung fehlender Szenarien die Qualität der Systeme weiter zu steigern.

Szenarien in der Fahrzeugentwicklung

Heutige Fahrzeuge weisen im Premiumsegment über 2.000 einzelne Softwarefunktionen auf [Bro06]. In den letzten 30 Jahren ist der Anteil der Software im Automobil damit von 0% auf bereits 50-70% der Entwicklungskosten gestiegen. Studien schätzen, dass dieser Trend anhält und in Zukunft der maßgebliche Anteil der Funktionalität eines Automobils durch Software bestimmt wird [ZN08].

Der Anstieg der Größe und Komplexität der entwickelten Systeme im Automobilbereich führt dazu, dass während der Entwicklung häufig Anforderungsänderungen notwendig sind und Lastenhefte gerade einmal 80% der gewünschten Funktionalität enthalten [Gri03, Sch03]. Circa 40% der Fehler, die durch die Verwendung softwarebasierter Funktionen im Automobil entstehen, sind auf fehlerhafte und unvollständige Anforderungen zurückzuführen [Gri03]. Damit die kontinuierlich steigende Größe und Komplexität entwickelter Systeme auch in Zukunft beherrscht werden kann, verlagert sich die Anforderungsanalyse im Automobilbereich von einer bauteilorientierten Sichtweise hin zu der Betrachtung kundenwahrnehmbarer Fahrzeugfunktionen [Die08].

In der *funktionsorientierten Entwicklung* beschreibt eine Fahrzeugfunktion die Reaktion eines Gesamtfahrzeugs auf Ereignisse durch Szenarien. Das kundenerlebbare Verhalten des Fahrzeugs wird dadurch in frühen Phasen über szenariobasierte Funktionen beschrieben. Während der weiteren Detaillierung werden die Szenarien durch natürlichsprachliche Anforderungen verfeinert. Die steigende Tendenz der Funktionsorientierung in der Fahrzeugentwicklung etabliert daher Szenarien als einen zentralen Pfeiler der Anforderungsanalyse in der Automobilindustrie.

Fehlen Szenarien bereits in frühen Phasen, können unspezifizierte Fahrzeugfunktionen in der Entwicklung von Lastenheften bis hin zu ihrer Ausschreibung unbemerkt bleiben. Durch einen höheren Vollständigkeitsgrad der Spezifikationen kann daher entscheidende Funktionalität in die Lastenhefte übernommen und erheblicher Mehraufwand durch nachträgliche Änderungen vermieden werden.

Die Vervollständigung von Zusammenhängen zwischen Fahrzeugfunktionen erlaubt darüber hinaus die Synthese von Gesamtverhaltensmodellen. Diese können einerseits zur Erhöhung der Korrektheit der beschriebenen Anforderungen über Verifikationstechniken genutzt werden. Andererseits ermöglichen sie die Gewährleistung eines nahtlosen Übergangs zur modellbasierten Entwicklung [CFGK05] über Syntheseverfahren. Die Vervollständigung der Kompositionsinformationen von Szenarien erlaubt es daher, den Aufwand der funktionsorientierten Entwicklung durch eine automatisierte Generierung von Modellen zu amortisieren. Sowohl die Fehlerrate als auch der Entwicklungsaufwand können durch diese reduziert werden.

Automatisierte Vervollständigung von Szenariospezifikationen

Bestehende Verfahren zur Vervollständigung von Szenariospezifikationen

- nutzen Simulation, um fehlendes Verhalten zu finden,
- synthetisierten Automaten, um diese auf Vollständigkeit zu analysieren, oder
- vervollständigen die Spezifikationen konstruktiv über die Interaktion mit Autoren oder Gutachtern.

Während der Simulation eines Systems durch Szenarien kann fehlendes Verhalten gefunden werden. Autoren und Gutachter müssen allerdings ihrer Intuition folgen, um Alternativ- und Ausnahmepfade sowie ähnliches oder seltenes Verhalten durch ihre Eingaben entdecken zu können. Die Qualität der Vollständigkeitsprüfung hängt daher ohne algorithmische Unterstützung stark von menschlichen Faktoren ab.

Der Simulation gegenüber steht eine Vervollständigung durch die Synthese von Automaten und deren Analyse auf Vollständigkeit. In Szenariospezifikationen ist die Komposition von Szenarien jedoch häufig nicht explizit spezifiziert und selten vollständig gegeben. Demnach sind bestehende Vollständigkeitsanalysen für Gesamtverhaltensmodelle nur sehr begrenzt durch vollautomatische Synthese im Kontext von Szenariospezifikationen einsetzbar.

In der jüngsten Zeit haben sich interaktive Syntheseverfahren zu einer vielversprechenden Alternative zur automatischen Synthese entwickelt. Diese können durch ihre Interaktion auch unter dem Gesichtspunkt der Vervollständigung eingesetzt werden. Die bis dato entwickelten interaktiven

Verfahren [MS01, BKKL08] generieren jedoch Hypotheseautomaten, die einer manuellen Begutachtung auf Vollständigkeit bedürfen. Neben diesen Verfahren verwenden die interaktiven Ansätze aus [DLDL05, DLDL08] zwar eine einfach zu beantwortende szenariobasierte Interaktion, konzentrieren sich jedoch auf die Erschließung von Szenariokompositionen, ohne die Ermittlung von fehlendem Verhalten zu betrachten. Die erschlossene Szenariokomposition ist zudem stark über- und unterapproximiert, so dass eine gesicherte Qualität zur konstruktiven Vervollständigung nur bedingt gegeben ist.

Ein Verfahren, dass eine szenariobasierte Interaktion verwendet, um sowohl gezielt fehlendes Verhalten als auch eine umfassende Szenariokomposition zu erschließen, steht daher nicht zur Verfügung. Dieser Mangel an Unterstützung und die Schwierigkeit, partielle Spezifikationen zu vervollständigen, bewirkt, dass Autoren und Gutachter sich bei der Spezifikation mit Szenarien lediglich auf die Beschreibung der Kernfunktionalität beschränken. Das große Potential zur Verbesserung der Qualität und der Verhaltenssynthese bleibt aufgrund einer fehlenden automatisierten Unterstützung zur Vervollständigung von Szenariospezifikationen daher weitestgehend ungenutzt.

1.1 Zielsetzung und Lösungsansatz

Ziel dieser Arbeit ist es, eine automatisierte Vollständigkeitsanalyse zu entwickeln, die Autoren und Gutachter (im Folgenden Ingenieure genannt) dabei unterstützt

(Z1) *fehlendes Verhalten in Szenariospezifikationen* und
(Z2) *unbeschriebene Szenariokompositionen*

zu finden und konstruktiv zu vervollständigen. Diese Analyse soll bereits in frühen Phasen des Softwareentwicklungsprozesses einsetzbar sein, durch die Vervollständigung vermeidbare Nachbesserungen reduzieren sowie vorbereitend einen nahtlosen Übergang von der Anforderungsanalyse zum Design mit bestehenden Syntheseverfahren ermöglichen.

Konkret realisieren wir dieses Vorhaben, indem wir positive und negative Szenarien einer funktionsorientierten Szenariospezifikation über Wörter darstellen und diese in den Grammatik-Inferenz-Algorithmus Blue-Fringe-EDSM [LPP98] eingeben. Der Algorithmus behandelt die Eingabe als Beispielwörter einer Sprache und versucht, aus diesen heuristisch einen Automaten als Repräsentanten einer regulären Grammatik induktiv zu erschließen. Während der Induktion rekombiniert der Algorithmus das Verhalten der Eingabeszenarien über deren Ähnlichkeit. Er erzeugt dadurch Verhalten und Szenariokompositionen, die im Kontext von regulären Grammatiken Wörtern einer gesuchten Sprache bzw. vermuteten Konstruktionsregeln entsprechen. Wir stellen das erschlossene Verhalten und die Kompositionen über szenariobasierte Anfragen dar und vervollständigen die Eingabespezifikation in Interaktion mit Ingenieuren.

In Anlehnung an die spielerische Vervollständigung des Verhaltens nennen wir das Verfahren Puzzleorientierte Vervollständigung von Szenariospezifikationen über Interaktion (engl. Jigsaw-oriented Scenario specification Completion by Interaction, JigSCI). Eine Übersicht über das JigSCI-Verfahren ist in Abbildung 1.1 dargestellt. Die Entwicklung des Verfahrens gliedert sich in drei Teile, die im Folgenden kurz erläutert werden.

1.1 Zielsetzung und Lösungsansatz 5

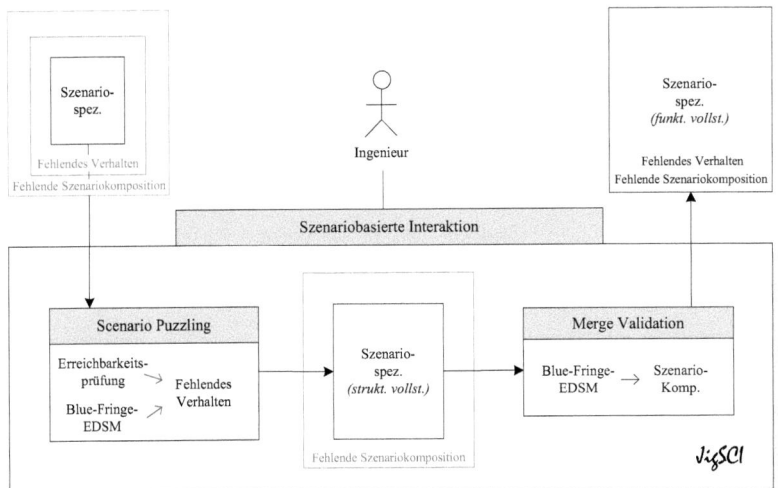

Abb. 1.1: Übersicht über das entwickelte JigSCI-Verfahren

Vollständigkeit von Szenariospezifikationen

Im ersten Teil der Arbeit werden wir die Vollständigkeit von Szenariospezifikationen auf die Vollständigkeit von Transitionssystemen zurückführen. Eine Spezifikation ist strukturell vollständig, wenn aus ihr die Existenz jeder Transition eines vollständigen Systems abgeleitet werden kann. Sie ist funktional vollständig, wenn sie das vollständige Transitionssystem eindeutig definiert.

Interaktive Induktion fehlenden Verhaltens

Im zweiten Teil der Arbeit wird die *Scenario-Puzzling*-Technik eingeführt, um eine Szenariospezifikation aus struktureller Sicht zu vervollständigen. Die Szenarien einer Eingabespezifikationen werden zunächst auf Erreichbarkeit untersucht. Unerreichbare Szenarien nutzen wir, um in Interaktion mit Ingenieuren fehlendes Verhalten in den Vorbedingungen der Szenarien zu entdecken.

Als einen Hauptbeitrag dieser Arbeit optimieren wir dann den Blue-Fringe-EDSM-Algorithmus im Rahmen des JigSCI-Verfahrens, um strukturell fehlendes Verhalten aufzudecken. Induktiv kombiniertes Verhalten des Algorithmus wird in Form von Szenarien dargestellt und als Anfragen an Ingenieure gerichtet. Diese beantworten die Fragen mit *ja* oder *nein* und entscheiden dadurch, ob die Szenarien Teil des gewünschten Verhaltens sind. Diese Interaktion wird um die folgende Interaktionssteuerung erweitert:

a) Die Auswahl an Szenariorekombinationen und deren interaktive Überprüfung wird auf Basis einer Mustererkennung reduziert.
b) Anhand der Priorisierung von Ereignissen und Szenarien durch den Ingenieur werden Anfragen gewichtet und ausgewählt, um insbesondere sicherheitskritisches oder potentiell fehlendes Verhalten zu untersuchen.

c) Beim Auftreten von nicht spezifiziertem Verhalten werden die Spezifikationslücken durch gezielte Überapproximation des erschlossenen Lösungsautomaten und durch eine Intensivierung der Interaktion umfangreich durchleuchtet.

Das gefundene fehlende Verhalten der Scenario-Puzzling-Technik wird der Spezifikation in Form von positiven Szenarien hinzugefügt. Die Spezifikation enthält dann das strukturell fehlende Verhalten der Vorbedingungen und das erschlossene Verhalten des Lösungsautomaten des Blue-Fringe-EDSM-Algorithmus. Die Szenarien der resultierenden Spezifikation sind weiterhin erreichbar und die Spezifikation durch die Aufdeckung der Vorbedingungen normalisiert. Enthält der Lösungsautomat am Ende des Induktionsprozesses daher das gewünschte Verhalten, konnte die Eingabespezifikation durch den beschriebenen Prozess erfolgreich strukturell vervollständigt werden.

Interaktive Inferenz der Szenariokomposition

Zur Erreichung des Ziels $Z2$ nehmen wir aufbauend auf den vorangegangenen Teil an, dass eine Szenariospezifikation strukturell vollständig ist. Dann ist es möglich, mit dem Blue-Fringe-EDSM-Algorithmus über Zustandsvereinigungen des Lösungsautomaten alle Szenariokompositionen zu erschließen, um die funktionale Vollständigkeit der Spezifikation herzustellen. Wir verwenden Interaktion, um entscheiden zu können, welche der Zustandsvereinigungen durchzuführen sind. Die entstehende *Merge-Validation*-Technik erweitert den Blue-Fringe-EDSM-Algorithmus um folgende Anfragen:

a) Zur Verhinderung der Überapproximation durch falsche Zustandsvereinigungen erweitern wir den Algorithmus um neuartige szenariobasierte Teilmengenanfragen. Diese validieren die entstehenden Verhaltenserweiterungen vollständig.

b) Trotz des Ausschlusses der Überapproximation können lokal optimale Zustandsvereinigungen eine vollständige Szenariokomposition verhindern. Wir entwickeln eine auf Komplementärmengenanfragen basierende Technik, die Gegenbeispiele zu lokal optimalen Zustandsvereinigungen findet. Diese schließen die Szenariokompositionen aus und ermöglichen dadurch die Vermeidung lokaler Optima.

Die ausgeschlossene Szenariokomposition wird durch das JigSCI-Verfahren der Spezifikationen in Form von negativen Szenarien hinzugefügt. Die Szenariokomposition des gewünschten Verhaltens ist dann durch die Verwendung des Blue-Fringe-EDSM-Algorithmus ohne Interaktion wiederherstellbar. Wir zeigen im zweiten Hauptbeitrag dieser Arbeit, dass das JigSCI-Verfahren mit diesen Erweiterungen sowohl die Über- als auch die Unterapproximation des gewünschten Lösungsautomaten verhindert. Aus der dadurch erzeugten funktionalen Vollständigkeit der Ergebnisspezifikation folgt, dass die Szenariokomposition umfassend vervollständigt werden konnte.

Da der interaktive Aufwand zur Erkennung aller Szenariokompositionen sehr umfangreich ist, werden wir weiterhin analog zur Induktion fehlenden Verhaltens die Interaktion durch eine musterbasierte Erkennung der Szenariokomposition reduzieren. Die funktionale Vollständigkeit der Szenariokomposition ist für diese Variante des Algorithmus dann zwar nicht mehr gesichert, jedoch erschließt sie mit ihrer eingeschränkten Interaktion Szenariokompositionen komplexer Systeme mit hoher Genauigkeit und angemessenem Aufwand.

Evaluierung anhand eines Parksystems und Ergebnis der Dissertation

Wir verdeutlichen die Konzepte dieser Arbeit anhand einer Szenariospezifikation eines Parksystems. Die Spezifikation wird uns als durchgängiges Beispiel und als Eingabe einer Fallstudie aus der Automobilindustrie dienen. Anhand des Parksystems werden wir demonstrieren, dass durch das JigSCI-Verfahren umfangreich fehlendes Verhalten und eine annähernde Szenariokomposition bestimmt wird.

Zur Analyse der Effektivität des Verfahrens wird zusätzlich eine experimentelle Aufwandsbestimmung durchgeführt. Generierte Szenariospezifikationen werden bezüglich gegebener Referenzverhalten durch ein automatisiertes Orakel vervollständigt. Die Untersuchung zeigt, dass die Anwendung des JigSCI-Verfahrens auch für Spezifikationen von Transitionssystemen mit 100 Zuständen einen hohen Vollständigkeitsgrad mit angemessenem Interaktionsaufwand erreicht.

Das Ergebnis der Dissertation ist ein Verfahren, das eine hochwertige Vervollständigung von fehlendem Verhalten und der Komposition von Szenarien ermöglicht. Mit geringen Voraussetzungen und vertretbarem Aufwand wird durch die Einführung des JigSCI-Verfahrens in der Anforderungsanalyse die Qualität von Szenariospezifikationen in Projekten gesteigert. Diese höhere Qualität ermöglicht nicht nur eine frühzeitige, automatisierte Synthese von Zustandsautomaten. Sie verbessert zusätzlich auch die Stabilität in der Entwicklung und dem Test von Systemen und fördert das Vertrauen in kritische und potentiell unvollständige Systemfunktionen.

1.2 Aufbau der Dissertation

In Kapitel 2 werden die Grundlagen zur Vervollständigung von Szenariospezifikationen und der Synthese von Zustandsautomaten dargestellt sowie die Fallstudie eingeführt. Da in der Literatur keine Definition vollständiger Szenariospezifikationen existiert, stellen wir Vollständigkeitskriterien von allgemeinen Anforderungsspezifikationen und von Labeled Transition Systems (LTS) vor, auf die wir die in dieser Arbeit verwendete Definition zurückführen. Anschließend erklären wir den allgemeinen Aufbau einer Synthese und führen den durch das JigSCI-Verfahren verwendeten Basisalgorithmus Blue-Fringe-EDSM und unserer Arbeit nahekommende interaktive Erweiterungen ein. Abschließend diskutieren wir die Chancen und Herausforderungen des Algorithmus zur Vervollständigung von Szenariospezifikationen auf Basis der eingeführten Fallstudie.

In Kapitel 3 geben wir eine Übersicht über die wichtigsten induktiven und deduktiven Syntheseverfahren. Wir selektieren Ansätze, die zur Vervollständigung genutzt werden können, und setzen sie zu unserer Arbeit in Bezug. Ein Schwerpunkt liegt dabei auf den interaktiven, induktiven Verfahren.

Aufbauend auf den in Kapitel 2 dargestellten Vollständigkeitskriterien, führen wir in Kapitel 4 die Vollständigkeit von Szenariospezifikationen auf die Vollständigkeit von LTS zurück. Wir diskutieren zunächst den Unterschied der Vollständigkeit der beiden Spezifikationsarten und definieren dann die strukturelle und funktionale Vollständigkeit einer Szenariospezifikation als Aufgaben der Dissertation.

Ziel des Kapitels 5 ist die strukturelle Vervollständigung einer Szenariospezifikation. Wir führen zunächst eine Erreichbarkeitsanalyse ein, die fehlendes Verhalten in Vorbedingungen unerreichbarer Szenarien feststellt und Szenariospezifikationen normalisiert. Anschließend wird der Blue-Fringe-EDSM-Algorithmus um die Scenario-Puzzling-Technik erweitert, um fehlendes Verhalten zu erschließen. Anhand eines Subsystems der Fallstudie demonstrieren wir, dass die Technik die Herausforderungen der strukturellen Vervollständigung aus Kapitel 2 bewältigt und die Spezifikation des Subsystems dadurch strukturell vervollständigt wird.

In Kapitel 6 wird eine Szenariospezifikation um ihre Kompositionsinformationen ergänzt. Wir nehmen an, dass eine Szenariospezifikation durch die Scenario-Puzzling-Technik strukturell vervollständigt wurde und komponieren die Szenarien über den Blue-Fringe-EDSM-Algorithmus, um die Spezifikation funktional zu vervollständigen. Die Komposition wird über Teil- und Komplementärmengenanfragen überwacht. Wir zeigen, dass durch die Anfragen zwar eine umfassende Szenariokomposition erschlossen wird, der Interaktionsaufwand hingegen hoch ist. Auf Basis der formalen Ergebnisse reduzieren wir den Interaktionsaufwand durch eine musterbasierte Erkennung und eine Beschränkung der Interaktion. Wir demonstrieren die Technik und die Lösung der Herausforderungen bezüglich der Komposition anhand der Fallstudie und vervollständigen die Spezifikation des Subsystems des vorangegangenen Kapitels funktional.

Das Verfahren wird in Kapitel 7 prototypisch realisiert. Wir stellen die Architektur der Realisierung und deren wesentliche Komponenten vor. Des Weiteren geben wir eine Methodik für die Anwendung des Verfahrens an.

Anhand der Fallstudie und automatisierter Messungen wird die Effizienz des JigSCI-Verfahrens in Kapitel 8 nachgewiesen. Das Verfahren wird iterativ auf das Parksystem angewendet und im Rahmen der Fallstudie gezeigt, dass für die nicht-triviale Szenariospezifikation eine hochwertige Vervollständigung fehlenden Verhaltens und eine annähernde Szenariokomposition erreicht wird. Durch die automatisierten Messungen wird dieses Ergebnis auf Basis einer großen Anzahl an Szenariospezifikationen und für größere Transitionssysteme bestätigt. Wir zeigen dadurch, dass das JigSCI-Verfahren mit angemessenem Aufwand fehlendes Verhalten und unbeschriebene Kompositionsinformationen nicht-trivialer Szenariospezifikationen zu einem hohen Grad vervollständigt und damit die Ziele der Dissertation erfüllt werden.

Abschließend fassen wir die Ergebnisse der Dissertation in Kapitel 9 zusammen und diskutieren offene Fragestellungen.

2

Grundlagen

Das entwickelte JigSCI-Verfahren basiert auf dem Grammatik-Inferenz-Algorithmus Blue-Fringe-EDSM. Im Rahmen einer Fallstudie aus der Automobilindustrie demonstrieren wir die Anwendung des Algorithmus auf Szenarien und verdeutlichen das Potential zur Erschließung von Szenariokompositionen und fehlendem Verhalten. In Abschnitt 2.1 definieren wir hierfür den Begriff der Szenariospezifikation und beschreiben die Funktionen eines Parkassistenzsystems als fortlaufendes Beispiel dieser Arbeit. Die Spezifikation soll bezüglich eines Referenzsystems vervollständigt werden, das wir in Abschnitt 2.2 durch ein LTS definieren. Zur Festlegung eines exakten Maßes der Vollständigkeit von Szenariospezifikationen geben wir in den Abschnitten 2.3 und 2.4 Vollständigkeitskriterien für Anforderungsspezifikationen und LTS an. Die Erläuterung des Aufbaus von Syntheseverfahren in Abschnitt 2.5 dient uns zur Einführung des Blue-Fringe-EDSM-Algorithmus und dessen bestehende szenariobasierte interaktive Erweiterung aus [DLDL08] in Abschnitt 2.6. Abschließend wenden wir den erweiterten Algorithmus auf das Parksystem an und zeigen die Chancen und die zu lösenden Herausforderungen des JigSCI-Verfahrens anhand der vom Algorithmus erzielten Vollständigkeit im Vergleich zum Referenzsystem auf.

2.1 Szenariospezifikationen

Eine einheitliche Definition von Szenarien ist in der Literatur nicht gegeben, sondern unterscheidet sich nach gewählter Notation und Semantik. Allgemeiner Konsens der bestehenden Definitionen ist, dass ein *Szenario* eine partielle Verhaltensbeschreibung ist, die eine Systemaufgabe durch sequentielle Interaktion eines Systems mit dessen Umgebung spezifiziert [Reg99]. Die wesentlichen Vorteile zur Gewinnung von Anforderungen durch szenariobasierte Ansätze ist die Betrachtung eines Systems als Black-Box, die einfache Erweiterbarkeit von Szenariospezifikationen und deren Verständlichkeit:

Einnahme der Position eines Nutzers - Aus der Perspektive eines Szenarios ist ein System in sich abgeschlossen und wird über extern wahrnehmbare Interaktion mit Nutzern oder seiner Umgebung beschrieben. Technische Aspekte werden in dieser Black-Box-Sichtweise nicht betrachtet, so dass eine gute Einbindung von Kunden, technisch unversierten Endnutzern und fachlich unterschiedlich ausgerichtete Experten in der Anforderungsanalyse möglich ist.

Einfache Erweiterbarkeit - Szenarien beschreiben einzelne, voneinander getrennte Systemaufgaben. Komplexe Zusammenhänge müssen daher in der Diskussion mit Fachexperten vorerst nicht betrachtet werden. Durch diese Dekomposition der einzelnen Systemfunktionalitäten ist eine einfache Erweiterung der Kernfunktionalität eines Systems während der Anforderungsgewinnung mit Szenariospezifikationen möglich.

Verständlichkeit - Szenarien sind durch ihre sequentiellen Abläufe der Denkweise des Menschen sehr nah. Durch diesen Vorteil sowie ihre Black-Box-Sichtweise und die Fokussierung einzelner Systemaufgaben sind Szenarien verständlich und sehr gut zur Kommunikation mit Fachexperten geeignet.

Szenarien übernehmen den Komfort und die Einfachheit natürlichsprachlicher Spezifikationen, vermeiden jedoch die Probleme rein textueller Spezifikationen [Gli00]. Daher finden Szenarien eine breite Akzeptanz in der Industrie. Sie werden nicht nur in der Anforderungsanalyse als eine der meistgenutzten Anforderungsgewinnungs- und Inspektionstechniken verwendet [NL03], sondern auch im Architekturentwurf [RM06] oder in der automatisierten Generierung von Designmodellen [LDD06].

2.1.1 Repräsentation von Szenarien - Die Funktionsstruktur

In der Automobilindustrie werden Szenarien unter anderem in der *Funktionsorientierten Entwicklung* verwendet [Die09]. Eine Vielzahl der Anforderungen an ein Fahrzeug wird heutzutage auf der Ebene von konkreten Komponenten und Steuergeräten definiert. In der funktionsorientierten Entwicklung werden demgegenüber Fahrzeugfunktionen spezifiziert, die von Fahrern und Käufern wahrnehmbar sind und von der konkreten Realisierung abstrahieren. Eine *Fahrzeugfunktion* (hier kurz Funktion) ist eine durch Beteiligung von Elektrik- und Elektronik-Komponenten beabsichtigte Reaktion eines Gesamtfahrzeugs auf Bedienereignisse des Fahrers oder andere sensorisch erkannte Ereignisse in der Fahrzeugumgebung. Eine Funktion steht für den gesamten Ablauf vom auslösenden Ereignis bis zum Abschluss der gewünschten Fahrzeugreaktion, welche analog zu Szenarien in einer Blackbox-Sichtweise beschrieben werden und von Steuergeräten, konkrete Aktuatoren und Sensoren abstrahieren. Diese funktionsorientierte Sichtweise ermöglicht eine Konzentration auf das externe Verhalten. Sie wird in der Automobilindustrie verwendet, um kundenerlebbare Lösungen zu entwickeln und die Komplexität entwickelter Systemen mit Hilfe eines szenariobasierten Ansatzes durch den einfachen und verständlichen Charakter der Funktionen zu beherrschen.

Zur Demonstration der entwickelten Konzepte dieser Arbeiten, werden wir Fahrzeugfunktionen durch natürlichsprachliche Szenarien beschreiben und diese als Eingabespezifikationen des JigSCI-Verfahrens ansehen. Wir verwenden zu deren Beschreibung eine Anforderungsvorlage aus der Automobilindustrie - die sogenannte *Funktionsstruktur*.

Formal betrachtet ist eine Funktionsstruktur ein Tupel bestehend aus Ereignissen, Bedienereignissen und Teilreaktionen, die durch Funktionen sequentiell geordnet werden.

Definition 2.1 (Funktionsstruktur). *Sei* $\Sigma = B \mathbin{\dot\cup} E \mathbin{\dot\cup} T$ *ein Alphabet bestehend aus einer endlichen Menge von Bedienereignissen B, Ereignissen der Umgebung E und Teilreaktionen eines Fahrzeugs T. Eine Funktion f ist gegeben durch eine Sequenz* $(\sigma_1, \ldots, \sigma_n)$ *mit* $\sigma_i \in \Sigma$. *Eine Funktionsstruktur ist dann ein Tupel* (F, B, E, T) *mit einer Menge F von Funktionen.*

Ein Beispiel einer Funktionsstruktur kann in Abbildung 2.1 gefunden werden. Die Abbildung zeigt einen Ausschnitt der Funktionsstruktur eines Parkassistenzsystems im Anforderungsverwaltungswerkzeug DOORS [IBM]. Auf der linken Seite der Abbildung befindet sich eine Darstellung der

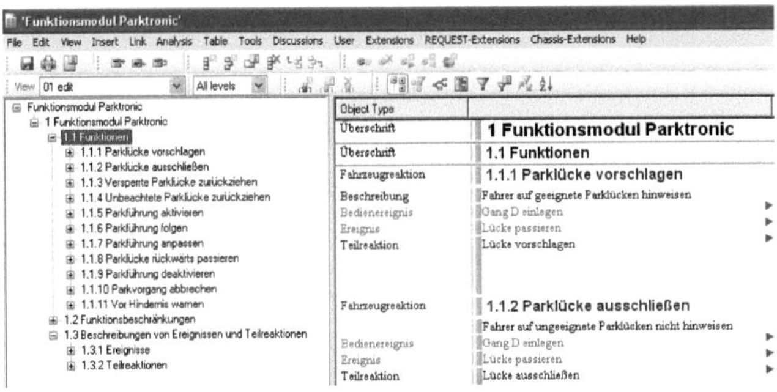

2.1 Szenariospezifikationen

Abb. 2.1: Aufbau und Beispiel einer Funktionsstruktur in DOORS

Gliederung der Struktur. Sie besteht aus einem Abschnitt „Funktionen" und einem Glossar „Beschreibung von Ereignissen und Teilreaktionen". In dem Glossar wird die Semantik der Bedienereignisse, Ereignisse und Teilreaktionen des Fahrzeugs über natürliche Sprache definiert. Die Funktionen der Struktur werden über die Tabelle auf der rechten Seite der Abbildung näher spezifiziert. In der ersten Spalte wird der Typ einer Zeile ausgewiesen und dadurch bestimmt ob es sich um ein „Bedienereignis", eine „Beschreibung", eine „Fahrzeugreaktion", eine „Teilreaktion" oder eine „Überschrift" handelt. Die Überschriften und Beschreibungen dienen dabei der Gliederung und Erklärung der Funktionen, während dessen Verhalten durch Fahrzeugreaktionen angegeben wird. Die Fahrzeugreaktionen referenzieren Elemente des Glossars über einen abkürzenden Namen und stellen deren Ordnung in der Funktion über die Reihenfolge in der Tabelle dar.

Die in dem Ausschnitt abgebildete Funktionsstruktur $FS_0 = (F, B, E, T)$ besteht somit aus den Bedienereignissen $B = \{$Gang D einlegen$\}$, den Ereignissen $E = \{$Lücke passieren$\}$, den Teilreaktionen $T = \{$Lücke vorschlagen, Lücke ausschließen$\}$ und den beiden dargestellten Funktionen $F = \{F1 = $ Parklücke vorschlagen, $F2 = $ Parklücke ausschließen$\}$, mit

- $F1 = ($Gang D einlegen, Lücke passieren, Lücke vorschlagen$)$ und
- $F2 = ($Gang D einlegen, Lücke passieren, Lücke ausschließen$)$.

Wir erweitern nun die Funktionsstruktur um negative Szenarien. Während positive Szenarien das von einem System zu realisierende Verhalten ausdrücken, schließen negative Szenarien Verhalten aus, das in keiner Verfeinerung der Funktionsstruktur auftreten darf. Mit negativen Szenarien werden sicherheitsrelevante Fehlverhalten bereits in der Anforderungsanalyse ausgedrückt [AK01]. Sie können zur Verifikation und Validation entwickelter Systeme genutzt werden und schaffen eine verbesserte Qualität und Vertrauen in kritische Systemfunktionen. Wir beschreiben negative Szenarien in Funktionsstrukturen durch *Fahrzeugfehlreaktionen*. Diese sind Funktionen deren Ereignisabfolgen zu keinem Zeitpunkt einer Ausführung des spezifizierten Systems auftreten dürfen.

Definition 2.2 (Erweiterte Funktionsstruktur). *Eine erweiterte Funktionsstruktur ist ein Tupel $FS = (F_+, F_-, B, E, T)$ bestehend aus einer Funktionsstruktur (F_+, B, E, T) und einer zusätzlichen Menge von Funktionen F_-.*

Die Erweiterung der Funktionsstruktur in DOORS ist in Abbildung 2.2 dargestellt. Die Gliederung der Funktionsstruktur wird um die Überschrift „Funktionsbeschränkungen" erweitert. Unterhalb des Gliederungspunkts werden die negativen Szenarien aufgelistet und durch den Typ „Fahrzeug-

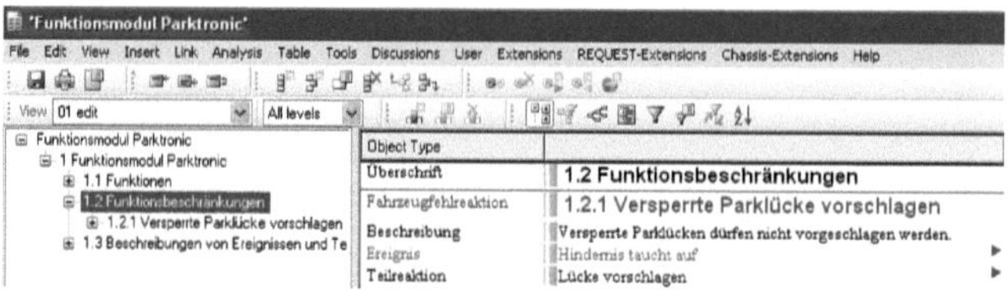

Abb. 2.2: Erweiterung der Funktionsstruktur um negative Szenarien in DOORS

fehlreaktion" gekennzeichnet. Der Aufbau einzelner Fahrzeugfehlreaktionen gleicht dem der Fahrzeugreaktionen.

Ein Beispiel einer Fahrzeugfehlreaktion ist das dargestellte negative Szenario *Versperrte Parklücke vorschlagen*. Wir erhalten die erweiterte Funktionsstruktur $FS_1 = (F_+, F_-, B, E \cup \{$Hindernis taucht auf$\}, T)$, mit der bekannten Funktionsstruktur $FS_0 = (F_+ = F, B, E, T)$, den Fahrzeugfehlreaktionen $F_- = \{FN1 = $ Versperrte Parklücke vorschlagen$\}$ und der Funktion $FN1 = ($Hindernis taucht auf, Lücke vorschlagen$)$.

2.1.2 Verallgemeinerung des Ansatzes durch Linearisierungen

Wir verwenden in dieser Arbeit die Funktionsstruktur, um Szenarien im Kontext der Automobilsoftwareentwicklung einzusetzen und den Ansatz in industriellen Projekten zu validieren. Um die Konzepte dieser Arbeit allgemeingültig zu halten, transformieren wir Funktionen in sogenannte *Linearisierungen* [AY99] und verwenden diese als abstrakte Szenariodarstellung. Linearisierungen reduzieren Szenarien auf geordnete Ereignisse und wurden entwickelt, um multiple Ausführungspfade von Szenarien in Message-Sequence-Charts (MSCs) [ITU99] zu beschreiben (so z.B. in [AY99, UKM01, DLL06]). Wir adaptieren das Konzept der Linearisierung für Funktionsstrukturen und erhalten für jede Funktion eine Linearisierung, die genau deren einzigem Ausführungspfad entspricht.

Definition 2.3 (Linearisierung und Szenario). *Sei* $\Sigma^* = \{w_0 \cdot \ldots \cdot w_1 | w_i \in \Sigma, i \in \mathbb{N}\}$ *die Menge der Wörter über dem Ereignisalphabet* Σ *mit dem Konkatenationsoperator* $\cdot$. *Die* Linearisierung *einer Funktion* $f = (\sigma_1, \ldots, \sigma_n)$ *ist das Wort* $\sigma_1 \cdot \ldots \cdot \sigma_n \in \Sigma^*$ *und wird* Szenario *genannt.*

Im Folgenden werden wir Funktionsstrukturen zuerst linearisieren und linearisierte Szenariospezifikationen als Eingabe unseres Vervollständigungsverfahrens ansehen.

Definition 2.4 (Szenariospezifikation). *Sei* $FS = (F_+, F_-, B, E, T)$ *eine erweiterte Funktionsstruktur. Wir bezeichnen mit* $S = (S_+, S_-)$ *die (linearisierte) Szenariospezifikation der Funktionsstruktur* FS, *wenn* S_+ *alle Linearisierungen der positiven Funktionen* F_+ *und* S_- *die Linearisierungen der negativen Funktionen* F_- *enthält.*

Die Szenariospezifikation der Funktionsstruktur FS_1 ist die Struktur $S_1 = (S_+, S_-)$ mit den positiven Szenarien $S1 = $ Gang D einlegen · Lücke passieren · Lücke vorschlagen und $S2 = $ Gang D einlegen · Lücke passieren · Lücke ausschließen sowie den negativen Szenarien $S_- = \emptyset$. Die Ereignissymbole der Linearisierungen entstammen dabei dem Alphabet $\Sigma = B \cup E \cup T$, in dem Bedien- und andere Ereignisse nicht von Fahrzeugreaktionen unterschieden werden.

Wir werden uns in der Entwicklung des JigSCI-Verfahrens auf die Informationen der Linearisierungen beschränken und konzentrieren uns durch diese Entscheidung auf die grundliegenden Eigenschaften von Szenarien, d.h. die partielle Beschreibung von Interaktionssequenzen. So nutzen wir zwar nicht die Information, ob Ereignisse Ein- und Ausgabeereignisse sind, verringern aber im Gegenzug die Voraussetzungen unseres Ansatzes und stärken somit dessen Allgemeingültigkeit. Durch diese Abstraktion ist eine Übertragung des JigSCI-Verfahrens auf andere Szenarionotationen, die wie MSCs bereits linearisierbar sind, mit geringfügigem Aufwand möglich.

2.1.3 Das Parkassistenzsystem

Als durchgängiges Beispiel verwenden wir eine eingeschränkte Funktionsstruktur eines automatischen Parkassistenzsystems. Das System vermisst während der Vorwärtsfahrt die Umgebung eines Fahrzeugs nach möglichen Parklücken mittels Radarsensoren. Passiert der Fahrer dabei eine zum Einparken geeignete Lücke, wird diese dem Fahrer durch ein Parksymbols im Kombiinstrument des Fahrzeugs angezeigt. Durch das Einlegen des Rückwärtsgangs und Einstellen des Blinkers kann der Fahrer dann eine Parkführung des Systems aktivieren, die diesen durch Lenkwinkelvorschläge kollisionsfrei in die Parklücke dirigiert. Besonders in engen Umgebungen, in denen der Fahrer große Konzentration und viel Erfahrung benötigt, verbessert das System durch seine Führung den Fahrkomfort und die Sicherheit beim Einparken.

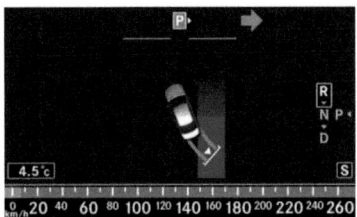

Abb. 2.3: Die Parkführungsanzeige eines Parkassistenzsystems

Der Parkassistent besteht aus zwei Teilsystemen. Durch die Basisfunktionalität der Parklückenvermessung (engl. Parking Space Surveyor (PSS)) erkundet der Assistent die Fahrzeugumgebung, um dem Fahrer Lücken zum Einparken vorzuschlagen. Zu den erkannten Parklücken schlägt die Parkführung des Systems (engl. Automatic Parking Guidance (APG)) im Kombiinstrument über die Anzeige aus Abbildung 2.3 dem Fahrer abgestimmte Lenkwinkel unter Beachtung möglicher Hindernisse und der Beschaffenheit der Parklücke vor.

Die Parklückenvermessung

Die Funktionsstruktur des PSS-Systems FS_{PSS} besteht aus den in Abbildung 2.4 dargestellten Funktionen.

Die Fahrzeugreaktionen $F1$ und $F2$ spezifizieren die eigentliche Vermessung der Umgebung während der Vorbeifahrt an parkenden Fahrzeugen. Entdeckt das System in Vorwärtsfahrt eine mögliche Parklücke, überprüft es deren Größe und stellt fest, ob ein kollisionsfreies Einparken

Object Type	
Fahrzeugreaktion	1.1.1 Parklücke vorschlagen
Bedienereignis	Gang D einlegen
Ereignis	Lücke passieren
Teilreaktion	Lücke vorschlagen

($F1$) Parklücke vorschlagen

Object Type	
Fahrzeugreaktion	1.1.2 Parklücke ausschließen
Bedienereignis	Gang D einlegen
Ereignis	Lücke passieren
Teilreaktion	Lücke ausschließen

($F2$) Parklücke ausschließen

Object Type	
Fahrzeugreaktion	1.1.3 Versperrte Parklücke zurückziehen
Ereignis	Hindernis taucht auf
Teilreaktion	Vorschlag zurückziehen

($F3$) Versperrte Parklücke zurückziehen

Object Type	
Fahrzeugreaktion	1.1.4 Unbeachtete Parklücke zurückziehen
Teilreaktion	Lücke vorschlagen
Ereignis	von Lücke entfernen
Teilreaktion	Vorschlag zurückziehen

($F4$) Unbeachtete Parklücke zurückziehen

Object Type	
Fahrzeugfehlreaktion	1.2.1 Versperrte Parklücke vorschlagen
Ereignis	Hindernis taucht auf
Teilreaktion	Lücke vorschlagen

($FN1$) Versperrte Parklücke vorschlagen

Abb. 2.4: Ein System zur Vermessung und Anzeige von Parklücken, beschrieben durch die erweiterte Funktionsstruktur FS_{PSS}

in die Lücke möglich ist. Ist dies der Fall, weist das System mit der kundenerlebbaren Fahrzeugreaktion $F1$ den Fahrer auf die Parklücke im Kombiinstrument hin. Alternativ wird die Parklücke durch die Teilreaktion **Lücke ausschließen** in der Funktion $F2$ verworfen. Registriert das System ein Hindernis, das die Einfahrt zu einer Parklücke versperrt, wird die im Kombiinstrument vorgeschlagene Parklücke zurückgezogen (s. Fahrzeugreaktion $F3$). In seiner vierten Funktion erkennt das System, dass ein Fahrer eine Parklücke nicht nutzen möchte. Das System hat dem Fahrer eine Parklücke vorgeschlagen, dieser fährt aber an der Parklücke vorbei. Nach einer festen Entfernung nimmt das System an, dass der Fahrer in diese Parklücke nicht einparken möchte und zieht seinen Vorschlag zurück.

Die positiven Szenarien der Funktionsstruktur werden durch das negative Szenario $FN1$ ergänzt. Es schließt aus, dass das System den Fahrer auf Parklücken hinweist, die durch ein Hindernis versperrt werden.

Diese Szenarien beschreiben in unserem Beispiel das Verhalten einer Szenariospezifikation, die von einem Autor oder Gutachter auf Vollständigkeit untersucht wird. Wir linearisieren die Szenarien durch die Funktion $lin: F_+ \cup F_- \to \Sigma^*, lin((\sigma_0,\ldots,\sigma_n)) = \sigma_0 \cdot \ldots \sigma_n$ und erhalten eine Spezifikation $S_{PSS} = (S_+, S_-)$ bestehend aus den positiven und negativen Linearisierungen $S_+ = \{S1 = lin(F1), \ldots, S4 = lin(F4)\}$ bzw. $S_- = \{SN1 = lin(FN1)\}$ der Funktionen F_+ bzw. F_- (s. linke Seite, Abbildung 2.5).

Wir werden Linearisierungen in dieser Arbeit der Übersicht halber durch gerichtete Graphen veranschaulichen. Die Kanten der Graphen ordnen jeweils die Ereignisse der Linearisierungen von links nach rechts und sind mit deren abgekürzten Namen versehen.

Die linearisierte PSS-Spezifikation besteht aus den positiven und negativen Linearisierungen $S1$ bis $S4$ sowie der negativen $SN1$. Die positiven Linearisierungen sind durch ein $\oplus$ ausgewiesen und stellen das Verhalten der Fahrzeugreaktionen $F1$ bis $F4$ da. Die negative Linearisierung beschreibt hingegen die Ereignisabfolge der Fahrzeugfehlreaktion $FN1$ und ist durch ein $\ominus$ gekennzeichnet.

Die Szenarien bilden in unserem Beispiel die Eingabe unseres Vervollständigungsverfahrens. Auf der rechten Seite der Abbildung ist den Szenarien die abschließend ausgelieferte Funktionalität des PSS-Systems als Zustandsautomat A_{PSS} gegenübergestellt. Der Automat beschreibt in unserem

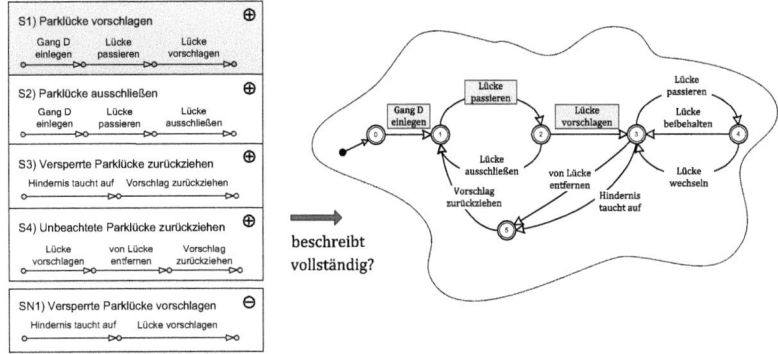

Abb. 2.5: Die linearisierten Szenarien der Parklückenvermessung PSS in Form einfacher Pfeil- und-Kreis-Diagramme (links) und dessen angestrebtes Gesamtverhalten ausgedrückt durch den Zustandsautomat A_{PSS} (rechts)

Beispiel das vollständige, *gewünschte Verhalten* des PSS-Systems auf dessen Abstraktionsebene. Zum Zeitpunkt der Entwicklung der Szenariospezifikation ist er aber unbekannt. Ziel dieser Arbeit ist es, die linearisierte Szenariospezifikation bezüglich dieses gewünschten, aber noch impliziten Verhaltens zu untersuchen und über Interaktion zu vervollständigen.

Komposition der PSS-Funktionsstruktur

Betrachten wir den dargestellten Zustandsautomaten im Kontext der Szenariospezifikation A_{PSS} in Abbildung 2.5. Die Linearisierung *S1* und deren entsprechende Transitionen im Automaten sind in der Abbildung hervorgehoben. Sie startet im initialen Zustand und verläuft entlang der Transitionen Gang D einlegen, Lücke passieren und Lücke vorschlagen. Parallel dazu führt das linearisierte Szenario *S2* zur Transition Lücke ausschließen. Zur Angliederung der verbleibenden Szenarien, müssen wir Szenariokompositionen finden. Unsere Fachkenntnisse genügen, um zu wissen, dass eine Parklückenvermessung zuerst den Fahrer auf eine Parklücke hinweisen muss, bevor es einen Parklückenvorschlag zurückziehen kann. Wir können daher ableiten, dass die Linearisierung *S1* im gewünschten System durch die Linearisierung *S3* fortgesetzt wird. Neben solchen *Szenariofortsetzungen* können Szenarien durch gemeinsame Ereignisse in Beziehung gesetzt werden. Bei der Untersuchung auf Abhängigkeiten stellen wir fest, dass das erste und vierte Szenario ein gemeinsames Ereignis besitzen. Das zweite Szenario endet mit dem Ereignis Lücke vorschlagen mit dem das vierte Szenario beginnt. Implizieren wir, dass diese gleichbenannten Ereignisse identisch sind, erhalten wir eine *Szenarioüberdeckung* zwischen den beiden Szenarien.

Szenariofortsetzungen und -überdeckungen stellen *Szenariokompositionen* da. Die Identifikation dieser Kompositionen führt in unserem Beispiel zu einem Zustandsautomaten, der einen Teil des gewünschten Verhaltens abdeckt (s. Abbildung 2.6). Beginnend mit den Szenarien *S1* und *S2* und gefolgt von den Szenarien *S3* und *S4* decken die positiven Szenarien im Zusammenhang das Verhalten der mit durchgezogenen Linien dargestellten Transitionen des dargestellten Automaten ab. Die mit unterbrochenem Linienmuster gekennzeichneten Transitionen Lücke passieren, Lücke wechseln und Lücke beibehalten werden hingegen durch die Szenarien nicht berücksichtigt. Sie beschreiben die Möglichkeit des Wechsels eines Parklückenvorschlags bei mehrmaliger Vorbeifahrt an verschiedenen Parklücken.

16 2 Grundlagen

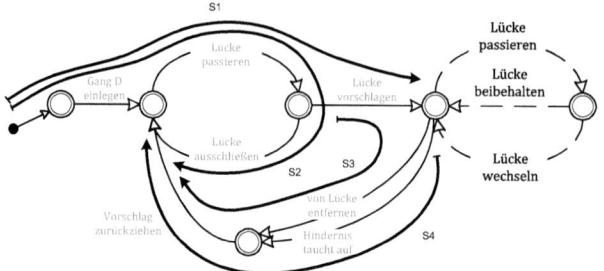

Abb. 2.6: Der von der linearisierten Szenariospezifikation S_{PSS} abgedeckte Teilautomat

Um die Vollständigkeit einer Szenariospezifikation beurteilen zu können, müssen deren Szenarien miteinander in Zusammenhang gesetzt werden. Unbeschriebene Szenariokompositionen können zu Interpretationsspielräumen führen, die in einer vollständigen Spezifikation geschlossen werden müssen. Aber auch trotz einer vollständigen Komposition kann Verhalten fehlen, das nicht durch die beschriebenen Szenarien strukturell abgedeckt wird. Dieses kann sich wie bei der Transition Lücke passieren aus den Ereignissen der Eingabe ableiten lassen. Sind notwendige Ereignisse wie Lücke beibehalten oder Lücke wechseln jedoch nicht durch die Eingabe erfasst, kann das fehlende Verhalten selbst durch Rekombination der vorhandenen Ereignisse nicht aufgedeckt werden.

Die Parkführung

Bereits am eingeschränkten Beispiel der Szenariospezifikation FS_{PSS} wird deutlich, dass das Aufdecken fehlender Szenariokomposition eine wichtige Rolle bei der Vollständigkeitsprüfung von Szenariospezifikationen einnimmt. Mit steigender Größe und Komplexität der Systeme wird das Auffinden von Szenariokompositionen und die anschließende Untersuchung auf fehlendes Verhalten zu einer zeitaufwendigen und nicht-trivialen Aufgabe [AE03]. Diese Aussage verdeutlichen wir anhand der Spezifikation des vollständigen Parksystems. Wir ergänzen die Funktionsstruktur FS_{PSS} durch die in Abbildung 2.7 dargestellten Funktionen der Parkführung. Die Funktionsstruktur des Parkassistenten FS_{APG} besteht dann neben den Funktionen der Parkvermessung $F1$ bis $F4$ und $FN1$ aus den folgenden sechs Funktionen $F5$ bis $F10$.

($F5$) - Nachdem PSS dem Fahrer eine Parklücke vorgeschlagen hat, aktiviert der Fahrer mit der Funktion $F5$ die Parkführung durch das Einlegen des Rückwärtsgangs und das Setzen des Blinkers in Richtung der Parklücke. Das System reagiert auf dieses Bedienereignis, indem es im Kombiinstrument die Geschwindigkeitsanzeige durch die Parkführungsanzeige aus Abbildung 2.3 ersetzt und dem Fahrer einen Einfahrtwinkel vorschlägt.

($F6$) - Der Fahrer kann anschließend diesem Vorschlag folgen, selbstständig einparken oder einen Parkvorgang abbrechen. Folgt der Fahrer den Anweisungen, schlägt das System dem Fahrer Lenkwinkel vor, bis dieser im Rückwärtsgang zu einer Parkposition gelangt (s. Funktion $F6$). Die Parkführungsanzeige wird ab diesem Zeitpunkt zurückgenommen, um dem Fahrer das abschließende Ausrichten des Fahrzeugs zu ermöglichen.

($F7$) - Weicht der Fahrer beim Einparken von der optimalen Einparkspur ab, passt das System den Lenkwinkel fortlaufend an die jeweilige Einparksituation an (s. Funktion $F7$).

($F8$) - Kann das System bei diesem Vorgang ab einem bestimmten Zeitpunkt keine Trajektorie in die Parklücke mehr feststellen, erkennt das System, dass der Fahrer rückwärts an der Lücke

2.1 Szenariospezifikationen

Object Type	
Fahrzeugreaktion	1.1.5 Parkführung aktivieren
Teilreaktion	Lücke passieren
Teilreaktion	Lücke vorschlagen
Bedienereignis	Gang R einlegen und blinken
Teilreaktion	Parkführung anzeigen
Teilreaktion	Parkanweisungen geben

(F5) Parkführung aktivieren

Object Type	
Fahrzeugreaktion	1.1.8 Parklücke rückwärts passieren
Bedienereignis	Parkanweisung geben
Bedienereignis	Lücke rückwärts passieren
Teilreaktion	Parkführung ausblenden
Teilreaktion	Vorschlag zurückziehen

(F8) Parklücke rückwärts passieren

Object Type	
Fahrzeugreaktion	1.1.6 Parkführung folgen
Teilreaktion	Parkanweisungen geben
Bedienereignis	Parkanweisungen bis Zielposition befolgen
Teilreaktion	Parkführung ausblenden

(F6) Parkführung folgen

Object Type	
Fahrzeugreaktion	1.1.9 Parkführung deaktivieren
Teilreaktion	Parkanweisungen geben
Ereignis	Gang D einlegen
Teilreaktion	Parkführung ausblenden

(F9) Parkführung deaktivieren

Object Type	
Fahrzeugreaktion	1.1.7 Parkführung anpassen
Teilreaktion	Parkanweisungen geben
Bedienereignis	Von Parkanweisungen abweichen
Teilreaktion	Parkanweisungen anpassen

(F7) Parkführung anpassen

Object Type	
Fahrzeugreaktion	1.1.11 Vor Hindernis warnen
Teilreaktion	Parkanweisungen geben
Ereignis	Hindernis taucht auf
Teilreaktion	vor Hindernis warnen

(F10) Vor Hindernis warnen

Abb. 2.7: Die Funktionsstruktur der Parkführungsfunktion APG

vorbeifahren möchte. Das System bricht dann die Parkführung durch die Funktion F8 ab und zieht sowohl die Parklücken- als auch die Parkführungsanzeige zurück.

(F9) Der Fahrer kann sich darüber hinaus auch während des Einparkens gegen eine Parklücke entscheiden. Das System erkennt dies durch das Einlegen des Vorwärtsgang in der Funktion F9 und bricht die Parkführung ebenfalls ab.

(F10) - Während des Einparkens können Fußgänger oder andere Fahrzeuge eine Einfahrt in eine Parklücke verhindern. Falls der Fahrer, entgegen der Hinweise des Herstellers, seine Aufmerksamkeit auf die Anzeige anstatt auf den rückwärtigen Raum richtet, warnt das System vor auftauchenden Hindernissen mit der Funktion F10. In der Fahrspur auftauchende Personen und Objekte werden dann im Kombiinstrument rot angezeigt und ein Warnton ausgelöst.

Diese Funktionen beschreiben in Kombination mit denen der Parklückenvermessung das Parkassistenzsystem der Fallstudie. Das System wurde im Kontext dieser Arbeit auf die wesentliche Funktionalität eingegrenzt und das Anschließen eines Anhängers sowie das Rangieren zur abschlie-

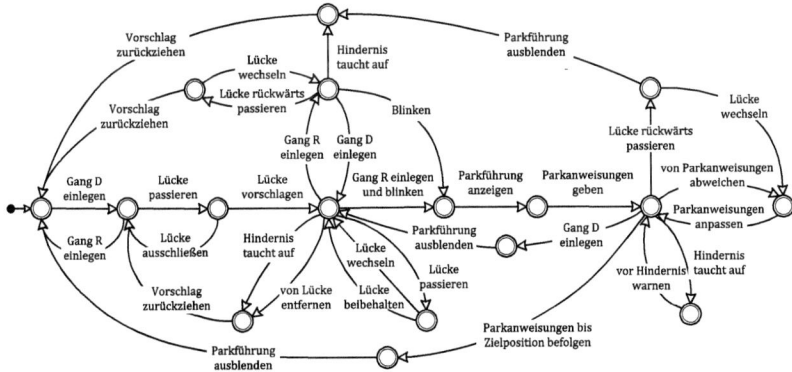

Abb. 2.8: Das durch die Funktionsstruktur beschriebene Parksystem

ßenden Ausrichtung des Fahrzeugs nicht berücksichtigt. Das gewünschte, auf diese Funktionalität eingeschränkte Verhalten wird durch den Automaten in Abbildung 2.8 beschrieben.

Der abgebildete Zustandsautomat beschreibt das gewünschte Parksystem. Wir werden im Laufe der Arbeit feststellen, dass auch dieses System nicht vollständig durch die gegebenen Funktionen beschrieben wird. Zur Verdeutlichung der Schwierigkeit einer Inspektion, sollte der Leser die Funktionsstruktur auf Vollständigkeit überprüfen. Selbst auf hohem Level der Abstraktion und mit einem gegebenen Zielautomaten bereitet die Vollständigkeitsanalyse Schwierigkeiten. Bei Szenariospezifikationen, die zusätzlich eine höhere Detaillierung aufweisen und vom Umfang größer und komplexer sind wird die Aufgabe der Vervollständigung weiter erschwert. In dieser Arbeit wollen wir Autoren und Gutachter durch Interaktion algorithmisch in der Vollständigkeitsanalyse durch das JigSCI-Verfahren anleiten. Wir werden feststellen, dass dadurch nicht nur die fehlende Szenariokomposition des Beispiels annähernd aufgedeckt, sondern auch dass das fehlende Verhalten bis auf zwei Transitionen erschlossen wird.

2.2 Zustandsautomaten

Die Beurteilung der Vollständigkeit einer Szenariospezifikation wird durch die Beschreibung dekompositionierter Szenarien erschwert. Um partielles Verhalten im Zusammenhang betrachten zu können, verwenden wir Zustandsautomaten. Ein deterministischer endlicher Automat (DEA) ist eine Zustandsmaschine, die unter Eingabe eines Zeichens seines Eingabealphabets von einem Zustand in einen eindeutig bestimmten Folgezustand wechselt.

Definition 2.5 (Deterministischer Endlicher Automat). *Ein endlicher Automat ist eine Struktur* $(Q, \Sigma, \delta, q_0, F)$ *mit einer endlichen Zustandsmenge* Q*, dem Alphabet* Σ*, einer Zustandsübergangsrelation* $\delta : Q \times \Sigma \times Q$*, einem Startzustand* $q_0 \in Q$ *und einer Menge von akzeptierenden Zuständen* $F \subset Q$*. Ein endlicher Automat ist deterministisch, wenn* δ *rechts-eindeutig ist.*

Die Erweiterung der Zustandsübergangsrelation δ auf ganze Eingabewörter bezeichnen wir mit $\hat{\delta}$. Sie ist gegeben durch die kleinste Teilrelation aus $Q \times \Sigma^* \times Q$, die die Eigenschaften $\forall q, q', q'' \in Q \, \forall w \in \Sigma^* \, \forall a \in \Sigma : (q, \lambda, q) \in \hat{\delta}, (q, w, q') \in \hat{\delta} \land (q', a, q'') \in \delta \Rightarrow (q, wa, q'') \in \hat{\delta}$ erfüllt. Im Fall von deterministischen Automaten werden wir die Zustandsübergangsrelation als partielle Abbildung interpretieren und schreiben $\delta(q, a) = q'$ für $(q, a, q') \in \delta$.

Die von einem deterministischen Automaten A akzeptierte Sprache annotieren wir mit $L(A) = \{w \in \Sigma^* \mid \exists q_f \in F : \hat{\delta}(q_0, w) = q_f\}$. Zwei Automaten A, A' sind äquivalent, wenn beide die gleiche Sprache akzeptieren: $L(A) = L(A')$.

Ein Beispiel eines deterministischen endlichen Automaten ist in Abbildung 2.9 dargestellt. Die Abbildung zeigt einen Automaten A_t bestehend aus zwei Zuständen $Q_{A_t} = \{0, 1\}$, dem initialen Zustand $q_0 = 0$, der Menge der finalen Zustände $F = \{0\}$ und der Zustandsübergangsfunktion $\delta : Q_{A_t} \times \Sigma \to Q$ mit $(0, a) \mapsto 0$, $(0, b) \mapsto 1$, $(1, a) \mapsto 1$, $(1, b) \mapsto 0$, die Zustände aus Q_{A_t} und Wörter des Eingabealphabet $\Sigma = \{a, b\}$ paarweise auf ihre Folgezustände abbildet. Dieser Automat akzeptiert die Menge $L(A_t) = L_t := \{(a^*(b\,a^*b)^*)^*\}$ der Wörter über Σ mit einer geraden Anzahl an Eingabezeichen b.

Die Sprache eines Automaten kann durch Zusammenfassen von Zuständen verallgemeinert werden. Eine *Partition* $\pi \subseteq 2^Q \setminus \varnothing$ einer Zustandsmenge Q beschreibt eine Menge von disjunkten

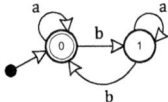

Abb. 2.9: Ein Beispielautomat, der Wörter über $\{a,b\}$ mit gerader Anzahl $|b|$ akzeptiert.

Blöcken, die die Eigenschaften $\forall Q_i, Q_j \in \pi, Q_i \neq Q_j : Q_i \cap Q_j = \varnothing$ und $\bigcup_{Q_i \in \pi} = Q$ erfüllt. Der eindeutig bestimmte Block eines Zustands $q \in Q_i \in \pi$ wird mit $B(q,\pi) := Q_i$ annotiert. Ein Quotientenautomat ist wie folgt definiert.

Definition 2.6 (Quotientenautomat). *Sei $A = (Q, \Sigma, \delta, q_0, F)$ ein DEA und π eine Partition von Q. Der Quotientenautomat $A/\pi := (Q', \Sigma, \delta', B(q_0, \pi), F')$ ist ein Automat mit:*

$Q' = Q/\pi := \{B(q, \pi) \mid q \in Q\}$
$F' = F/\pi = \{B(q_f, \pi) \mid q_f \in F\}$ und
$\delta' = \{(B, a, B') \in Q' \times \Sigma \times Q' \mid \exists q, q' \in Q : q \in B, q' \in B' \wedge (q, a, q') \in \delta\}$.

Mit $A/_{p=q}$ bezeichnen wir den Quotientenautomat von A, in dem genau die Partitionen der Blöcke von p und q vereinigt werden und nennen Quotientenautomaten, die durch die Vereinigung zweier Zustände entstehen als eine *direkte Ableitung* von A. Sind π, π' Partitionen von Q, so ist π *feiner* als π', in Zeichen $\pi \leq \pi'$, falls jeder Block aus π' eine Vereinigung von Blöcken aus π ist. Die feinste Partition unseres Beispiels ist also die Menge $\{\{q\} \mid q \in Q_{A_t}\}$ und $\{Q_{A_t}\}$ die gröbste.

Endliche deterministische Automaten dienen uns zur Darstellung von Transitionssystemen. Labeled Transition Systems (LTS) sind diskrete Transitionssysteme, deren Transitionen durch Ereignisbezeichner gekennzeichnet sind [Mag06]. Wir betrachten endliche Transitionssysteme und betten diese in die Klasse der deterministischen endlichen Automaten ein. In einem LTS werden alle Zustände als akzeptierende Zustände behandelt, d.h. die Mengen Q und F sind gleich.

Definition 2.7 (Labeled Transition System). *Ein LTS (Q, Σ, δ, q_0) ist ein endlicher deterministischer Automat $(Q, \Sigma, \delta, q_0, F)$ mit den finalen Zuständen $F = Q$.*

Komplexe Systeme können durch die parallele Komposition von LTS-Komponenten beschrieben werden [Mil89]. Die parallele Komposition zweier LTS S_1 und S_2 wird durch $S_1 \| S_2$ bezeichnet und beschreibt dessen paralleles Verhalten. Das komponierte LTS verhält sich asynchron, aber synchronisiert bei gemeinsamen Ereignissen.

Der Zustandsautomat A_{PSS} in Abbildung 2.5 ist beispielsweise ein LTS ohne parallele Komposition. Dieser besteht aus sechs Zuständen $Q = \{0, 1, 2, 3, 4, 5\}$, dem initialen Zustand $q_0 = 0$, den finalen Zuständen $F = Q$ und der partiellen Zustandsübergangsfunktion $\delta : Q \times \Sigma \to Q$, mit (0, **Gang D einlegen**) $\mapsto$ 1, (1, **Lücke passieren**) $\mapsto$ 2, (2, **Lücke ausschließen**) $\mapsto$ 1, (2, **Lücke vorschlagen**) $\mapsto$ 3, (3, **Lücke passieren**) $\mapsto$ 4, (4, **Lücke beibehalten**) $\mapsto$ 3, (4, **Lücke wechseln**) $\mapsto$ 3, (3, **von Parklücke entfernen**) $\mapsto$ 5, (3, **Hindernis taucht auf**) $\mapsto$ 5 und (5, **Vorschlag zurückziehen**) $\mapsto$ 1.

2.3 Vollständigkeit von Szenariospezifikationen

Das Institute of Electrical and Electronic Engineers (IEEE) spezifiziert in [IEE98] Qualitäten, die eine ideale Software-Anforderungsspezifikation (engl. Software Requirements Specification (SRS)) besitzen muss. In dem Standard wird empfohlen, dass Anforderungen

(a) korrekt
(b) eindeutig
(c) vollständig
(d) konsistent

(e) priorisiert
(f) testbar
(g) modifizierbar und
(h) nachvollziehbar

beschrieben werden sollen. Eine SRS ist aus funktionaler Sicht laut dem Standard vollständig, wenn sie „alle signifikanten Anforderungen bezüglich der Funktionalität [...] beinhaltet" [IEE98, S. 5]. Die Funktionalität eines Systems ist in einer SRS vollständig beschrieben, wenn diese „Antworten der Software auf alle erzeugbaren Klassen von Eingabedaten in allen möglichen Klassen von Situationen" umfasst [IEE98, S. 6].

Eine formale Definition, die diese funktionale Vollständigkeit von SRS stützt, wird in [JL89] gegeben. Systeme werden als geschlossene Systeme (engl. Black Boxes) betrachtet. Eine Verhaltensbeschreibung besteht dann aus Eingaben, die unter bestimmten Bedingungen Ausgaben des Systems auslösen. Konzeptionell wird eine Verhaltensbeschreibung somit als eine Menge von Anforderungen der Form: *Auslösebedingung* ⇔ *Ausgabe* gesehen. Eine Auslösebedingung ist ein Prädikat $P_{E_i} : I \to \mathbb{B}$, das bei einer Eingabe $I_i \in I$ eine Menge konjugierter Eingabeereignisse $E_i = E_{i1} \land \ldots \land E_{ik}$ über dessen charakteristische Eigenschaften beschreibt. Eine Ausgabe bzw. Menge von Ausgabeereignissen $A_k = A_{k1} \land \ldots \land A_{km}$ wird analog durch ein Prädikat $P_{A_k} : O \to \mathbb{B}$ charakterisiert. Eine Anforderungsaussage beschreibt dann, dass eine Ausgabe unter den spezifizierten Umständen erfolgen muss (*Auslösebedingung* ⇒ *Ausgabe*), sie darf aber auch unter keinen anderen als den angegebenen Umständen auftreten (*Ausgabe* ⇒ *Auslösebedingung*).

Eine Spezifikation besteht demnach aus einer endlichen Menge an Anforderungsaussagen (P_{E_i}, P_A), die für Eingaben eindeutige Ausgaben definieren:

$$P_{E_1} \lor \ldots \lor P_{E_n} \Leftrightarrow P_A, \text{ mit}$$
$$\forall P_{E_i}, P_{E_j} : (P_{E_i} \Rightarrow P_A) \land (P_{E_j} \Rightarrow P_{A'}) \Rightarrow A = A'$$

Eine Spezifikation ist auf Basis dieser Definition vollständig, wenn sie für alle von dem System wahrnehmbaren Phänomene unter allen Bedingungen eine Ausgabe und deren charakteristische Eigenschaften beschreibt. Die logische Veroderung der Eingabeprädikate ihrer Aussagen muss dann eine Tautologie ergeben, d.h. eine Spezifikation ist vollständig, wenn gilt:

$$\models \bigvee_{(P_{E_i}, A)} P_{E_i}$$

Eine exakte Definition der Vollständigkeit von Szenariospezifikationen ist in der bestehenden Literatur nicht gegeben. Die prädikatenlogische Definition nach [JL89] kommt einer Vollständigkeitsdefinition für Szenariospezifikationen am nächsten, da sie ebenfalls auf einer Black-Box-Sicht beruht.

Dieser Definition folgend werden wir im Laufe der Arbeit eine Szenariospezifikation aus funktionaler Sicht als vollständig betrachten, wenn für jedes Eingabeereignis unter jeder möglichen Vorbedingung mindestens ein Szenario existiert, das eine eindeutige Ausgabe des Systems und dessen charakteristische Eigenschaften beschreibt.

Zur Bestimmung der möglichen Vorbedingungen der Szenarien, werden wir die Historie vergangener Ereignisse und ihre kausale Abhängigkeiten berücksichtigen. Wir werden daher Szenarien komponieren und die Vollständigkeit ihrer Spezifikationen auf jene von Zustandsautomaten zurückführen. Eine Szenariospezifikation ist dann vollständig, wenn aus ihr eindeutig ein vollständiger Zustandsautomat abgeleitet werden kann.

2.4 Vollständigkeit von Zustandsautomaten

In [JLHM91] werden Kriterien an robuste zustandsbasierte Spezifikationen anhand von Mealy-Automaten [HMU07] definiert. In dieser Arbeit werden wir uns auf die Vollständigkeit funktionaler Anforderungen diskreter Funktionen ohne zeitkontinuierliche Signale und ohne Eingabedaten beschränken. Übertragen auf LTS sind die drei wesentlichen Vollständigkeitskriterien bezüglich dieser Einschränkung die *Erreichbarkeit aller Zustände*, die *Reaktion auf jedes Eingabeereignis* und eine *deterministische Beschreibung* des Verhaltens. Für eine umfassende Liste an Vollständigkeitskriterien unter Betrachtung sowohl nichtfunktionaler Anforderungen, als auch Zeit -und Datenanforderungen sei der Leser auf [Jaf88, JLHM91] verwiesen.

Erreichbarkeit aller Zustände

Ein Zustand q ist erreichbar, wenn eine Sequenz von Ereignissen $e_1, \ldots, e_n \in \Sigma$ existiert, so dass $\hat{\delta}(q_0, e_1 \ldots e_n) = q$ für den initialen Zustand q_0 gilt. Ist ein Zustand nicht erreichbar, hat er im System keine Funktion oder deutet auf fehlendes Verhalten hin. Zur Gewährleistung der Vollständigkeit eines LTS, sollten unerreichbare Zustände getilgt oder der Automat so erweitert werden, dass alle Zustände erreichbar sind. In einem vollständigen LTS ist demnach jeder Zustand erreichbar, d.h.:

$$\forall q \in Q \; \exists e_1, \ldots, e_n \in \Sigma : \hat{\delta}(q_0, e_1 \ldots e_n) = q$$

Reaktion auf jedes Eingabeereignis

Neben der Erreichbarkeit aller Zustände muss eine vollständige Spezifikation das Ausgabeverhalten in jedem Zustand und für jede Eingabe beschreiben, d.h.:

$$\forall e \in \Sigma, q \in Q \; \exists q' \in Q : \delta(q, e) = q'$$

Deterministisches Verhalten

Nichtdeterminismen deuten auf ungetroffene Entscheidungen hin und können zu schwerwiegenden Problemen in der Entwicklung führen, wenn sie zu spät erkannt werden [HL95]. Ein LTS ist in dieser Arbeit per Definition deterministisch.

Ein vollständiges LTS definiert somit unter jeder möglichen Vorbedingung eine eindeutige Reaktion. Wir verwenden diese Kriterien, um die Vollständigkeit von LTS zu messen und werden sie über die Synthese von Zustandsautomaten auf Szenariospezifikationen zurückführen.

2.5 Synthese von Zustandsautomaten aus Szenarien

Ein *Syntheseverfahren* ist im Kontext dieser Arbeit ein Algorithmus, der als Eingabe eine Szenariospezifikation erhält. Diese Spezifikation beschreibt das Verhalten eines Systems mittels dekompositionierter Szenarien. Ein Synthesealgorithmus setzt die Szenarien in Zusammenhang und berechnet aus diesem Zustandsautomaten.

2.5.1 Synthesearten

Um dem Leser eine Übersicht über die Vielfalt der Syntheseansätze zu geben, werden die möglichen Transformationswege zwischen Szenarien und Zustandsautomaten in Abbildung 2.10 dargestellt.

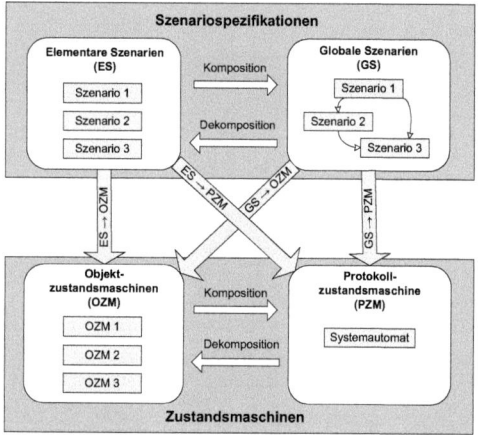

Abb. 2.10: Klassifikation von Synthesen nach Transformationspfaden [LDD06, S. 6]

Als Quelle können Szenarien mit oder ohne zusätzlich angegebener Kompositionsinformation dienen. Szenarien ohne explizite Komposition werden elementare Szenarien (ES) genannt. Hingegen werden Szenariospezifikationen mit expliziter Angabe der Szenariokomposition als globale Szenarien (GS) bezeichnet. Die Zielnotationen einer Synthese können über ihre Granularität kategorisiert werden. Beschreibt eine Zustandsmaschine ein System über das Verhalten der Komponenten des Systems, ist sie eine Objekt-Zustandsmaschine (OZM). Beschreibt sie das Verhalten über die Interaktionen des Gesamtsystems ohne detaillierte Angabe der Komponenteninteraktionen, wird die Zustandsmaschine Protokollzustandsmaschine (PZM) genannt. Zwischen diesen Szenariospezifikations- und Zustandsmaschinenarten verwenden Syntheseansätze unterschiedliche Transformationspfade. In der Literatur werden direkte und indirekte Transformationspfade zwischen Quellszenarien und Zielzustandsmaschinen vorgeschlagen. Die direkten Transformationen sind ES → OZM, ES → PZM, GS → OZM, GS → PZM. Vorgeschlagene indirekte Transformationspfade sind GS → OZM → PZM und ES → PZM → OZM.

2.5.2 Allgemeiner Aufbau eines Syntheseverfahrens

Unabhängig von den Transformationspfaden wird der allgemeine Aufbau eines Synthesealgorithmus in [KGSB99] charakterisiert. Syntheseprozesse laufen demnach in den folgenden vier Phasen ab.

Projektion

Eine Synthese beginnt mit der *Projektion* des Verhaltens auf die zu synthetisierende Zustandsmaschine. Es wird ein System oder eine Komponente einer (zuvor nicht zwingend linearisierten) Szenariospezifikation selektiert, um das Verhalten des Systems oder der Komponente durch eine PZM bzw. OZM zu beschreiben. Anschließend wird die Interaktion, an der das System oder die Komponente beteiligt ist, auf dieses projiziert. Eine Form der Projektion ist z.B. die bereits in Abschnitt 2.1.2 erwähnte Bildung von Linearisierungen für Komponenten aus MSC-Diagrammen (vgl. z.B. [UKM01]).

Normalisierung

Die zweite Phase einer Synthese ist die *Normalisierung* der projizierten Szenariospezifikationen. Diese Phase bereinigt Szenarien, um sie in der anschließenden Transformationsphase einheitlich verarbeiten zu können. Während der Normalisierung werden z.B. die möglichen Vorbedingungen einzelner Szenarien explizit dargestellt, um Ausführungspfade herzustellen, die im initialen Zustand eines Systems beginnen (vgl. z.B. [Krü00]).

Transformation

In der dritten Phase einer Synthese wird die eigentliche *Transformation* durchgeführt. Während einer Transformation werden Ereignisse der Szenarien in Transitionen der Zustandsautomaten umgewandelt und beginnend von einem initialen Zustand durch weitere Zustände verbunden. Die entstehenden Zustandsautomaten spiegeln exakt das Verhalten der Szenarien wieder. Sie sind nicht reduziert und besitzen daher eine maximale Anzahl ableitbarer Zustände; ferner sind sie ggf. nichtdeterministisch.

Optimierung

Während der letzten Phase einer Synthese werden die maximalen Zustandsautomaten *optimiert*. Es werden einerseits Optimierungsverfahren aus der Automatentheorie [HMU07] verwendet, um den Zustandsraum bzw. die Menge der Transitionen verhaltenserhaltend zu reduzieren und zu determinisieren. Andererseits werden aber auch Zustände zusammengefasst, um das Verhalten der Szenarien miteinander in Bezug zu setzen.

2.5.3 Induktive und Deduktive Syntheseverfahren

Anhand der verwendeten Optimierung lassen sich Syntheseverfahren in *induktive* und *deduktive* Synthesen unterteilen. Deduktive Ansätze nehmen vollständige Szenariospezifikationen an und leiten aus dem definierten Verhalten ein Gesamtverhaltensmodell ab. Sie greifen auf explizite Kompositionsinformation wie z.b. Vor- und Nachbedingungen oder Kompositionsspezifikationen wie z.b. high-level Message Sequence Charts (hMSCs) [ITU99] oder Kollaborationsdiagramme [Obj07a] zurück. Die gegebenen Kompositionsinformationen werden während der Transformation ausgewertet und die Szenarien zu einem verhaltenserhaltenden Zustandsautomaten in Zusammenhang gesetzt. Die Optimierung von deduktiven Verfahren verändert das definierte Verhalten nicht.

Induktive Ansätze interpretieren Szenarien hingegen als existierende Abläufe eines Systems aus denen das allgemeine Verhalten in Form eines Zustandsautomaten erschlossen werden soll. Eine wichtige Schlussfolgerung ist wie bei den deduktiven Syntheseverfahren die Interszenariorelation. Diese wird bei induktiven Ansätzen auf Basis der Kausalität von Ereignissen heuristisch erschlossen. Beliebte Hilfsmittel zur Unterstützung dieses Schlussfolgerungsprozesses sind negative Szenarien oder temporale Logik, die mögliche Interszenariorelationen einschränken. Induktive Verfahren leiten somit analog zu deduktiven Verfahren während der Transformation einen verhaltenserhaltenden Zustandsautomaten ab. Die Reduktion des Zustandsraums während der Optimierungsphase wird hingegen genutzt, um durch Zustandsvereinigungen das Verhalten der Szenarien in Beziehung zu setzen.

2.6 Interaktive Induktive Inferenz

Die Optimierungsphase induktiver Synthesen führt durch Zustandsvereinigungen zu neuem Verhalten. Als zentrale Idee dieser Arbeit werden wir das induktiv erschlossene Verhalten einer auf Vervollständigung optimierten Synthese durch Szenarien repräsentieren und die Szenariospezifikationen mit Autoren oder Gutachtern in Interaktion durch die Szenarien ergänzen.

Aufgrund der Verwendung elementarer Eingabeszenarien und einer szenariobasierten Interaktion wählen wir als Basis dieser Arbeit induktive Synthesealgorithmen [DLDL05, DLDL08]. Diese transformieren Szenarien in einen baumförmigen Automaten und generalisieren den Automaten induktiv durch Zustandsvereinigungen. Entstehendes neues Verhalten wird ausschnittsweise durch Szenarien repräsentiert und in Interaktion mit einem Orakel validiert. Mit quadratischem Interaktionsaufwand werden durch diese Verfahren Automaten erschlossen, die das gewünschte Verhalten approximieren. Diese Automaten können allerdings sowohl über- als auch unterapproximiert sein.

Nachfolgend werden wir die zugrundeliegenden Inferenzmethoden dieser Ansätze und ihre interaktiven Erweiterungen im Detail erklären.

2.6.1 Der RPNI-Algorithmus

Eine der verwendeten Inferenzmethoden basiert auf dem Regular Positive and Negative Inference (RPNI) Algorithmus [OG92]. Dieser ist ein induktiver Grammatik-Inferenz-Algorithmus [AS83], der eine Menge positiver und negativer Beispielwörter I_+ bzw. I_- zu einer regulären Grammatik in Form eines DEAs verallgemeinert. Er ist in Auflistung 2.1 abgebildet und arbeitet wie folgt:

```
1  Automaton A = constructInitialHypothesis(I+);
2  for(StatePair statesToMerge : selectStatePairs(A)) {
3     Automaton Anew = clone(A);
4     merge(Anew, statesToMerge);
5     if (isCompatible(Anew, I-)) {
6        A = Anew;
7     }
8  }
9  return A;
```

Auflistung 2.1: Der RPNI-Algorithmus in Java-ähnlicher Syntax

In einem ersten Schritt werden die positiven Wörter der Eingabe in einen DEA umgewandelt, der die positiven Beispiele exakt akzeptiert (s. Zeile 1). Diese initiale Hypothese wird Prefix Tree Acceptor (PTA) genannt und ist wie folgt definiert:

Definition 2.8 (Prefix Tree Acceptor). *Wir nennen u ein Präfix eines Wortes w, wenn ein Wort v existiert, so dass $uv = w \in L$. Wir kennzeichnen die Menge aller Präfixe einer Sprache L mit $Pr(L)$. Ein DEA $PTA(I_+) = (Pr(I_+), \Sigma, \delta, q_0, I_+)$ ist ein Prefix Tree Acceptor für eine Eingabe $I = (I_+, I_-)$, wenn $u \cdot a = v \Rightarrow \delta(u,a) = v$ für alle $a \in \Sigma$ und $u,v \in Pr(I_+)$.*

Für eine Menge positiver Wörter $I_+ = \{\lambda, a, bb, bba, baab, baaaba\}$ ist der Prefix Tree Acceptor beispielsweise der Automat A_0 aus Abbildung 2.11.

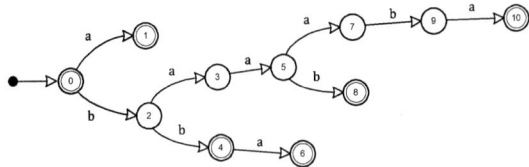

Abb. 2.11: Ein Prefix Tree Acceptors A_0 der Wörter $\lambda, a, bb, bba, baab, baaaba$ mit den Zuständen $0 = \lambda, 1 = a, 2 = b, 3 = ba, 4 = bb, 5 = baa, 6 = bba, 7 = baaa, 8 = baab, 9 = baaab, 10 = baaaba$.

Ein PTA ist ein Baum, der die Präfixe positiver Eingabewörter durch seine Äste beschreibt. Der PTA wird anschließend durch den RPNI-Algorithmus optimiert, um die ursprünglichen Beispielwörter durch Zustandsvereinigungen zu der gesuchten regulären Grammatik in Form eines DEAs zu verallgemeinern (s. Zeile 2 bis 8).

Die *Generalisierung* des PTA beginnt in Zeile 2 durch die Selektion von Zustandspaaren. Traversieren wir einen Pfad vom initialen Zustand zu einem Zustand q, erhalten wir ein Wort w mit $\hat{\delta}(q_0, w) = q$, das wir einen *Präfix des Zustands* nennen. Ein Zustand eines PTA hat aufgrund der Baumform des Automaten genau ein Präfix. Wir sortieren die Präfixe des PTA nach ihrer lexikografischen Standardordnung und erhalten einen Rang $rang(q)$. Der RPNI-Algorithmus wählt mit aufsteigendem Rang sukzessiv jeden Zustand aus und kombiniert diesen jeweils mit allen Zuständen geringeren Ranges. Diese Selektionsreihenfolge der Zustandspaare nennen wir *RPNI-Standardordnung*.

Nach der Auswahl eines Zustandspaares (q', q) in dieser Reihenfolge erstellt der Algorithmus eine Kopie A_{new} des Lösungsautomaten A, um spätere Rücksetzungen zu vermeiden (s. Zeile 3). Auf dieser Kopie wird das selektierte Paar durch die Operation **merge** vereinigt (s. Zeile 4). Sie weist dem Zustand q mit kleinerem Rang alle eingehenden und ausgehenden Transitionen des höher eingestuften Zustands q' zu, kennzeichnet den Zustand q als final, wenn $q' \in F_{new}$ und vereinigt

q und q' zu einem Zustand. Wir erhalten durch die Zusammenfassung der beiden Zustände den Quotientenautomaten $A_{new}/q=q'$.

Die durch Transitionsänderungen auftretenden Nichtdeterminismen werden anschließend durch die *merge*-Operation nach einem Standardverfahren zur Determinisierung aufgelöst, das wir mit der Operation *det* annotieren (engl. merging for determinization, vgl. [HMU07]). Die Zielzustände zweier aus q ausgehender Transitionen mit gleichem Label werden dabei zusammengefasst, indem diese jeweils durch die merge-Operation vereinigt und eine der Transitionen entfernt wird. Die vereinigten Zielzustände werden anschließend rekursiv determinisiert bis keine nichtdeterministischen Zustände mehr vorhanden sind.

Die Zustandsvereinigungen führen durch die Rekombination beteiligter Transitionen zu einer Erweiterung der akzeptierten Sprache. Diese wird in Zeile 5 gegen die gegebenen negativen Eingabewörter getestet. Ist A_{new} kompatibel zu I_-, d.h. akzeptiert dieser Automat keines der negativen Beispiele, übernehmen wir die Zustandsvereinigung in den Lösungsautomaten A (s. Zeile 5 und 6). Ansonsten verwirft der RPNI-Algorithmus die Kopie des Automaten und wählt das nächste Zustandspaar aus. Wurden alle Zustandspaare des aktuellen Lösungsautomaten auf diese Weise miteinander verglichen, terminiert der Algorithmus und gibt den Automaten aus (s. Zeile 9).

Beispiel 2.9. Wir erklären den RPNI-Algorithmus anhand der zu erschließenden regulären Beispielsprache $L_t = \{(a^*(b\,a^*b)^*)^*\}$ aus Abschnitt 2.2 und der Eingabe $I_0 = (I_+, I_-)$ mit $I_+ = \{\lambda, a, bb, bba, baab, baaaba\}$ und $I_- = \{b, ab, aba\}$.

Der Algorithmus transformiert die positiven Eingabewörter in den bereits bekannten PTA A_0 in Abbildung 2.11. Die Zustände des abgebildeten PTA sind durch ihren Rang annotiert. Die Generalisierungsreihenfolge nach RPNI-Standardordnung ist somit auf dieser initialen Hypothese (1,0), (2,0), (2,1), (3,0), (3,1), (3,2), ..., (10,9).

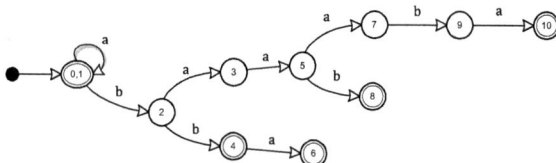

Abb. 2.12: Der Quotientenautomat $A_1 = A_0/\pi_0$ nach der Vereinigung der Zustände 1 und 0

Die Generalisierung beginnt mit der Zustandsvereinigung merge(1,0), die zum Quotientenautomaten $A_0/\pi_0 = A_0/_{1=0}$ aus Abbildung 2.12 führt. Dieser Automat weist mit der hervorgehobenen, nun selbstbezüglichen Transition des resultierenden Zustands $\{0, 1\}$ eine Sprachvergrößerung auf, so dass all Wörter a^* akzeptiert werden. Diese wird gegen die negativen Beispiele I_- getestet. Da kein Widerspruch besteht, wird die Vereinigung vom Quotientenautomaten auf den Lösungsautomaten $A_1 = A_0/\pi_0$ übertragen.

Die darauffolgende Vereinigung und Determinisierung der Zustände 2 und 0 ist in Abbildung 2.13 dargestellt. Die Vereinigung führt zum nichtdeterministischen Zustand $\{2, 0\}$, der mehrere Transitionen der Eingabezeichen a und b besitzt. Dieser Nichtdeterminismus wird rekursiv aufgelöst, bis der Automat auf den initialen Zustand und die selbstbezüglichen Transitionen a und b reduziert wurde. Der entstehende Automat akzeptiert das Wort $b \in I_-$ und wird aufgrund des Widerspruchs zu den negativen Wörtern der Eingabe verworfen.

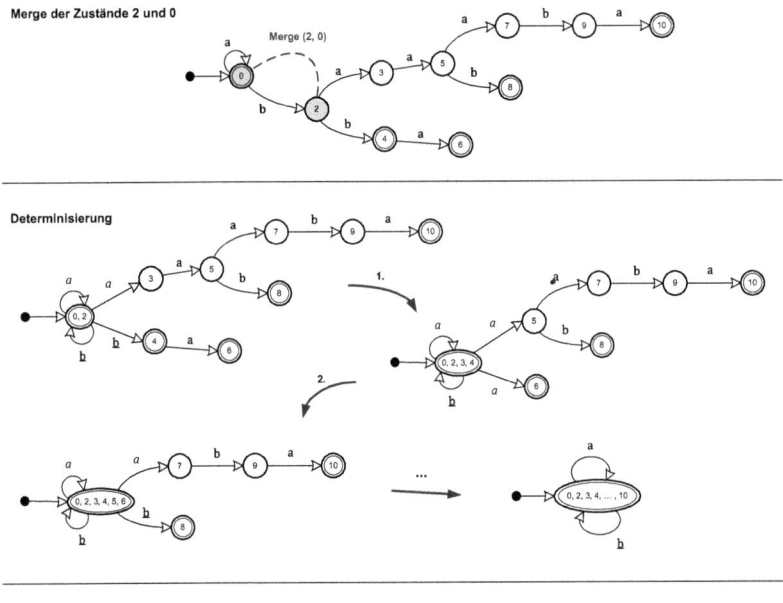

Abb. 2.13: Die bezüglich I_- ungültige Vereinigung des Zustandspaares $(2,0)$ und die anschließende Determinisierung des entstehenden Automaten

Anhand des negativen Beispiels $aba \in I_-$ wird im Anschluss die Vereinigung des Zustandspaares $(3,0)$ in A_1 ausgeschlossen. Unter Kontrolle von I_- vereinigt der RPNI-Algorithmus in der Folge die Zustände $(3,2)$ und $(4,0)$ (s. Abbildung 2.14). Ihre Determinisierung führt rekursiv zur Zusammenlegung der in der Abbildung hervorgehobenen mit den übrigen Transitionen und resultiert in den Lösungsautomaten des RPNI-Algorithmus $A(L_t)$ aus Abbildung 2.15. Dieser Lösungsautomat ist der bereits bekannte Automat A_t aus Abschnitt 2.2 und akzeptiert exakt die gesuchte Sprache L_t.

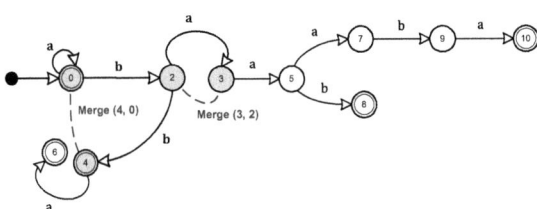

Abb. 2.14: Die verbleibenden vom RPNI-Algorithmus durchgeführten Zustandsvereinigungen unter der Kontrolle der negativen Beispiele I_-

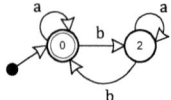

Abb. 2.15: Der resultierende Lösungsautomat $A(L_t)$ der Eingabe I_0

Der RPNI-Algorithmus hat eine Laufzeit von $\mathcal{O}(||I|| \cdot ||I_+||^2)$. Er benötigt einen maximalen zusätzlichen Speicheraufwand in Größe des PTA, um jeweils eine Kopie des Lösungsautomaten vor einer merge-Operation zu erstellen. Die vom Algorithmus erschlossenen Automaten akzeptieren alle positiven Wörter, während die negativen Wörter der Eingabe verworfen werden. Charakterisiert eine Beispieleingabe die gewünschte Sprache in ausreichendem Maße, identifiziert der RPNI-Algorithmus sogar die gewünschte Sprache.

Charakteristische Beispiele

Bei unserem Beispiel wird die gesuchte Sprache L_t hinlänglich durch die Eingabe I_0 bezüglich des RPNI-Algorithmus repräsentiert. Im Allgemeinen wird eine Eingabe von Beispielwörtern, aus der ein Inferenz-Algorithmus eine gewünschte Sprache in einer endlichen Anzahl von Schritten eindeutig ableitet, *charakteristisches Beispiel* genannt [Gol78].

Wir betrachten nun charakteristische Beispiele für den RPNI-Algorithmus im Detail. Jede reguläre Sprache kann durch einen minimalen DEA dargestellt werden. Dieser ist bis auf Isomorphie eindeutig bestimmt und wird *kanonischer Automat* der Sprache genannt [Gol78]. Ein Beispiel eines kanonischen Automaten ist der für die Eingabe I_0 erschlossene Automat $A(L_t)$, der die Sprache L_t minimal beschreibt. Auf Basis kanonischer Automaten können wir Bedingungen an charakteristische Beispiele definieren.

Wir nennen v einen *Suffix* eines Wortes w einer Sprache L, wenn $wv \in L$ und kennzeichnen die Menge aller Suffixe eines Wortes w in L mit L/w.

Definition 2.10 (Kürzeste Präfixe und Suffixe). *Sei $Pr(L)$ die Menge der Präfixe einer Sprache L und L/u die Menge der Suffixe eines Wortes $u \in L$. Bezeichne $<$ die lexikografische Standardordnung auf Wörtern. Dann ist die Menge $Sp(L) = \{x \in Pr(L) | \forall u \in \Sigma^* : L/u = L/x \Rightarrow |u| > |x|\}$ die Menge der kürzesten Präfixe von L.*

Kürzeste Präfixe können zur Veranschaulichung als Pfade vom initialen zu einem Zustand q angesehen werden. Aufgrund der Minimalität kanonischer Automaten sind dessen Zustände dann eindeutig durch die kürzesten Präfixe seiner Sprache bestimmt (ohne dabei Fehlerzustände zu betrachten). Die kürzesten Präfixe unserer Sprache L_t sind somit aus dem Automaten $A(L_t)$ ableitbar. Wir erhalten $Sp(L_t) = \{\lambda, b\}$ und beschreiben damit hinreichend die Zustandsmenge $Q_{A(L_t)} = \{0, 2\}$. Dieser Idee folgend sind die Transitionen eines kanonischen Automaten durch den Kern seiner Sprache beschrieben.

Definition 2.11 (Sprachkern). *Der Kern $N(L)$ einer Sprache L ist die Menge $N(L) = \{xa \in Pr(L) \mid x \in Sp(L), a \in \Sigma\} \cup \{\lambda\}$.*

Der Kern einer Sprache wird durch die kürzesten Präfixe und jeweils einem konkatenierten Symbol des Alphabets gebildet. Betrachten wir die kürzesten Präfixe als Zustände eines kanonischen

Automaten, identifiziert der Kern einer Sprache genau alle Transitionen des gesuchten vollständigen Automaten (vgl. Abschnitt 2.4). Der kanonische Automat $A(L_t)$ ist beispielsweise vollständig bezüglich des Eingabealphabets $\Sigma = \{a, b\}$. Der Kern der Sprache L_t ist somit gegeben durch $N(L_t) = \{\lambda, a, b, ba, bb\}$ und beschreibt exakt die Transitionen des Automaten. Sind die Elemente des Kerns Präfixe einer Menge von positiven Beispielwörtern, ist das Beispiel strukturell vollständig.

Definition 2.12 (Strukturelle Vollständigkeit). *Eine Menge von positiven Beispielwörtern I_+ ist strukturell vollständig bezüglich einer Sprache L, wenn ein Automat $A = (Q, \Sigma, \delta, q_0, F)$ existiert, der L akzeptiert und für den gilt:*

1. *für alle $q \in Q, a \in \Sigma$ mit $\delta(q, a) = q'$ existieren $wav \in I_+$ und $q'' \in Q$, so dass $\hat{\delta}(q_0, w) = q$ und $\hat{\delta}(q', v) = q''$.*
2. *jeder finale Zustand $f \in F$ akzeptiert mindestens ein Wort $w \in I_+$.*

Die strukturelle Vollständigkeit einer Eingabe des RPNI-Algorithmus beschreibt die Existenz ausreichend vieler positiver Beispiele, um einen PTA zu bilden aus dem der kanonische Automat über Zustandsvereinigungen gefolgert werden kann [DMV94]. Um aus dem PTA den exakten Automaten abzuleiten, benötigt der RPNI-Algorithmus weiterhin negative Beispiele, die Fehlgeneralisierung verhindern. Sind genügend positive und negative Beispiele gegeben, wird eine Eingabe charakteristisch genannt.

Definition 2.13 (Charakteristisches Beispiel). *Eine Eingabe $I = (I_+, I_-)$ ist charakteristisch für eine reguläre Sprache L bezüglich des RPNI-Algorithmus, wenn I folgende Bedingungen erfüllt:*

1. *$\forall x \in N(L)$: wenn $x \in L$, dann $x \in I_+$, andernfalls $\exists u \in \Sigma^*$, so dass $xu \in I_+$.*
2. *$\forall x \in Sp(L), \forall y \in N(L)$: wenn $L/x \neq L/y$, dann $\exists u \in \Sigma^*$, so dass $(xu \in I_+$ und $yu \in I_-)$ oder $(xu \in I_-$ und $yu \in I_+)$.*

Ein charakteristisches Beispiel bezogen auf den RPNI-Algorithmus ist somit eine Menge von positiven und negativen Wörtern, die zwei Bedingungen erfüllen müssen. Die erste Bedingung ist, dass die positiven Eingabewörter all jene Elemente des Kerns, die Teil der Sprache sind, enthalten und zusätzlich jedes Kernelement außerhalb der Sprache mit einem positiven Suffix kombiniert. Diese Bedingung kann als Implikation der strukturellen Vollständigkeit des Beispiels gesehen werden [DLDL05].

Mit der zweiten Bedingung wird sichergestellt, dass der RPNI-Algorithmus die Zustände des kanonischen Automaten voneinander unterscheiden kann. Fasst er zwei Zustände zusammen, garantiert die RPNI-Standardordnung, dass immer der Zustand mit dem kürzeren Präfix beibehalten wird. Diese durch die kürzesten Präfixe $Sp(L)$ repräsentierten Zustände unterscheiden sich durch ihre Suffixe in der Sprache. Dürfen zwei Zustände nicht vereint werden, muss ein charakteristisches Beispiel ein Suffix $u \in \Sigma^*$ enthalten, der die Vereinigung in einem positiven und einem widersprechenden, negativen Beispiel ausschließt.

Beispiel 2.14. Die Eingabe unseres Beispiels $I_0 = (I_+, I_-)$ ist charakteristisch mit $I_+ = \{\lambda, a, bb, bba, baab, baaaba\}$ und $I_- = \{b, ab, aba\}$. Wie wir bereits festgestellt haben, sind die kürzesten Präfixe der gesuchten Sprache $Sp(L_t) = \{\lambda, b\}$. Der Kern der Sprache ist $N(L_t) = \{\lambda, a, b, ba, bb\}$.

Da λ, a und $bb \in N(L) \cap L_t$ folgt, dass auch λ, a und $bb \in I_+$. Für $N(L_t) \not\subseteq L_t = \{b, ba\}$ wählen wir bba und $baab \in I_+$ und erfüllen die erste Bedingung an ein charakteristisches Beispiel der Sprache. Die zweite Bedingung wird durch die Suffixgleichheit der Kernelemente $L_t/\lambda = L_t/a$, $L_t/\lambda = L_t/bb$ und $L_t/b = L_t/ba$ in L_t bestimmt. Die Zustandsvereinigungen der kürzesten Präfixpaare (λ, b), (λ, ba) bzw. (b, a), (b, bb) müssen somit durch negative Beispiele für den RPNI-Algorithmus ausgeschlossen werden. Dies wird durch die Worte

- $\lambda \cdot b \in I_-$, $b \cdot b \in I_+ \Rightarrow \lambda \not\equiv b$

- $\lambda \cdot ab \in I_-$, $ba \cdot ab \in I_+ \Rightarrow \lambda \not\equiv ba$

- $a \cdot b \in I_-$, $b \cdot b \in I_+ \Rightarrow b \not\equiv a$ und

- $b \in I_-$, $bb \in I_+ \Rightarrow b \not\equiv bb$

erreicht.

Enthält eine Eingabe analog zu unserem Beispiel ein charakteristisches Beispiel, konvergiert der RPNI-Algorithmus zur gesuchten Sprache [OG92]. Ist kein charakteristisches Beispiel gegeben, hängt das Ergebnis von der Qualität der Eingabe ab.

2.6.2 Blue-Fringe und die EDSM-Heuristik

Der RPNI-Algorithmus selektiert Zustandspaare nach der lexikografischen Standardordnung (s. Auflistung 2.1, Zeile 2). Während der Generalisierungsphase des Algorithmus führt diese Selektion zu einer levelweisen Untersuchung von Zustandsvereinigungen. Diese Reihenfolge der Untersuchung stellt sicher, dass bei einer Zusammenfassung zweier Zustände (y, x) mit $rang(x) < rang(y)$:

a) alle Zustände q des generalisierten PTA mit $rang(q) < rang(x)$ unvereinbar mit x und y sind und

b) y die Wurzel eines Baums ist.

Diese Eigenschaften sind für den RPNI-Algorithmus notwendig, um den kanonischen Automaten aus einer charakteristischen Eingabe konstruieren zu können. Die Auswahl der Zustände ist allerdings durch das Priorisieren der lexikografisch kleinsten Präfixe suboptimal. Um bei einer nichtcharakteristischen Eingabe wahrscheinliche Zustandsvereinigungen möglichst früh vorzunehmen, wird in [LPP98] der *Blue-Fringe-Evidence Driven State Merging (Blue-Fringe-EDSM) Algorithmus* vorgeschlagen. Dieser Algorithmus kann als eine Variante des RPNI-Algorithmus angesehen werden, die Zustände mit ähnlichen Suffixen während der Generalisierung priorisiert.

Der Blue-Fringe-EDSM-Algorithmus startet wie der RPNI-Algorithmus mit der Konstruktion einer initialen Hypothese (vgl. Auflistung 2.1, Zeile 1). Im Gegensatz zum RPNI-Algorithmus wird hierbei ein angereicherter PTA (APTA) gebildet [CN97].

Definition 2.15 (Angereicherter PTA). *Ein APTA bezüglich einer Eingabe $I = (I_+, I_-)$ ist ein Tupel $(Q, \Sigma, \delta, q_0, F_+, F_-)$ mit*

Q *einer Menge an Zuständen, so dass* $Q = Pr(I_+) \cup Pr(I_-)$,

$\delta : Q \times \Sigma \to Q$, so dass $u \cdot a = v \Rightarrow \delta(u, a) = v$ für alle $a \in \Sigma$ und $u, v \in Pr(I_+) \cup Pr(I_-)$,
q_0 einem initialen Zustand,
$F_+ \subset Q$ einer Menge an finalen Zuständen, die I_+ akzeptieren und
$F_- \subset Q$ einer Menge an finalen Zuständen, die I_- verwerfen.

Ein APTA ist ein um eine Zustandsmenge F_- erweiterter PTA, der jene Zustände kennzeichnet, in denen negative Beispiele enden. Der APTA der Eingabe $I_0 = (I_+, I_-)$, mit $I_+ = \{\lambda, a, bb, bba, baab, baaaba\}$ und $I_- = \{b, ab, aba\}$ beispielsweise ist in Abbildung 2.16 dargestellt. Er entspricht dem uns bekannten PTA A_0 (vgl. Abschnitt 2.6.1), erweitert um die Präfixe negativer Szenarien und die grau gekennzeichnete Zustandsmenge F_-.

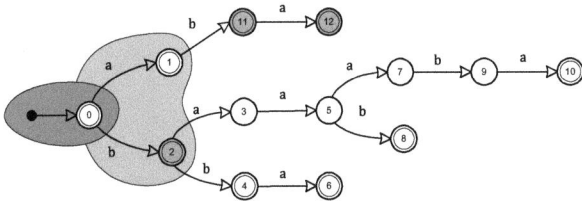

Abb. 2.16: Der vom Blue-Fringe-Algorithmus initial erstellte APTA für die Beispieleingabe I_0

Der Blue-Fringe-EDSM-Algorithmus teilt den APTA in drei Zustandsmengen auf. Die erste Zustandsmenge enthält den initialen Zustand. Sie wird mit der Farbe Rot gekennzeichnet und repräsentiert die konsolidierten Zustände des Algorithmus. Die zweite Zustandsmenge enthält alle Zustände, die durch eine ausgehende Transition von den konsolidierten Zuständen aus erreichbar sind. Diese Menge ist blau gefärbt und bildet einen blauen Rand (engl. blue fringe) um die rot gefärbten konsolidierten Zustände. Die übrigen Zustände werden nicht eingefärbt.

Während der anschließenden Generalisierung des APTA (vgl. Auflistung 2.1, Zeile 2 bis 8) selektiert der Blue-Fringe-EDSM-Algorithmus Zustände basierend auf ihrer Ähnlichkeit. Er vereint jeweils ein roten und einen blauen Zustand auf einer Kopie des Lösungsautomaten und bewertet diesen mit der folgenden *EDSM-Heuristik*. Sei $\mathcal{A}_{F_-}$ die Menge der deterministischen endlichen Automaten mit verwerfenden Zuständen F_-. Für eine Menge $I \subseteq \Sigma^*$ sei $I \backslash q = \{w \in I \mid \hat{\delta}(q_0, w) = q\}$ die Menge der Wörter, die in einem Zustand q enden und $|I|$ die Anzahl der Elemente dieser Menge. Die Funktion $EDSMScore : \mathcal{A}_{F_-} \to \mathbb{N}_0 \cup \{-\infty\}$ ist dann für einen um eine negative Menge finaler Zustände erweiterten Automaten $A = (Q, \Sigma, \delta, q_0, F_+, F_-)$ definiert durch:

$$EDSMScore(A) = \begin{cases} -\infty & \text{, wenn } F_+ \cap F_- \neq \emptyset \\ \sum_{q \in F_+}(|I_+ \backslash q| - 1) + \sum_{q \in F_-}(|I_- \backslash q| - 1) & \text{, ansonsten} \end{cases}$$

Die *EDSMScore*-Funktion bewertet einen erweiterten Automaten heuristisch über die Anzahl von Wörtern eines Beispiels, die er akzeptiert oder explizit verwirft. Die Heuristik steigt, wenn finale Zustände durch Zustandsvereinigungen zusammengefasst werden und der dadurch entstehende Automat zusätzliche Eingabewörter akzeptiert bzw. verwirft. Ist ein erweiterter Automat A inkompatibel zu einer Eingabe, d.h. $F_+ \cap F_- \neq \emptyset$, wird er mit $-\infty$ beurteilt.

Der Blue-Fringe-Algorithmus befördert zuerst jene blauen Zustände, die bezüglich jedes roten Zustandes durch die EDSM-Heuristik mit $-\infty$ bewertet werden, in die Menge der roten Zustände.

Darauffolgend wählt der Algorithmus das am höchsten bewertete Zustandspaar (im Falle mehrerer Möglichkeiten ein beliebiges dieser Paare) aus und vereinigt das Paar im Lösungsautomaten. Der entstehende Automat ist dadurch nach Konstruktion kompatibel zur Eingabe und braucht im Gegensatz zum RPNI-Algorithmus nicht weiter gegen die negativen Beispiele getestet zu werden (vgl. 2.1, Zeile 5. Anschließend wird die Menge der blauen Zustände aktualisiert und das nächste Zustandspaar über die EDSM-Heuristik ausgewählt. Dieser Prozess wird solange durchgeführt, bis alle Zustandspaare befördert oder vereinigt wurden. Der resultierende Automat wird als Lösung ausgegeben.

Beispiel 2.16. Wir demonstrieren den Algorithmus anhand der Beispieleingabe I_0. Der Algorithmus leitet in seinem ersten Schritt den APTA aus Abbildung 2.16 ab. Der initiale Zustand des Automaten wird rot gefärbt und dessen direkte Folgezustände 1 und 2 blau. Um aus den gebildeten Zustandsmengen ein Zustandspaar (x,y) zur Generalisierung auszuwählen, wendet der Algorithmus die EDSM-Heuristik an, die wir mit $EDSMScore(x,y)$ bezeichnen. Wir erhalten die Bewertung $EDSMScore((1,0)) = 2$, da der Zustand $\{0, 1\}$ die Wörter $\{\lambda, a\}$ akzeptiert bzw. $\{2, 11\}$ die Wörter $\{b, ab\}$ verwirft und $EDSMScore((2,0)) = -\infty$. Da der Zustand 2 mit dem einzigen roten Zustand 0 nicht vereinbar ist, wird dieser im zweiten Schritt des Algorithmus in die Menge der roten Zustände befördert (s. Abbildung 2.17).

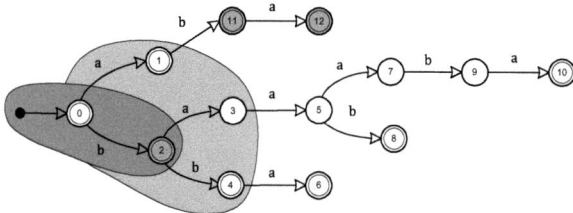

Abb. 2.17: Die Beförderung des unkonsolidierten Zustands 2 und die anschließende Erweiterungen des blauen Randes

(q_b, q_r)	$EDSMScore(q_b, q_r)$
(1,0)	2
(3,2)	2
(4,0)	2
(1,2)	$-\infty$
(3,0)	$-\infty$
(4,2)	$-\infty$

Tabelle 2.1: Die EDSM-Bewertung der Zustände 1, 3 und 4

Anschließend aktualisieren wir den blauen Rand um die konsolidierten Zustände und erhalten für die möglichen Zustandsvereinigungen die Bewertungen aus Tabelle 2.1. Die Zustandspaare (1,0), (3,2) und (4,0) haben mit dem $EDSMScore$ 2 die maximale Bewertung der Zustandspaare. Wir wählen unter diesen das Paar (1,0) aus und vereinigen dessen Zustände. Nach der Determinisierung erhalten wir den Lösungsautomaten aus Abbildung 2.18.

Die folgende Neubewertung der Zustände 3 und 4 ist in Tabelle 2.2 dargestellt. Der Blue-Fringe-EDSM-Algorithmus wählt auf Basis dieser als nächstes Zustandspaar (3,2) aus, mit der maximalen

2.6 Interaktive Induktive Inferenz

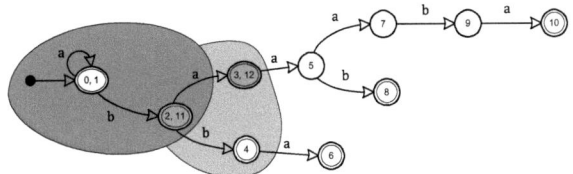

Abb. 2.18: Die Konsolidierung des Zustands 1 durch die Vereinigung des am höchsten bewerteten Zustandspaares (1,0)

(q_b, q_r)	$EDSMScore(q_b, q_r)$
(3,2)	5
(4,0)	4
(3,0)	$-\infty$
(4,2)	$-\infty$

Tabelle 2.2: Die EDSM-Bewertung der Zustände 3 und 4

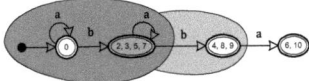

Abb. 2.19: Der Lösungsautomat nach der Vereinigung der Zustände (3,2)

Wert von $EDSMScore((3,2)) = 5$. Die Vereinigung dieses Paares führt zu dem Automaten in Abbildung 2.19.

Dieser Automat ist nach seiner Determinisierung auf vier Zustände reduziert und enthält den blauen Zustand 4. Die Bewertung $EDSMScore((4,0)) = 7$ und $EDSMScore((4,2)) = -\infty$ führt zur Vereinigung der Zustände (4,0) (s. Abbildung 2.20).

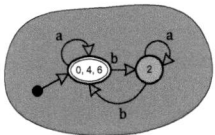

Abb. 2.20: Der resultierende Automat des Blue-Fringe-Algorithmus

Der entstehende Automat enthält keine blauen Zustände und ist somit vollständig konsolidiert. Der Blue-Fringe-Algorithmus beendet daher seinen Generalisierungsprozess und gibt den Automaten aus. Dieser ist wiederum der bereits bekannte gesuchte kanonische Automat $A(L_t)$ der Sprache L_t.

Der Blue-Fringe-Algorithmus in Kombination mit der EDSM-Heuristik hat mit $\mathcal{O}(mn^3)$ eine höhere Laufzeit als der RPNI-Algorithmus, wobei m die Anzahl der Zustände des initialen APTA bzw. n die Anzahl der Zustände des finalen Lösungsautomaten ist [LPP98]. Für den Fall, dass kein charakteristisches Beispiel gegeben ist, zeigen statistische Untersuchungen, dass der Blue-Fringe-EDSM-Algorithmus den kanonischen Automaten besser approximiert als der RPNI-Algorithmus. Weiterhin kann durch die Bewertung von Zustandsvereinigungen das Ausmaß der Generalisierung durch die Angabe einer zusätzlichen unteren Schranke gesteuert werden [DLDL05]. Erhöht sich dieser Parameter, verringert sich die Anzahl zu betrachtender Zustandsvereinigungen.

2.6.3 Anfragegestütztes Lernen

Die vorgestellten Grammatik-Inferenz-Algorithmen RPNI und Blue-Fringe-EDSM gehen von einer festen Menge an Eingabedaten aus. Im Gegensatz dazu betrachtet Angluin in [Ang88] das *Anfragegestützte Lernen* eines Konzepts unter Zuhilfenahme von Interaktion. Es werden Inferenz-Algorithmen untersucht, die während ihrer Generalisierung spezifische Anfragen an ein Orakel stellen, um unzulängliche Beispieldaten zu kompensieren. Die betrachteten Anfragearten formuliert für eine reguläre Sprache L mit einem kanonischen Automaten A über dem Alphabet Σ sind:

- *Elementanfragen* - Eine Elementanfrage hat die Form „$w \in L$?". Die Antwort des Orakels ist *ja*, wenn $w \in L$ oder andernfalls *nein*.

- *Äquivalenzanfragen* - In einer Äquivalenzanfrage wird das Orakel befragt, ob ein Automat A_* äquivalent zu dem gesuchten Automaten A ist. Es antwortet mit *ja*, wenn $L(A_*) = L(A)$, ansonsten mit *nein* und gibt ein Gegenbeispiel $v \in L(A) \oplus L(A_*)$ an. Dabei beschreibt $L(A) \oplus L(A_*)$ die symmetrische Differenz zwischen $L(A)$ und $L(A_*)$, d.h. die nur entweder von A oder A_* akzeptierten Wörter.

- *Teilmengenanfrage* - Bei Teilmengenanfragen werden Orakel befragt ob eine Menge L_* Teilmenge der Sprache L ist. Ist $L_* \subseteq L$ antwortet das Orakel mit *ja*, ansonsten mit *nein* und gibt ein Gegenbeispiel $v \in L_* \backslash L$ an.

- *Obermengenanfragen* - Das Orakel gibt Auskunft, ob eine Menge L_* Obermenge der Sprache L ist. Die Antwort auf die Frage ist *ja*, wenn $L_* \supseteq L$, ansonsten *nein* mit einem Gegenbeispiel $w \in L \backslash L_*$.

- *Komplementärmengenanfragen* - Das Orakel wird gefragt, ob die Sprache L disjunkt zu einer Menge L_* ist. Es antwortet mit *ja*, wenn $L \cap L_* = \varnothing$. Ansonsten mit *nein* und der Angabe eines Gegenbeispiels $v \in L \cap L_*$.

- *Vollständigkeitsanfragen* - Bei dieser Anfrageart werden Orakel gefragt, ob für eine Menge L_* gilt: $L_* \cup L = \Sigma^*$. Die Antwort des Orakels ist *ja*, falls L_* die Komplementärsprache zu L ist. Im Fall der Verneinung, wird ein Gegenbeispiel v mit $v \notin L_* \cup L$ angegeben.

2.6.4 Der QSM-Algorithmus

Auf Basis des RPNI-Algorithmus und Elementanfragen wird in [DLDL05] die interaktive Automatensynthese *Query-driven State Merging (QSM)* vorgeschlagen. Diese Synthese wird in [DLDL08] durch die Auswahl von Zustandspaaren auf Basis der Blue-Fringe-EDSM-Heuristik optimiert. Da beide Synthesen sich lediglich in der Reihenfolge der Generalisierungen unterscheiden, werden wir repräsentativ die verbesserte QSM-Blue-Fringe-EDSM-Variante als Basis unseres Algorithmus vorstellen.

Der QSM-Algorithmus synthetisiert LTS aus MSC-Spezifikationen. Vorgegebene MSC-Szenarien werden in einem ersten Schritt linearisiert und anschließend durch den Blue-Fringe-Inferenzprozess generalisiert. Zur Reduktion der Fehlgeneralisierung, überprüft QSM zusätzlich induktiv erschlossenes Verhalten über Elementanfragen.

Die Grundidee dieses Algorithmus ist es, durch Interaktion lediglich die Verhaltenserweiterungen konsolidierter Zustände zu validieren. Der Algorithmus versucht die konsolidierten Zustände seines Lösungsautomaten mit den Zuständen kanonischer Automaten zu identifizieren und überprüft analog zur zweiten Bedingung eines charakteristischen Beispiels nur die Suffixerweiterungen der kürzesten Präfixe der konsolidierten Zustände (vgl. Definition 2.13).

Sei (q_b, q_r) ein Zustandspaar, das der Blue-Fringe-EDSM-Algorithmus in einem aktuellen Lösungsautomat A_i während seines Inferenzprozesses vereint. Dabei ist q_r der rote, konsolidierte und q_b der blaue, unkonsolidierte Zustand. Der unkonsolidierte Zustand q_b ist nach Konstruktion die Wurzel eine Baumes. Um dessen Äste in Elementanfragen darzustellen, wird Präfixabgeschlossenheit angenommen, d.h. wenn eine Linearisierung S_0 ein gewünschtes Verhalten darstellt, dann ist jeder Präfix von S_0 gewünscht. Auf Basis diese Annahme lassen sich die Äste des unkonsolidierten Zustands durch dessen längsten Suffix $S_{q_b} := \{s \in \Sigma^* \mid \exists q_s \in Q : \hat{\delta}(q_b, s) = q_s \land \delta(q_s, \Sigma) = \varnothing\}$ repräsentieren. Es sei $sp(q_r) \in Sp(L(A_i))$ der kürzeste Präfix des konsolidierten Zustands im aktuellen Lösungsautomat A_i. Dann stellt der QSM-Algorithmus für alle $sp(q_r) \cdot S_{q_b} \notin L(A_i)$ die Elementanfragen

$$sp(q_r) \cdot S_{q_b} \in L(A)?$$

um die Vereinigung der Zustände zu validieren. Die Elementanfragen werden zur Bestätigung des neu entstehenden Verhaltens den Endnutzern (bzw. in unserem Kontext Autoren oder Gutachtern) präsentiert. Diese fungieren als Orakel und beantworten die Elementanfragen mit ja (und klassifizieren damit das dargestellte Szenario als positiv) oder mit nein (und klassifizieren das Szenario als ein Gegenbeispiel).

Beispiel 2.17. Zur Darstellung des Zusammenhangs zwischen Elementanfragen und der zweiten Bedingung charakteristischer Beispiele, nehmen wir an, dass $x = sp(q_r) \in Sp(L(A))$ ein kürzester Präfix, $y \in N(L(A))$ ein Präfix von q_b ist und x bzw. y sich in der Eingabespezifikation um genau ein Suffix $u \in \Sigma^*$ mit entweder $xu \in S_+$ oder $yu \in S_+$ unterscheiden.

1. Fall: Ist u ein Suffix von q_b (d.h. $yu \in S_+$), wird bei der Vereinigung von q_r und q_b die Elementanfrage „$xu \in L(A)$?" gestellt. Da $u \notin L(A)/x$ kein Suffix von x ist, wird die Anfrage verneint und xu den negativen Szenarien der Eingabespezifikation hinzugefügt (d.h. $yu \in S_+$ und $xu \in S_-$). Die zweite Bedingung des charakteristischen Beispiels ist somit für x und y erfüllt und die Vereinigung wird erfolgreich verworfen.

2. Fall: Ist allerdings u ein Suffix des konsolidierten Zustands (d.h. $xu \in S_+$), stellt der Algorithmus aufgrund $xu \in L(A_i)$ keine Elementanfragen. Da nun kein Widerspruch zur Vereinigung besteht, erkennt der Algorithmus nicht, dass $xu \in S_+$ und $yu \in S_-$ sein sollte.

Wenn somit ein unterscheidender Suffix $u \in \Sigma^*$ in der Szenariospezifikation existiert, stellt der Algorithmus für einen kürzesten Präfix $x \in Sp(L(A))$ und ein Kernelelement $y \in N(L(A))$ sicher, dass die Bedingung „$yu \in S_+$ und $xu \in S_-$" erfüllt ist. Die Elementanfragen überprüfen allerdings zum einen die Erweiterung von y nicht, so dass die Bedingung „$xu \in S_+$ und $yu \in S_-$" durch die Elementanfragen unberücksichtigt bleibt. Zum anderen werden durch Zustandsvereinigungen auch Präfixe von x verändert, so dass die All-Quantifizierung „$\forall x \in Sp(L(A))$" keine Beachtung findet.

Der QSM-Algorithmus ist gemäß dieser Beschreibung in Auflistung 2.2 dargestellt. Er entspricht in den Zeilen 1 bis 5, 18 und 24 seinen Basisalgorithmen. In diesen Programmzeilen wird analog zum RPNI-Algorithmus ein PTA in Form eines LTS erstellt und im Falle der QSM-Blue-Fringe-Variante mittels der EDSM-Heuristik generalisiert. Es wird das höchstbewertete Paar selektiert und die Verhaltenserweiterungen der konsolidierten Zustände interaktiv validiert. Hierfür wird die Generalisierung des Blue-Fringe-EDSM-Algorithmus in [DLDL08] durch Anfragen erweitert (s. Zeile 8 bis 19). Bevor ein Zustandspaar vereint wird, werden die oben definierten Elementanfragen (engl. membership queries) generiert (s. Zeile 8) und anschließend dem Orakel gestellt (s. Zeile 9). Verneint dieses eine der Anfragen, wird das aktuelle Zustandspaar verworfen (Zeilen 12 bis 14). Werden hingegen die gestellten Elementanfragen als positiv klassifiziert, wird deren Vereinigung analog zum Blue-Fringe-EDSM-Algorithmus in den Lösungsautomat übernommen (s. Zeile 17 und 18). Um die gegebenen Antworten iterativ zu verwenden, fügt der Algorithmus weiterhin die klassifizierten Szenarien zur Szenariospezifikation hinzu (s. Zeile 10 für positive und Zeile 13 für negative Antworten). Wurden alle Zustände auf diese Weise konsolidiert, terminiert der Algorithmus und gibt den Lösungsautomaten aus.

```
1   LTS A = constructInitialHypothesis(S+);
2   for(StatePair statesToMerge : selectStatePairs(A)) {
3     Automaton Anew = clone(A);
4     merge(Anew, statesToMerge);
5     if (isCompatible(Anew, S-)) {
6   
7       // Beginn der interaktiven Erweiterung
8       for(MembershipQuery mq : generateQuestions(Anew, A)) {
9         if(checkWithEndUser(mq)) {
10          S+.add(mq.getLinearization());
11        } else {
12          ok = false;
13          S-.add(mq.getLinearization());
14          break;
15        } }
16      if(ok) {
17        A = Anew;
18      }
19      // Ende der interaktiven Erweiterung
20    }
21  }
22  return A;
```

Auflistung 2.2: Die interaktive Erweiterung des Blue-Fringe-EDSM durch den QSM-Algorithmus

2.6.5 Chancen und Herausforderungen

Der QSM-Algorithmus kann auf Basis seiner Szenarioergänzung als Mechanismus zur Vervollständigung von Szenariospezifikation interpretiert werden. Wir veranschaulichen den QSM-Algorithmus anhand eines Beispiels und kommen anschließend auf dessen Qualitäten und Herausforderungen im Kontext der Vervollständigung von Szenariospezifikationen zurück.

Beispiel 2.18. Wir verwenden den QSM-Algorithmus zur Synthese der Parklückenvermessung aus Abschnitt 2.1.3 und demonstrieren dessen interaktive Generalisierung im Anschluss an die Linearisierung eingegebener MSC-Szenarien anhand der Szenariospezifikation S_{PSS} (s. Abbildung 2.21).

Der QSM-Algorithmus beginnt seine Synthese mit der Konstruktion des PTA. Er nimmt an, dass die gegebenen Linearisierungen im initialen Zustand des Systems beginnen. Da sie allerdings auf Basis impliziter Vorbedingungen definiert sind, wird das erschließbare, aber nicht explizit beschriebene Verhalten der Vorbedingungen nicht berücksichtigt. Wir normalisieren daher der Verständlichkeit halber unsere Eingabespezifikation manuell bezüglich des initialen Zustands q_0 und erhalten $\| S_{PSS} \|_{q_0} = (\| S_+ \|_{q_0}, \| S_- \|_{q_0})$ mit $\| S_+ \|_{q_0} = \{$Gang D einlegen · Lücke passieren · Lücke vorschlagen, Gang D einlegen · Lücke passieren · Lücke ausschließen, Gang D einlegen · Lücke passieren ·

2.6 Interaktive Induktive Inferenz 37

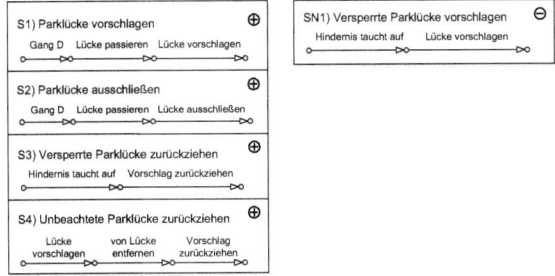

Abb. 2.21: Die linearisierte Szenariospezifikation S_{PSS} als Eingabe des QSM-Algorithmus

Lücke vorschlagen · Hindernis taucht auf · Vorschlag zurückziehen, Gang D einlegen · Lücke passieren · Lücke vorschlagen · von Lücke entfernen · Vorschlag zurückziehen} und $\| S_- \|_{q_0} = \{$Gang D einlegen · Lücke passieren · Hindernis taucht auf · Lücke vorschlagen}. Der QSM-Algorithmus transformiert diese linearisierten Szenarien in seinem ersten Schritt in das erweiterte LTS aus Abbildung 2.22.

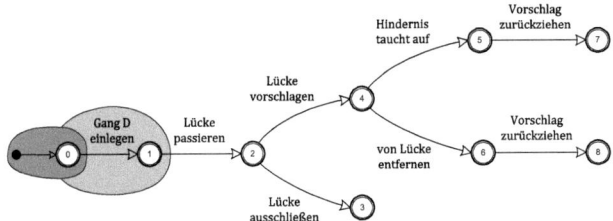

Abb. 2.22: Der abgeleitete PTA in Form eines LTS unter Annahme manuell normalisierter Szenarien

Das dargestellte LTS ist der PTA, der die Spezifikation $\| S_{PSS} \|_{q_0}$ und die Präfixe deren Linearisierungen akzeptiert. Es wird anschließend durch die Blue-Fringe-EDSM-Heuristik generalisiert. Der Algorithmus erstellt eine Kopie des Automaten und vereint das Zustandspaar (1,0). Das entstehende LTS ist in Abbildung 2.23 dargestellt.

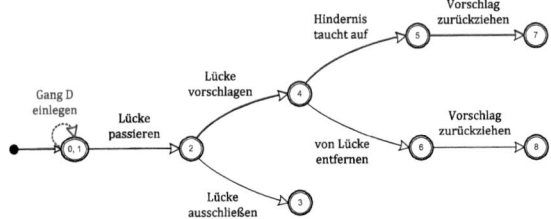

Abb. 2.23: Die Kopie des Lösungsautomaten nach der Vereinigung des Zustände (1,0)

Das abgebildete LTS verwirft das einzige negative Szenario Gang D einlegen · Lücke passieren · Hindernis taucht auf · Lücke vorschlagen und würde durch den Blue-Fringe-EDSM-Algorithmus als Lösungsautomat übernommen werden. Der QSM-Algorithmus überprüft hingegen zusätzlich die Vereinigung über die in der Tabelle 2.3 dargestellten Elementanfragen.

38 2 Grundlagen

(q_b, q_r)	Anfrage	Antwort
(1,0)	Lücke passieren · Lücke vorschlagen · Hindernis taucht auf · Vorschlag zurückziehen $\in L$?	Nein
	Lücke passieren · Lücke vorschlagen · von Lücke entfernen · Vorschlag zurückziehen $\in L$?	–
	Lücke passieren · Lücke ausschließen $\in L$?	–

Tabelle 2.3: Die zu überprüfenden Elementanfragen vor der Vereinigung der Zustände (1,0) und die Antwort des Ingenieurs

Der konsolidierte Zustand des vereinigten Zustandspaares ist $q_r = 0$, während der unkonsolidierte Zustand $q_b = 1$ ist. Der Zustand q_b ist laut Voraussetzung die Wurzel eines Baumes. Durch Traversieren seiner Äste erhalten wir die Suffixe S_{q_b} = {Lücke passieren · Lücke vorschlagen · Hindernis taucht auf · Vorschlag zurückziehen, Lücke passieren · Lücke vorschlagen · von Lücke entfernen · Vorschlag zurückziehen, Lücke passieren · Lücke ausschließen}. Die Konkatenation des kürzesten Präfixes $sp(0) = \lambda$ mit diesen Suffixen führt zu den Anfragen aus Tabelle 2.3. Die erste Elementanfrage nach der Gültigkeit des Verhaltens S_{gen} = Lücke passieren · Lücke vorschlagen · Hindernis taucht auf · Vorschlag zurückziehen wird bereits vom Ingenieur verneint, da das Parksystem nur Lücken in Vorwärtsfahrt vermessen und vorschlagen soll. Die Vereinigung des Zustandspaares wird daher vom Algorithmus verworfen, ohne dass die beiden verbleibenden Elementanfragen gestellt werden. Das negierte Verhalten wird anschließend der Szenariospezifikation hinzugefügt, so dass $\parallel S_{PSS} \parallel'_{q_0} = (\parallel S_+ \parallel_{q_0}, \parallel S_- \parallel_{q_0} \cup \{S_{gen}\})$.

Der Zustand 1 wird dann in die rote Menge befördert und der Zustand 2 in die blaue Menge übernommen. Der Generalisierungsprozess wird anschließend mit der Validierung der beiden Zustandspaare (2,0) und (2,1) fortgesetzt. Die Interaktion besteht aus den Elementanfragen aus Tabelle 2.4.

(q_b, q_r)	Anfrage	Antwort
(2,0)	Lücke vorschlagen · Hindernis taucht auf · Vorschlag zurückziehen $\in L$?	Nein
(2,1)	Gang D einlegen · Lücke vorschlagen · Hindernis taucht auf · Vorschlag zurückziehen $\in L$?	Nein

Tabelle 2.4: Die zur Konsolidierung des Zustands 2 führenden Elementanfragen

Die beiden Linearisierungen Lücke vorschlagen · Hindernis taucht auf · Vorschlag zurückziehen und Gang D einlegen · Lücke vorschlagen · Hindernis taucht auf · Vorschlag zurückziehen werden vom Ingenieur verneint und führen zur Konsolidierung des Zustands 2. Die negativ klassifizierten Szenarien werden wiederum der Eingabespezifikation hinzugefügt. Der Lösungsautomat ändert sich nicht.

Anschließend wird das Zustandspaar (3,0) validiert. Es existiert kein negatives Szenario, das die Vereinigung der beiden Zustände ausschließt. Der unkonsolidierte Zustand $q_b = 3$ ist weiterhin ein Blatt des generalisierten PTA und hat somit keine Suffixe. Der Algorithmus stellt daher mit dem kürzesten Präfix $sp(0) = \lambda$ und $S_{q_b} = \emptyset$ keine Elementanfragen. Dies führt zu der in Abbildung 2.24 dargestellten Vereinigung des Zustandspaares im Lösungsautomaten.

Der Generalisierungsprozess wird anschließend solange fortgesetzt, bis alle Zustände durch Elementanfragen konsolidiert wurden. Die in diesem Prozess durchgeführte Interaktion mit dem Ingenieur ist in Tabelle 2.5 aufgelistet.

Die Tabelle zeigt die gestellten Elementanfragen für die verbleibenden Zustandsvereinigungen des QSM-Algorithmus. Die Zustandspaare (4,0), (4,1) und (4,2) führen zu den Anfragen „Hindernis taucht auf · Vorschlag zurückziehen $\in L$?", „Gang D einlegen · Hindernis taucht auf · Vorschlag zurückziehen $\in L$?" bzw. „Gang D einlegen · Lücke passieren · Hindernis taucht auf · Vorschlag zurückziehen

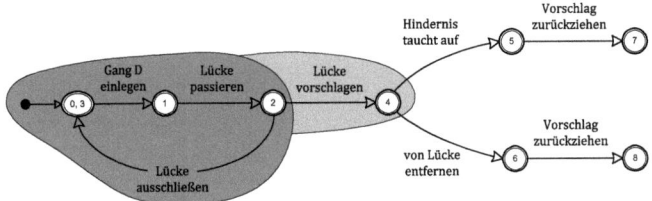

Abb. 2.24: Die Vereinigung der Zustände (3,0), die aufgrund nicht vorhandener Suffixe des Zustands 3 ohne Interaktion vom QSM-Algorithmus durchgeführt wird.

(q_b, q_r)	Anfrage	Antwort
(3,0)	–	–
(4,0)	Hindernis taucht auf · Vorschlag zurückziehen $\in L$?	Nein
(4,1)	Gang D einlegen · Hindernis taucht auf · Vorschlag zurückziehen $\in L$?	Nein
(4,2)	Gang D einlegen · Lücke passieren · Hindernis taucht auf · Vorschlag zurückziehen $\in L$?	Nein
(6,5)	–	–
(5,0)	Vorschlag zurückziehen $\in L$?	Nein
(5,1)	Gang D einlegen · Vorschlag zurückziehen $\in L$?	Nein
(5,2)	Gang D einlegen · Lücke passieren · Vorschlag zurückziehen $\in L$?	Nein
(5,4)	Gang D einlegen · Lücke passieren · Lücke vorschlagen · Vorschlag zurückziehen $\in L$?	Nein
(7,0)	–	–

Tabelle 2.5: Die im Anschluss durchgeführten Elementanfragen, die zu den in Abbildung 2.25 dargestellten Zustandsvereinigungen führen.

$\in L$?". Diese werden vom Ingenieur negiert und führen zur Erweiterung der Eingabespezifikation um deren als negativ klassifiziertes Verhalten. Der Zustand 4 wird anschließend konsolidiert.

Die Zustände 6 und 5 besitzen mit dem Ereignis **Vorschlag zurückziehen** die gleichen Suffixe und können daher vom QSM-Algorithmus ohne Interaktion zusammengefasst werden. Diese Vereinigung führt zu keinem neuen Verhalten. Der Zustandsraum des Lösungsautomaten wird jedoch reduziert (s. Abbildung 2.25).

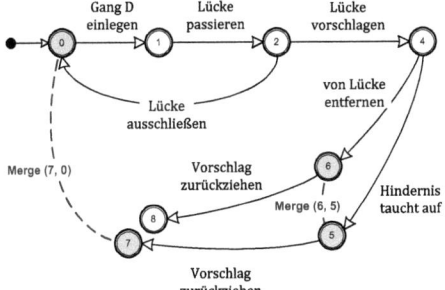

Abb. 2.25: Die ohne interaktive Überprüfung durchgeführten Vereinigungen der Zustände (6,5) (aufgrund gleicher Suffixe) und (7,0) (aufgrund nicht vorhandener Suffixe)

Die Vereinigung des Zustandspaares (5,0) widerspricht anschließend dem vom Ingenieur als negativ klassifizierten Szenario **Vorschlag zurückziehen** und wird vom Algorithmus automatisch verworfen. Die negative Klassifikation der Anfragen „Gang D einlegen · Vorschlag zurückziehen $\in L$?, Gang D einlegen · Lücke passieren · Vorschlag zurückziehen $\in L$? und Gang D einlegen · Lücke passieren · Lücke vorschlagen · Vorschlag zurückziehen $\in L$? führen dann zur Konsolidierung des Zustands 5.

Als letztes wird der Zustand 7 vom QSM-Algorithmus untersucht. Der Zustand ist analog zum Zustand 3 ein Blatt des PTA und besitzt keine Suffixe. Das Paar (7,0) wird daher ohne interaktive Überprüfung vereinigt. Der Lösungsautomat ist anschließend vollständig konsolidiert und wird vom QSM-Algorithmus als Lösung ausgegeben (s. Abbildung 2.26).

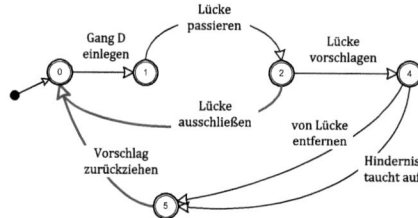

Abb. 2.26: Das Resultat des ISIS-Algorithmus für die Eingabe S_{PSS}

Analyse des Resultats

Die Abbildung zeigt den durch die Vereinigung der Zustände (3,0), (6,5) und (7,0) generalisierten PTA des QSM-Algorithmus. Die Vereinigung der Zustände (3,0) führt zu einem falschen Zielzustand der Transition **Lücke ausschließen**. Der resultierende Automat beschreibt nun, dass das Parksystem nach dem Ausschluss einer Parklücke auf das erneute Einlegen des Vorwärtsgangs durch den Fahrer warten soll. Da dieser aber bereits den Gang D eingelegt hat, ist das Verhalten offensichtlich unerwünscht. Analog beschreibt die Fehlvereinigung der Zustände (7,0), dass das Parksystem nach dem Zurückziehen eines Parklückenvorschlages auf ein Wiedereinlegen des Vorwärtsgangs warten soll. Dieses Verhalten ist ebenfalls falsch und wurde vom QSM übergeneralisiert.

Neben den genannten Übergeneralisierungen ist der erschlossene Lösungsautomat im Vergleich zum gewünschten Automat untergeneralisiert (s. Abbildung 2.27). Die Vereinigungen der Zustände (3,1) und (7,1) wurden aufgrund der fehlerhaften Zusammenfassung der Zustände 3 und 7 nicht durchgeführt. Insgesamt wurden von den drei durchzuführenden Vereinigungen (3,1), (5,6) und (7,1) eine richtige erkannt und zwei falsche Schlussfolgerungen gezogen. Zusätzlich konnte keine Indikation des fehlenden mehrmaligen Passierens einer Parklücke gefunden werden. Das in der Abbildung durch nicht-durchgezogene Linien gekennzeichnete Verhalten bleibt daher im synthetisierten Automaten unberücksichtigt.

Die resultierende Szenariospezifikation ist $\| S_{PSS} \|_{q_0}'' = (\| S_+ \|_{q_0}, \| S_- \|_{q_0} \cup \{$

Lücke passieren · Lücke vorschlagen · Hindernis taucht auf · Vorschlag zurückziehen,
Lücke vorschlagen · Hindernis taucht auf · Vorschlag zurückziehen,
Gang D einlegen · Lücke vorschlagen · Hindernis taucht auf · Vorschlag zurückziehen,
Hindernis taucht auf · Vorschlag zurückziehen,
Gang D einlegen · Hindernis taucht auf · Vorschlag zurückziehen,
Gang D einlegen · Lücke passieren · Hindernis taucht auf · Vorschlag zurückziehen,

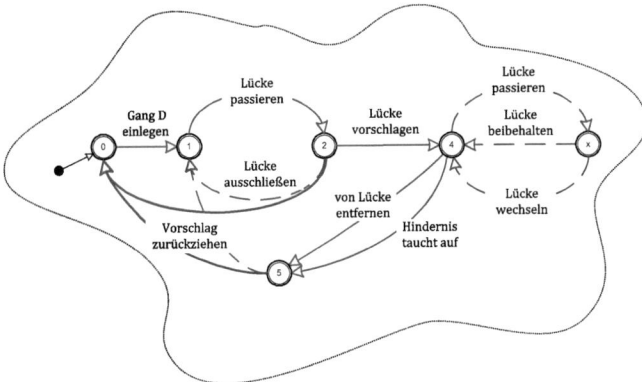

Abb. 2.27: Das Resultat im Vergleich zum gewünschtem System

Vorschlag zurückziehen,
Gang D einlegen · Vorschlag zurückziehen,
Gang D einlegen · Lücke passieren · Vorschlag zurückziehen,
Gang D einlegen · Lücke passieren · Lücke vorschlagen · Vorschlag zurückziehen

}.

Die Spezifikation enthält die bereits bekannten positiven Szenarien und das negative Szenario der Eingabespezifikation. Sie wurde um zehn weitere negative Szenarien ergänzt. Diese entsprechen den negierten Elementanfragen des Ingenieurs aus den Tabellen 2.3, 2.4 und 2.5 und schließen unerwünschte Szenariokomposition aus. Die Komposition des resultierenden LTS kann durch Eingabe dieser Spezifikation in den Blue-Fringe-EDSM-Algorithmus wiederhergestellt werden.

Wir betrachten das Vorgehen des QSM-Algorithmus eingehend unter dem Gesichtspunkt der Vervollständigung von Verhalten. Hieraus ergeben sich die folgenden Chancen und Herausforderungen des JigSCI-Verfahrens zur Vervollständigung von Szenariospezifikationen auf Basis der Induktion des Blue-Fringe-EDSM-Algorithmus:

Chance 1: Zielgerichtete Erforschung möglicher Szenariokomposition

Eine der Qualitäten des Blue-Fringe-EDSM-Algorithmus bezüglich der Vervollständigung von Verhalten ist, dass dieser die Suche nach gültigem Verhalten stark an der Struktur der Szenarien ausrichtet. In unserem Beispiel wurden Ereignisse nicht streng systematisch unter Zuhilfenahme eines Alphabets kombiniert, um fehlendes Verhalten aufzudecken. Es wurde ein PTA auf Basis gegebener Szenarien erstellt und dieser auf mögliche, unbeschriebene Komposition mittels Zustandsvereinigungen überprüft. Sowohl die Erstellung des PTA als auch die Reduzierung des Zustandsraumes des Automaten führten zu einer starken Einschränkung des Suchraums möglichen Verhaltens.

Chance 2: Szenariobasierte Interaktion

Der QSM-Algorithmus verwendet szenariobasierte Anfragen, um fehlende Szenariokomposition zu erproben. Diese Anfragen sind, wie Szenarien selbst, für Autoren oder Gutachter einfach zu verstehen. Die Ingenieure bleiben so in der szenariobasierten Welt ihrer Eingabe und müssen weder Hürden neuer Notationen überwinden noch komplexe Zusammenhänge in Zustandsautomaten ad hoc analysieren und beurteilen.

Chance 3: Fundierte Grundlagen

Der Blue-Fringe-EDSM-Algorithmus hat seit über 15 Jahren bewiesen, dass er einer der effektivsten Algorithmen zur Erschließung von Grammatiken ist [CK03]. Seine formalen Grundlagen und diese langfristige Erprobung bilden ein starkes Fundament für eine Vollständigkeitsanalyse.

Herausforderung 1, fehlendes Verhalten:
Vorbedingungen werden nicht berücksichtigt.

Der QSM-Algorithmus setzt für seine Eingabe voraus, dass gegebene Szenarien im initialen Zustand des Systems beginnen. Sind Vorbedingungen implizit oder explizit gegeben, müssen Eingabeszenarien wie in unserem Beispiel erst manuell normalisiert werden. Geschieht dies nicht, wird ein fehlerhafter PTA erstellt, der durch den Generalisierungsprozess bis zum Ende nicht korrigiert werden kann. Die Voraussetzungen des QSM-Ansatzes werden dadurch einerseits erhöht, andererseits bleiben unvollständige Vorbedingungen aufgrund einer fehlenden Erfüllbarkeitsprüfung unberücksichtigt.

Herausforderung 2, fehlendes Verhalten:
Das Potential zur Aufdeckung strukturell fehlenden Verhaltens wird nicht ausgeschöpft.

Während der Überprüfung des Zustandspaares (4,1) führte die Frage Gang D einlegen · Hindernis taucht auf · Vorschlag zurückziehen $\in L$? zu einem schnellen Ausschluss der Vereinigung. Die Interaktion wurde nicht genügend genutzt, um den Ingenieuren über die bereits generierte Elementanfrage $sp(4)$ · Lücke passieren · Lücke vorschlagen $\in L$? auf das unspezifizierte Verhalten bezüglich des mehrmaligen Passierens von Parklücken hinzuweisen. Das Beispiel zeigt, dass der QSM-Algorithmus weder Übergeneralisierung in seinen Lösungsautomaten nutzt, noch seine zur Auswahl stehenden Anfragen gewichtet, um strukturell fehlendes Verhalten zu entdecken.

Herausforderung 3, fehlende Komposition:
Die Komposition unkonsolidierter Zustände wird nicht überprüft.

In unserem Beispiel wurden zwei Übergeneralisierungen durch die Vereinigungen (3,0) und (7,0) durchgeführt. Die Zustandsvereinigungen wurden ohne interaktive Validierung vorgenommen, da die unkonsolidierten Zustände 3 und 7 keine Suffixe aufweisen. Weil die Präfixe dieser beiden Zustände aber im Gegenzug auch mit den Suffixen des Zustands 0 komponiert werden, entsteht falsches Verhalten. Diese Art der Fehlkomposition ist im QSM-Algorithmus möglich, da unkonsolidierte Zustände nach einer Vereinigung ebenfalls Teil der konsolidierten Zustände sind, deren Suffixerweiterungen aber nicht überprüft werden. Die Fehlkomposition unkonsolidierter Zustände kann daher durch die eingeschränkte Interaktion des QSM-Algorithmus nicht verhindert werden.

Herausforderung 4, fehlende Komposition:
Suffixe konsolidierter Zustände sind nicht konsolidiert.

Wir betrachten die Vereinigungsüberprüfung der Zustände (1,0). In unserem eingeschränkten Beispiel genügen die Elementanfragen des QSM-Algorithmus, um die ungewollte Vereinigung der Zustände zu verwerfen. Zu bemerken ist jedoch an dieser Stelle, dass nicht jedes durch die Vereinigung neu entstandene, konsolidierte Verhalten überprüft wurde. Dieser Sachverhalt ist in Abbildung 2.23 durch die Unterscheidung des Linienmusters der Transitionen dargestellt. Die durchgezogenen Transitionen wurden zwar durch die Anfragen abgedeckt. Die Zusammenfassung der Zustände führt jedoch auch zur gestrichelten Transition Gang D einlegen, so dass der Automat das Verhalten Gang D einlegen · ... · Gang D einlegen akzeptiert. Wir erkennen an diesem Beispiel, dass sich Suffixe konsolidierter Zustände nach ihrer Validierung verändern. Diese Veränderungen werden durch den QSM-Algorithmus aber nicht berücksichtigt.

Wie in Kapitel 6 zu sehen sein wird, haben die Veränderungen in den Suffixen konsolidierter Zustände einen starken Einfluss auf den Generalisierungsprozess. Unabhängig von einer beliebigen, aber festen Vereinigungsreihenfolge können Suffixe zu konsolidierten Zuständen nach deren Überprüfung hinzugefügt werden. Soll ein Algorithmus Übergeneralisierung durch Interaktion verhindern, reicht daher die Überprüfung der kürzesten Präfixe in Kombination mit bestehenden Suffixen nicht aus. Des Weiteren werden wir sehen, dass die Suffixänderungen zu *lokal optimalen Zustandsvereinigungen* führen. Lokal optimale Zustandsvereinigungen sind Zustandsvereinigungen, die im Gegensatz zur Annahme des QSM-Algorithmus nicht durch die Vermeidung von Übergeneralisierung ausschließbar sind, aber trotzdem die Erschließung einer gewünschten (optimalen) Szenariokomposition verhindern. Zusätzlich sehen wir bereits in unserem Beispiel, dass Zyklen vom QSM-Algorithmus nicht überprüft werden. Diese führen zu weiteren Fehlkompositionen.

3

Verwandte Arbeiten

Der Ausgangspunkt dieses Kapitels ist eine Studie aus dem Jahr 2006, die die wichtigsten Arbeiten im Bereich der Synthese von Zustandsautomaten gegenüberstellt. In Abschnitt 3.1 ergänzen wir die Studie um die wichtigsten Arbeiten bis 2010. Aus dieser erweiterten Studie selektieren wir Verfahren, die eine Vollständigkeitsprüfung vornehmen und klassifizieren diese nach ihrem Vorgehen. Die dieser Arbeit sehr nahe kommenden induktiven Verfahren sind Gegenstand von Abschnitt 3.1.1, während in Abschnitt 3.1.2 deduktive Ansätze näher beleuchtet werden. In beiden Abschnitten werden die selektierten Verfahren auf Basis ihrer Kernidee kategorisiert, anhand eines Repräsentanten vorgestellt und mit dieser Arbeit in Bezug gesetzt. Wir schließen den Vergleich mit verwandten Arbeiten durch die Betrachtung eines wissensbasierten Verfahrens in Abschnitt 3.2 ab.

3.1 Synthesebasierte Vervollständigung

In [LDD06] werden die wichtigsten bis 2006 entwickelten Syntheseverfahren systematisch verglichen. Wir greifen die Bewertungskriterien der Studie auf und betrachten die Syntheseansätze unter den für diese Arbeit wichtigsten Gesichtspunkten.

Verwendung von Kompositionsinformationen - Deduktive Syntheseansätze verwenden Kompositionsinformationen, um Szenarien in Zustandsautomaten zu transformieren. Wir nutzen dieses Kriterium, um einerseits zu zeigen, dass diverse deduktive Syntheseansätze von einer Vervollständigung der Kompositionsinformationen profitieren. Andererseits zeigt das Kriterium, dass Szenariospezifikationen ohne oder nur unvollständige Kompositionsinformationen selten auf Vollständigkeit analysiert werden können.

Grad der Automatisierung - Vorgeschlagene Syntheseansätze weisen verschiedene Grade der Automatisierung auf. Vollautomatische Synthesen können aus vollständigen Szenariospezifikationen deduktiv Zustandsautomaten ableiten bzw. diese aus unvollständigen Informationen approximieren. In semiautomatischen Verfahren übernehmen Ingenieure Arbeiten des Syntheseprozesses oder geben interaktiv Zusatzinformationen, um die Qualität der Synthese zu steigern.

Vervollständigung - Mit diesem Kriterium werden in [LDD06] Syntheseansätze auf die Unterstützung einer Vollständigkeitsprüfung beurteilt. Wird eine Eingabeszenariospezifikation oder ein synthetisierter Automat auf fehlendes Verhalten analysiert, wird dieses Kriterium mit *Ja* bewertet, ansonsten durch *Nein* ausgeschlossen.

Das Ergebnis der Studie, erweitert um die nach ihrer Erstellung entwickelte Syntheseverfahren, wird in Tabelle 3.1 dargestellt. Die Tabelle zeigt die wichtigsten Synthesemethoden im Kontext

3 Verwandte Arbeiten

			Syntheseansatz	Quelle Notation	Quelle Mit Kompositions- Informationen	Ziel Notation	Trans- formations- pfad	Grad der Automati- sierung	Vervoll- ständigung
Interszenariorelation	geschlussfolgert aus	Semantik	Harel und Kugler '01 [HK01]	LSC	Nein	Automaten + Statecharts	ES → PZM → OZM	voll	Nein
			Harel et al. '05 [HKP05]	LSC	Nein	Statecharts	ES → OZM	semi	Ja
			Bontemps et al. '05 [BHS05]	LSC	Implizit (Temporallogik)	I/O Automaten	ES → OZM	voll	Ja
		Ereignissen	Koskimies und Mäkinen '94 [KM94]	Trace- diagramm	Nein	Zustands- maschinen	ES → OZM	voll	Nein
			Mäkinen und Systä '01 [MS01]	SD	Implizit (negative Szenarien)	Statecharts	ES → OZM	semi	Ja
			Diethelm et al. '02 [DGM02]	KD	Ja (AD)	Storycharts	ES → OZM	semi	Nein
			Maier und Zündorf '03 [MZ03]	SD	Nein	Statecharts	ES → OZM	voll	Nein
			Damas et al. '05 [DLDL05]	MSC	Implizit (negative Szenarien)	LTS	ES → PZM	semi	Ja
			Uchitel et al. '07 [UBC07]	MSC	Implizit (Temporallogik)	MTS	ES → OZM	semi	Ja
			Bolig et al. '08 [BKKL08]	MSC	Implizit (negative Szenarien)	MPA	ES → OZM	semi	Ja
			Dupont et al. '08 [DLDL08]	MSC	Implizit (negative Szenarien)	LTS	ES → PZM	semi	Ja
			Alrajeh et al. '09 [AKRU09]	FLTL	Implizit (Temporallogik)	LTS	GS → OZM → PZM	semi	Ja
	definiert durch	Bedingungen	Somé et al. '95 [SDV95]	Text	Ja (Operatoren)	Timed Automata	GS → PZM	voll	Nein
			Dano et al. '97 [DBB97]	Text	Ja (PN)	Automaten	ES → OZM	voll	Nein
			Krüger et al. '99 [KGSB99]	MSC	Ja (MSC- Bedingungen)	Statecharts	ES → OZM	voll	Nein
			Whittle und Schumann '00 [WS00]	SD	Ja (OCL)	Statecharts	ES → OZM	voll	Nein
			Khriss et al. '01 [KEK01]	KD	Ja (Sequenz- nummern)	Statecharts	ES → OZM	voll	Ja
		explizite Verknüpfung	Leue et al. '98 [LMR98]	MSC	Ja (hMSCs)	ROOM	GS → OZM	voll	Nein
			Mansurov und Zhukov '99 [MZ99]	MSC	Ja (hMSCs)	SDL	GS → OZM	voll	Nein
			Bordeleau et al. '00 [BCS00]	MSC	Ja (UCM)	Automaten	GS → OZM	voll	Nein
			Sgroi et al. '04 [SKW⁺04]	MSC	Ja (MSN)	PN	GS → PZM	voll	Nein
			Ziadi et al. '04 [ZHJ04]	SD	Ja (Operatoren)	Statecharts	GS → OZM	voll	Nein
			Kloul und Küster- Filipe '05 [KKF05]	SD	Ja (IÜD)	PEPA net	GS → PZM	voll	Nein
			Nicolás und Martínez '05 [NM05]	SD + KSD	Ja (UCM)	SDL	GS → OZM	voll	Nein
		Hybrid	Damas et al. '09 [DLRvL09]	MSC	Ja (g-hMSCs)	g-LTS	GS → OZM → PZM	voll	Ja
			Elkoutbi und Keller '00 [EK00]	SD	Ja (PN)	PN	GS → PZM	semi	Ja
			Uchitel et al. '01 [UKM01]	MSC	Ja (hMSCs)	FSP + LTS	GS → OZM → PZM	voll	Ja

Legende

AD: Aktivitätsdiagramme
FSP: Finite Sequential Processes
KSD: Kompositionsstrukturdiagramm
MPA: Message-Passing-Automata

FLTL: Fluent Linear Temporal Logic
g-hMSC: Guarded High-Level MSCs
g-LTS: Guarded Labeled Transition Systems
hMSC: High-Level MSCs
IÜD: Interaktionsübersichtsdiagramme
KD: Kollaborationsdiagramme

MTS: Modal Transition System
PN: Petrinetze
SD: Sequenzdiagramme
SDL: Specification and Description Language
UCM: Use Case Maps

Tabelle 3.1: Eine Übersicht bestehender Syntheseansätze aus [LDD06, S. 7-8], ergänzt um die für unsere Arbeit wichtigen Verfahren bis 2010

dieser Arbeit. Sie ist horizontal und vertikal strukturiert. In horizontaler Richtung werden die Ansätze nach den oben genannten Kriterien beurteilt, während sie in vertikaler Richtung nach der Art ihrer Interszenariorelation gruppiert werden. Wir unterscheiden dabei die deduktiven Syntheseansätze, die sich in der Zeile „definiert durch" befinden und über explizite Kompositionsinformationen Szenarien in Bezug setzen und die induktiven Verfahren der Zeile „geschlussfolgert aus", die Szenariokompositionen über Ereignisabfolgen oder auf Basis der Semantik erschließen. Innerhalb der Gruppen sind die Synthesen nach ihrem Veröffentlichungsdatum sortiert.

Die wichtigsten Quellnotationen der Verfahren sind MSC-Diagramme, Sequenz-Diagramme (SD) [Obj07a] und Life Sequence Charts (LSCs) [DH01]. Die durch diese Notationen definierten elementaren Szenarien werden über Kompositionsinformationen explizit in Beziehung gesetzt. Die wichtigsten Vertreter expliziter Komposition sind high-level MSCs (hMSCs) [ITU99], Interaktionsübersichtsdiagramme [Obj07a] und Use Case Maps [BC96]. Diese werden durch Vor- und Nachbedingungen über die Object Constraint Language (OCL) [WS00] oder durch MSC-Bedingungen [KGSB99, UKM01] ergänzt. Neben den expliziten Kompositionsinformationen werden in induktiven Verfahren Szenariokompositionen über negative Szenarien oder Temporallogik ausgeschlossen. Die Syntheseverfahren unterscheiden sich in ihren Zielnotationen und damit in der Unterstützung von Hierarchie und Parallelität (vgl. [Har87]), Wächtern [DLRL09] oder Zeitverhalten (vgl. [SDV95]). Die Szenarionotationen werden von den Verfahren über die bereits in Kapitel 2.5 vorgestellten Transformationspfade in die jeweiligen Zielnotationen transformiert.

Insgesamt werden auf Basis dieser Eigenschaften in der erweiterten Studie 27 Syntheseverfahren verglichen. 15 dieser Syntheseverfahren benötigen explizite Szenariokomposition als Eingabe und würden von einer Vervollständigung der Information profitieren. Dem gegenüber stehen neun Verfahren, die aus Ereignisabfolgen und Zusatzinformationen, wie negative Szenarien oder Temporallogik, Zustandsautomaten induktiv erschließen. Letztere werden durch drei Verfahren ergänzt, die durch die Semantik der LSCs unterstützt werden. Von den vorgestellten Verfahren sind insgesamt neun interaktiv. Insbesondere in den letzten Jahren wurden die interaktiven Verfahren in der Forschung als erfolgversprechend wahrgenommen und weisen, wie wir den Veröffentlichungsdaten entnehmen können, einen deutlichen Zuwachs auf.

Verfahren, deren Vollständigkeitsprüfung mit *Ja* beurteilt wurden, betrachten wir in diesem Kapitel eingehend. Dreizehn Verfahren, circa ein Drittel der Syntheseansätze, untersuchen Szenariospezifikationen bzw. resultierende Verhaltensmodelle auf Vollständigkeit. Diese Verfahren basieren auf induktiver Inferenz, finden implizite Szenarien, ermöglichen die Inspektion modalen Verhaltens, nutzen Ziele zur Vervollständigung, simulieren Szenarien oder analysieren synthetisierte Zustandsautomaten auf Vollständigkeit (s. Tabelle 3.2).

Die konstruktive Vervollständigung der Verfahren variiert von interaktiver Vervollständigung, Indikation fehlenden Verhaltens bis hin zu Hilfestellungen zur Inspektion der Spezifikationen. Wir stellen die Techniken, ihre Voraussetzungen und Ergebnisse im Folgenden vor und legen dabei

Abschnitt	Vervollständigungstechnik	Ansatz	Vervollständigung
3.1.1	Induktive Inferenz	Mäkinen und Systä '01 [MS01]	interaktiv
		Damas et al. '05 [DLDL05]	interaktiv
		Bolig et al. '08 [BKKL08]	interaktiv
		Dupont et al. '08 [DLDL08]	interaktiv
3.1.2 - 1	Aufdeckung impliziter Szenarien	Elkoutbi und Keller '00 [EK00]	Indikation
		Uchitel et al. '01 [UKM01]	Indikation
3.1.2 - 2	Inspektion modalen Verhaltens	Uchitel et al. '07 [UBC07]	Inspektion
3.1.2 - 3	Interaktive Verfeinerung von Zielen	Alrajeh et al. '09 [AKRU09]	interaktiv
3.1.2 - 4	Szenario-Simulation	Harel et al. '05 [HKP05]	Inspektion
3.1.2 - 5	Vollständigkeitsanalyse synthetisierter Zustandsautomaten	Khriss et al. '01 [KEK01]	Indikation
		Bontemps et al. '05 [BHS05]	Indikation
		Damas et al. '09 [DLRL09]	Indikation

Tabelle 3.2: Die aus Tabelle 3.1 systematisch ermittelten Vervollständigungstechniken verwandter Arbeiten

aufgrund der starken Nähe zu dieser Arbeit einen Schwerpunkt auf die interaktiven, induktiven Lernverfahren [MS01, DLDL05, BKKL08, DLDL08].

3.1.1 Induktive Vervollständigungsverfahren

Die bestehenden induktiven Syntheseansätze [MS01, DLL06, BKKL08, DLDL08] linearisieren Szenarien und bedienen sich grammatischer Inferenzalgorithmen, um die abgeleiteten Wörter zu Zustandsautomaten als Repräsentanten regulärer Grammatiken zu synthetisieren. Eine Übersicht über die wichtigsten Eigenschaften der Ansätze ist in Tabelle 3.3 gegeben.

Ansatz	Basisalgorithmus	Interaktionsaufwand	Anfrageart	Exaktheit
Damas et al. '06, QSM-RPNI [DLL06]	RPNI	$\mathcal{O}(|S_+|^2 - |S_-|)$	Element	über- und unterapproximierend
Dupont et al. '08, QSM-Blue-Fringe [DLDL08]	Blue-Fringe-EDSM	$\mathcal{O}(|S_+|^2 - |S_-|)$	Element	über- und unterapproximierend
Mäkinen und Systä '01, MAS [MS01]	L*	$\mathcal{O}(|\Sigma|mn^2) + \mathcal{O}(n-1)$	Element und Äquivalenz	exakt
Bolig et al. '08, Smyle [BKKL08]	L*	$\mathcal{O}(|\Sigma|mn^2) + \mathcal{O}(n-1)$	Element und Äquivalenz	exakt

Tabelle 3.3: Übersicht der verwandten induktiven Syntheseansätze

Die Verfahren unterscheiden sich insbesondere in den ihnen zugrunde liegenden Inferenzalgorithmen und der gewählten Interaktion. Diese bedingen den notwendigen zu betreibenden Aufwand von Ingenieuren, die Komplexität mit der diese während der Interaktion umgehen müssen und die Qualität des erlernbaren Modells. Wir stellen die Lernverfahren auf Basis dieser Qualitäten in Beziehung zu dieser Arbeit.

Verwandte Arbeiten auf Basis des RPNI- und Blue-Fringe-Algorithmus

Der QSM-Algorithmus erstellt, wie bereits in Kapitel 2.6.4 erläutert, auf Basis des RPNI bzw. Blue-Fringe-EDSM-Algorithmus aus einer Eingabe von MSC-Szenarien einen PTA und komponiert das

3.1 Synthesebasierte Vervollständigung

Verhalten der Szenarien durch Zustandsvereinigungen. Um neu entstehendes Verhalten zu überprüfen, validiert der Algorithmus Erweiterungen kürzester Präfixe. Suffixe von unkonsolidierten Zuständen werden mit den kürzesten Präfixen konkateniert und als Elementanfragen zur Beantwortung an Ingenieure gerichtet. Durch diese Interaktion positiv und negativ klassifizierte Szenarien werden der Eingabespezifikation hinzugefügt. Während die positiven Szenarien der Szenariospezifikation um strukturell fehlendes Verhalten erweitern können, grenzen die negativen Szenarien die mögliche Interszenariorelation des Syntheseprozesses ein und vervollständigen die Spezifikation um eine durch die Basisalgorithmen automatisch reproduzierbare Szenariokomposition. Der Interaktionsaufwand ist $\mathcal{O}(|S_+|^2 - |S_-|)$ und kann durch den Blue-Fringe-EDSM-Algorithmus im Mittel reduziert werden.

Die Vervollständigung des Algorithmus weist jedoch, wie wir bereits in Kapitel 2.6.5 am Beispiel der Parkfunktionen festgestellt haben, mehrere zu bewältigende Herausforderungen auf. Die wesentlichen Schwachstellen, die das JigSCI-Verfahren im Kontrast zum QSM-Algorithmus bezüglich der Vervollständigung von Szenariospezifikationen bewältigt, sind im Folgenden dargestellt.

Bezüglich der Vervollständigung strukturell fehlenden Verhaltens setzt der QSM-Algorithmus von Eingabeszenarien voraus, dass diese im initialen Zustand des Systems beginnen. Im Vergleich zum entwickelten JigSCI-Verfahren verringert sich dadurch nicht nur die Einsetzbarkeit von QSM, sondern auch die Möglichkeit zur Aufdeckung fehlenden Verhaltens in Vorbedingungen. Auf Basis dieser Annahme führt der QSM-Algorithmus, im Kontrast zu unserem Verfahren, keine interaktive Erreichbarkeitsanalyse von Szenarien durch.

Während des Generalisierungsprozesses setzt QSM Elementanfragen ein, die die Erweiterung kürzester Präfixe um unerwünschte Suffixe verhindern. Die Anfragen können zwar strukturell fehlendes Verhalten aufdecken. Sie werden aber unabhängig von den Antworten der Ingenieure in einer unbestimmten Reihenfolge gestellt. Der QSM-Algorithmus testet daher weder die Erweiterungen unkonsolidierter Zustände, noch gewichtet er die ihm zur Verfügung stehenden Anfragen, um fehlendes Verhalten zu finden.

Wird für eine Zustandsvereinigung ein ungültiger Suffix gefunden, verwirft der QSM-Algorithmus weiterhin das geschlussfolgerte Verhalten, unabhängig davon, ob durch die Vereinigung strukturell fehlendes Verhalten gefunden wurde. Ohne diesem nachzugehen, setzt der Algorithmus daher im Kontrast zum JigSCI-Verfahren weder gezielte Übergeneralisierung ein, noch intensiviert er die Interaktion, um gefundene Spezifikationslücken zu durchleuchten und fehlendes Verhalten darin umfassend aufzudecken.

Zur Vervollständigung der Szenariokomposition, verwendet der QSM-Algorithmus eine zu eingeschränkte Interaktion. Durch die Konzentration auf kürzeste Präfixe überprüft der Algorithmus lediglich Suffixerweiterungen des direkt an einer Vereinigung beteiligten konsolidierten Zustands. Bereits konsolidierte Zustände, deren Suffixe durch Zustandsvereinigungen indirekt ebenfalls erweitert werden, werden nicht betrachtet. Weiterhin überprüft der Algorithmus während einer Zustandsvereinigung weder die Suffixerweiterungen der unkonsolidierten Zustände, die durch die Vereinigung ebenfalls konsolidiert werden, noch verwendet der Algorithmus Teilmengenanfragen, um Zyklenbildungen zu überprüfen. Aufgrund dieser vereinfachten Interaktion ist es dem Algorithmus zwar möglich, eine Lösung relativ schnell zu approximieren. Im Gegensatz zum Ergebnis des JigSCI-Verfahrens ist diese Lösung jedoch, wie wir bereits anhand des einfachen Beispiels der PSS-Funktion aus Kapitel 2.6.5 gesehen haben, stark übergeneralisiert.

Die verwendete Interaktion des QSM-Algorithmus reicht des Weiteren nicht aus, um eine Untergeneralisierung der Lösung zu verhindern. Das Problem der lokal optimalen Zustandsvereinigungen wird in den Arbeiten [DLDL05, DLDL08] nicht betrachtet. Der Algorithmus verwendet daher auch keine Komplementärmengenanfragen, um diese Form der Fehlvereinigungen zu verhindern. Die Folge ist, dass der QSM-Algorithmus neben der Übergeneralisierung seiner Lösung im Vergleich zu unserem Algorithmus auch keine Untergeneralisierungen verhindern kann.

Verwandte Arbeiten auf Basis des L^*-Algorithmus

Der L^*-Algorithmus [Ang87] ist ein Inferenzalgorithmus regulärer Grammatiken, in dem sowohl Elementanfragen als auch Äquivalenzanfragen genutzt werden. Der Algorithmus basiert auf einer Observationstabelle, die für eine endliche Menge präfixabgeschlossener Wörter S und $S \cdot \Sigma$ speichert, ob diese in einer gesuchten Sprache die gleichen Suffixe E besitzen. Die Menge S wird dabei als die Menge der Zustände eines Hypotheseautomaten angesehen. Beginnend mit den Wörtern $S = \{\lambda\}$ und $E = \{\lambda\}$ wird über Elementanfragen festgestellt, ob die Wörter $S \cdot (\Sigma \cup \{\lambda\}) \cdot E$ in der gesuchten Sprache sind. Die Tabelle wird durch die Antworten des Orakels aufgefüllt und bewertet, ob sie konsistent (d.h. auf Basis des vorhandenen Wissens aus ihr ein Automat konstruiert werden kann, der deterministisch ist) und abgeschlossen ist (d.h. die Übergangsfunktion des konstruierbaren Automaten abgeschlossen über der Menge der Zustände ist). Ist die Tabelle nicht konsistent oder nicht abgeschlossen, wird die Menge der Präfixe S bzw. die Menge E der sich unterscheidenden Suffixe erweitert. Dieser Prozess wird solange ausgeführt, bis die Tabelle anhand von Elementanfragen zu einer konsistenten und geschlossenen Observation aufgefüllt werden konnte (s. Abbildung 3.1).

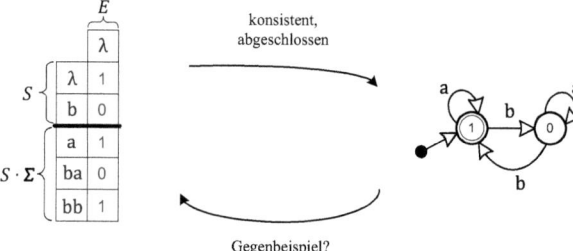

Abb. 3.1: Der Inferenz-Prozess des L^*-Algorithmus mit einer durch Elementanfragen aufgefüllten konsistenten und abgeschlossenen Observationstabelle (links) und dem aus dieser Tabelle abgeleiteten und über eine Äquivalenzanfrage getesteten Hypotheseautomat (rechts)

Aus der Tabelle wird über die Abbildung der Menge S mit gleichen Suffixen E auf Zustände und der Abbildung der Einträge $S \cdot \Sigma \cdot E$ auf Transitionen ein minimaler Automat generiert, der die bis dahin bekannten Wörter akzeptiert. Dieser Automat wird Ingenieuren als Hypothese präsentiert und durch Äquivalenzanfragen bezüglich der Vollständigkeit manuell beurteilt. Wird ein Gegenbeispiel angegeben, wird dieses der Menge S hinzugefügt und der vorangegangene Prozess der Elementanfragen erneut gestartet. Existiert kein Gegenbeispiel, ist der Automat der kanonische Automat der gesuchten Sprache und wird durch den Algorithmus ausgegeben. Der L^*-Algorithmus benötigt einen Interaktionsaufwand von $\mathcal{O}(|\Sigma|mn^2)$ Elementanfragen und $\mathcal{O}(n-1)$ Äquivalenzanfragen, mit $|\Sigma|$ der Anzahl der Eingabezeichen des Alphabets, n der Anzahl der Zustände des zu erlernenden kanonischen Automaten und m der größten Länge eines angebbaren Gegenbeispiels.

3.1 Synthesebasierte Vervollständigung

Basierend auf dem L*-Algorithmus synthetisieren die Verfahren Minimal Adequat Synthesizer (MAS) [MS01] und Synthesizing Models bY Learning from Examples (Smyle) [BKKL08] Statecharts bzw. Message Passing Automata (MPA) [BZ83] aus MSC-Diagrammen. Die Algorithmen linearisieren MSC-Eingabeszenarien und fügen die Wörter der Menge S der Observationstabelle hinzu. Auf Basis dieser Anfangsmenge wird der L*-Algorithmus ausgeführt und ein Zielautomat als Produkt der Synthese erschlossen.

Die Synthesealgorithmen finden während dieses Prozesses strukturell fehlendes Verhalten über Elementanfragen. Sie testen die Reaktion auf das gesamte Ereignis-Alphabet in allen bereits identifizierten Zuständen durch die Anfragen „$S \cdot (\Sigma \cup \{\lambda\}) \cdot E \in L$?". Im Fall komplexer Systeme steigt die Anfragenanzahl mit jedem identifizierten Zustand um die Größe des Alphabets und führt zu einer sehr umfangreichen Interaktion. Strukturell fehlendes Verhalten kann weiterhin durch die verwendeten Äquivalenzanfragen entdeckt werden. Die Anfragen regen dabei aber im Kontrast zu den szenariobasierten Anfragen des JigSCI-Verfahrens weder die Kreativität von Ingenieuren durch zielgerichtete Fragestellung an, noch werden den Ingenieuren Hilfsmittel zur Vollständigkeitsprüfung der Automaten zur Verfügung gestellt. Strukturell fehlendes Verhalten wird daher einerseits durch die auf L* basierenden Synthesealgorithmen MAS und Smyle zu systematisch und umfassend durch Elementanfragen erkundet. Andererseits sind die gestellten Äquivalenzanfragen sehr komplex und vermeiden daher Unterapproximation nur durch sehr starke Eigenleistung der Ingenieure. Eine zielgerichtete Vollständigkeitsanalyse, die eine einfach zu folgende szenariobasierte Interaktion verwendet und Hinweise aus gegebenen Szenarien nutzt, um fehlendes Verhalten konstruktiv zu vervollständigen, wird nicht angewendet.

Die Synthesealgorithmen erfassen weiterhin Szenariokompositionen durch die Zusammenfassung von Zuständen mit gleichem Suffix. Sie nutzen dabei jedoch nicht aus, dass gegebene Szenarien eine elementare Abdeckung des Verhaltens des Zielsystems wiedergeben. Im Gegensatz zu dem in unserem Verfahren verwendeten Blue-Fringe-EDSM-Inferenzprozess werden daher Kompositionen nicht relativ wirksam durch Zustandsvereinigungen hergestellt und mittels szenariobasierter Teilmengenanfragen lokal auf Übergeneralisierung überprüft, sondern neue Zustände über umfangreiche Elementanfragen ermittelt und falsche Kompositionen lediglich über komplexe Äquivalenzanfragen aussondert. Neben der Unterapproximation des Zielautomaten kann dadurch zwar auch eine Überapproximation verhindert werden. Die nicht-triviale Aufgabe der Vermeidung von Überapproximation wird allerdings ebenfalls auf die Ingenieure durch die zu beantwortenden Äquivalenzanfragen übertragen. Eine Vermeidung der Überapproximation durch eine auf einzelne Kompositionen fokussierte, szenariobasierte Interaktion wird nicht durchgeführt.

3.1.2 Deduktive Vervollständigungsverfahren

Neben den interaktiven induktiven Inferenzalgorithmen werden deduktive Syntheseverfahren verwendet, um Szenariospezifikationen zu vervollständigen. Diese Verfahren finden implizite Szenarien, basieren auf der Inspektion modalen Verhaltens, verfeinern interaktiv Ziele, simulieren Szenarien oder analysieren synthetisierte Zustandsautomaten auf Vollständigkeit.

Aufdeckung Impliziter Szenarien

In MSC-Diagrammen wird das Verhalten eines Systems über die Interaktion unabhängiger Komponenten beschrieben. Demgegenüber drücken hMSC als Erweiterung der elementaren MSCs das globale Systemverhalten über die explizite Komposition von MSCs aus. Steht den Komponenten einer hMSC-Spezifikation nur eine ungenügende Sicht auf das globale Verhalten beschriebener Gesamtsysteme zur Verfügung, kommt es zu Diskrepanzen zwischen dem Verhalten aus der Systemperspektive und der lokalen Realisierung der Komponenten. Systemabläufe, die aufgrund einer solchen Diskrepanz in jeder komponentenweisen Implementation einer hMSC-Spezifikation vorkommen, aber der globalen Spezifikation widersprechen, werden *Implizierte Szenarien* genannt [AEY00]. Implizierte Szenarien deuten auf fehlende Kommunikation zur Abstimmung des globalen Systemverhaltens unter unabhängigen Komponenten hin. Dieses Verhalten muss entweder zu einer vollständigen Szenariospezifikation hinzugefügt oder das implizierte Verhalten getilgt werden.

Implizierte Szenarien werden für hMSC-Spezifikationen in [BAL97, AEY00, UKM01, Muc03, UKM04] durch deduktive Syntheseverfahren ermittelt. Wir betrachten repräsentativ das Verfahren zur Aufdeckung implizierter Szenarien aus [UKM01]. Der vorgeschlagene Algorithmus projiziert komponentenweise das Verhalten elementarer MSCs auf Linearisierungen. Die Linearisierungen werden anschließend über die explizit beschriebene Komposition der hMSCs zu minimalen, verhaltenserhaltenden LTSs synthetisiert. Diese Komponenten-LTS werden über den parallelen Kompositionsoperator ∥ zu System-LTSs zusammengefasst. Das globale LTS wird nach dieser Synthese in eine temporallogische Formel transformiert und durch den Model Checker LTSA [MK99] gegen die hMSC-Eingabespezifikation verifiziert. Findet der Model Checker ein Gegenbeispiel zur Spezifikation, liegt in dieser Implementation eine Inkonsistenz vor. Da die Implementation minimal ist, muss diese Inkonsistenz in jeder komponentenweisen Realisierung der MSCs vorkommen. Das gefundene Gegenbeispiel des Model Checkers ist ein Präfix eines implizierten Szenarios und wird zur Vervollständigung ausgegeben.

Die Aufdeckung implizierter Szenarien beschränkt sich auf globale Szenariospezifikationen mit expliziter und vollständiger Szenariokomposition. Implizierte Szenarien entstehen nur, wenn das Systemverhalten komponentenweise beschrieben wurde und die Beschreibung eine inkonsistente Kommunikation der Komponenten enthält. Szenariospezifikationen, deren Komposition unvollständig ist oder deren Komponenten bereits konsistent beschrieben sind, werden durch die vorgeschlagenen Ansätze nicht berücksichtigt. Fehlende Szenariokomposition oder fehlendes Verhalten, das über die Kommunikation des Gesamtsystemzustands hinausgeht, wird daher durch Verfahren zur Aufdeckung implizierter Szenarien nicht gefunden. Eine Vervollständigung der Komposition elementarer Szenarien wird nicht betrachtet.

Inspektion modalen Verhaltens

In [UBC07] werden modale Transitionssysteme aus MSCs und temporallogischen Ausdrücken der Fluent Linear Temporal Logic (FLTL) [GM03] synthetisiert. Spezifizierte MSC-Szenarien werden als eine untere Schranke des beschriebenen Verhaltens interpretiert. Die Temporallogik legt dem gegenüber das mögliche bzw. modale Verhalten fest und dient dem Ansatz, ähnlich den negativen Szenarien aus Abschnitt 2.6, als obere Schranke des gewünschten Verhaltens. Der Ansatz schlägt vor, Ingenieuren das modale Verhalten explizit aufzuzeigen und durch manuelle Inspektion um fehlendes Verhalten zu ergänzen.

Zur Bestimmung des modalen Verhaltens einer Szenariospezifikation werden die MSC-Szenarien der Eingabe in einem ersten Schritt durch das Syntheseverfahren [UKM04] zu einem LTS zusammengefasst. Dieses LTS akzeptiert analog zu einem PTA exakt die Eingabespezifikation und beschreibt die untere Schranke des notwendigen Verhaltens. Das LTS der oberen Schranke wird hingegen aus dem geforderten und verbotenen Verhalten der FLTL-Formeln durch eine Variante des Verfahrens [GM03] gewonnen. Aus diesen beiden LTS wird in einem zweiten Schritt jeweils ein modales Transitionssystem (MTS) [LT88] abgeleitet. Ein MTS ist ein LTS, das zwischen notwendigen und modalen Transitionen unterscheidet. Die notwendigen Transitionen der MTSs werden aus den LTS übernommen. Die MTS werden anschließend durch modale Transitionen zu vollständigen Automaten aufgefüllt. Durch die Vereinigung der MTS der unteren und oberen Schranke in einem dritten Schritt entsteht dann ein modales Zustandsmodell, das jedes nicht-ausgeschlossene, deterministische Verhalten des Systems beschreibt. Das explizit erfasste, mögliche Verhalten der Eingabespezifikation muss nach der Synthese durch Autoren oder Gutachter in einem letzten Schritt händisch inspiziert werden. Durch die Einordnung der modalen Transitionen in notwendiges und verbotenes Verhalten werden die Eingabespezifikationen vervollständigt.

Abhängig von der Eingabe, insbesondere in Abhängigkeit der Größe des Alphabets in Relation zu dem durch die Temporallogik ausgeschlossenen Verhalten, ist die Anzahl der modalen Transitionen allerdings groß. Zur Vervollständigung eines MTS müssen alle modalen Transitionen vom Ingenieur bewertet werden. Hilfestellungen zur Reduktion des zu beurteilenden Verhaltens werden nicht gegeben. Ingenieure können daher mit dem in [UBC07] vorgeschlagenen Ansatz fehlendes Verhalten umfassend aufdecken. Eine gezielte und konstruktive Vervollständigung der Eingabespezifikationen wird jedoch nicht unterstützt.

Interaktive Verfeinerung von Zielen

Eine der wichtigsten und schwierigsten Aufgaben im Anforderungsmanagement ist die präzise Beschreibung notwendiger Ziele aller beteiligten Parteien. Konnten diese vollständig erfasst werden, stellen Ziele ein verifizierbares Kriterium für eine hinlängliche Vollständigkeit von Spezifikationen [Yu87] dar. Eine Spezifikation ist dann vollständig bezüglich einer Menge von Zielen, wenn bewiesen werden kann, dass die Spezifikation die Ziele erfüllt.

Zur Herstellung der Vollständigkeit einer Spezifikation in Hinblick auf Ziele, wird in [AKRU09] ein interaktiver Algorithmus zur Vervollständigung vorgeschlagen. In diesem Ansatz werden Ziele und Anforderungen in der Temporallogik LFTL beschrieben. Die zu vervollständigende Spezifikation ist somit zwar keine Szenariospezifikation, aufgrund der Nähe zu dieser Arbeit werden wir das Verfahren der Vollständigkeit halber dennoch vorstellen und in Beziehung setzen.

Der in [AKRU09] vorgeschlagene Algorithmus leitet aus den LFTL-Eingabeanforderungen deduktiv ein maximales LTS ab. Ein maximales LTS entspricht dem MTS der unteren Schranke des oben erläuterten Verfahrens aus [UBC07], deren modale Transitionen durch notwendige ersetzt werden. Das generierte LTS wird mittels Model Checking gegenüber den eingegebenen Zielen verifiziert. Werden die Ziele durch das LTS verletzt, produziert der Model Checker ein Gegenbeispiel, das auf eine Unvollständigkeit der Anforderungen hinweist. Zur Vervollständigung der FLTL-Anforderungen gibt der Ingenieur anschließend bezüglich des Gegenbeispiels weitere positive und negative Szenarien an. Die positiven Szenarien sollen das erlaubte Verhalten des Gegenbeispiels widerspiegeln. Das ungültige Verhalten des Gegenbeispiels muss durch negative Szenarien hervorgehoben werden. Die angegebenen Szenarien werden dann in den induktiven Lernalgorithmus XHail [Ray06] eingegeben, der aus den angegebenen Szenarien temporallogische Formeln erschließt. Diese werden vom Ingenieur begutachtet und selektiert. Die selektierten Formeln werden der Anforderungsspezifikation hinzugefügt und dienen deren Vervollständigung bezüglich der gestellten Ziele.

Genauso wie das in dieser Arbeit vorgestellte Verfahren beruht dieser Ansatz auf dem interaktiven, induktiven Erlernen einer vollständigen Anforderungsspezifikation. Der Algorithmus benötigt allerdings im Gegensatz zu unserem Verfahren ein bereits vollständiges Zielmodell. Sind die Ziele eines Systems nicht hinlänglich und präzise beschrieben, ist die Qualität der Vervollständigung durch die bestehende Vollständigkeit des Ziel-Modells beschränkt. Eine Vervollständigung des Ziel-Modells um fehlendes Verhalten wird durch den Ansatz nicht vorgeschlagen.

Szenariosimulation mit der Play-Engine

In [HM03] wird die szenariobasierte Play-In/Play-Out-Methode vorgestellt. Diese Methode gliedert sich in zwei Phasen. In der Play-In-Phase beschreiben Ingenieure die Elemente einer Benutzerschnittstelle und legen das Verhalten der Schnittstelle mittels Szenarien fest. Als Szenarionotation werden LSCs verwendet. LSCs sind eine Erweiterung der MSCs, die zwischen existentiellem und universellem Verhalten unterscheiden. Während existentielle Szenarien mindestens einmal ausgeführt werden sollen, müssen universelle Szenarien nach einer spezifizierten Auslösebedingung zwingend auftreten. Die Benutzereingaben werden durch Ingenieure auf Auslösebedingungen abgebildet und die Reaktion des Systems durch universelle LSC-Diagramme beschrieben.

In der zweiten Phase der Methodik, der Play-Out-Phase, werden die LSC-Diagramme simuliert. Die Ingenieure bedienen die Benutzeroberfläche und lösen Eingabeereignisse aus. Diese werden von der sogenannten Play-Engine überwacht. Sie stellt die LSC-Diagramme als eine temporallogische Formel dar, die die Ausführung mindestens eines der universellen LSCs fordert. Über Synthese und Model Checking wird die Temporallogik geprüft und ein Gegenbeispiel berechnet. Das Gegenbeispiel wird von der Play-Engine an der Benutzeroberfläche simuliert und endet an einem Punkt, an dem eine erneute Eingabe des Benutzers erforderlich ist. Durch dieses „Spielen" mit der Oberfläche und dessen simulierter Reaktion ist unbedachtes Verhalten in der Eingabespezifikation auffindbar.

Der verwendete Model Checker ist allerdings nicht darauf spezialisiert unbedachtes Verhalten zu entdecken, sondern berechnet das für ihn optimale Gegenbeispiel. Potentiell fehlende Ausführungen werden daher nicht gezielt untersucht. Ingenieure müssen des Weiteren ad-hoc die Benutzeroberfläche bedienen und ihrer Intuition folgen, um fehlendes Verhalten zu finden. Treten unerwünschte Reaktionen des Systems durch die korrekte Ausführung der spezifizierten universellen LSC-Charts auf, muss die Szenariospezifikation eingeschränkt werden. Unbeschriebenes Verhalten, das über die definierten LSCs hinausgeht, wird daher nur anhand bereits entworfener Bedienelemente ohne Reaktion aufgedeckt. Die eingegebenen Spezifikationen werden somit durch Simulation auf Überspezifikation getestet. Fehlendes, unbedachtes Verhalten wird aber nur unzureichend ermittelt.

Vollständigkeitsanalyse synthetisierter Zustandsautomaten

In [DLRL09] werden guarded hMSCs (g-hMSCs) anhand expliziter Komposition in guarded LSCs (g-LSCs) synthetisiert. Die verwendeten Notationen sind Erweiterungen der hMSCs bzw. LSCs und bieten die zusätzliche Möglichkeit, Wächter für Szenario- bzw. Zustandsübergänge über FLTL-Ausdrücke zu spezifizieren [DLRL09]. Die Wächter werden während der Synthese von den Szenarien auf die Transitionen der Zustandsautomaten übertragen. Anschließend verknüpft der Ansatz für jeweils ein Ereignis die Wächter ausgehender Transitionen eines Zustands durch ein logisches Oder. Bildet dieser Ausdruck keine Tautologie, kann das System auf das untersuchte Ereignis nicht unter jedem Umstand reagieren. Dies ist ein Indikator für fehlende Alternativpfade und kann vom Ingenieur genutzt werden, um fehlendes Verhalten nachzuspezifizieren. Im Vergleich zu unserem Ansatz muss dafür jedoch zum einen die Szenariokomposition in den g-hMSCs vollständig vorliegen. Zum anderen müssen Wächter in FLTL beschrieben sein, so dass die Voraussetzungen des Ansatzes höher sind. Das Ergebnis des Algorithmus ist, bezogen auf die Vervollständigung fehlenden Verhaltens, auf Wächter begrenzt. Unbeschriebene Szenariokomposition und in Systemzuständen unbedachte Eingabeereignisse werden im Gegensatz zu dem Ansatz dieser Arbeit nicht berücksichtigt.

[BHS05] synthetisiert Zustandsautomaten aus LSCs. Während der Synthese wird ein Zustandsautomat gesucht, der die Lebendigkeitseigenschaften der LSCs erfüllt. Ein Zustandsautomat ist lebendig, wenn jedes Ereignis zu einem Zeitpunkt auftritt, in dem es durch die Semantik der LSCs gefordert wurde. Wird keine mögliche lebendige Realisierung der LSCs gefunden, konnte eine Indikation für fehlendes Verhalten entdeckt werden. Analog zur Detektion impliziter Szenarien kann somit nur fehlendes Verhalten in inkonsistenten Szenariospezifikationen entdeckt werden. Fehlendes Verhalten oder fehlende Komposition in bereits konsistenten Szenariospezifikationen werden durch den Ansatz nicht betrachtet.

[HL95] schlägt eine Analyse zur Untersuchung der Vollständigkeit von zustandsbasierten Anforderungsspezifikationen vor. Für eine Variante einfacher Mealy-Maschinen werden in dem Ansatz folgende Kriterien untersucht:

(1) Das System muss auf jedes Eingabeereignis zu jedem Zeitpunkt reagieren können. D.h. jeder Zustand muss eine ausgehende Transition für jedes mögliche Eingabeereignis besitzen.
(2) Die Wächter ausgehender Transitionen müssen vollständig beschrieben sein (vgl. [DLRL09]).

Diese Analyse wurde von [PMPS01] auf UML-Statecharts [Obj07a] übertragen und wird in [KEK01] nach der Synthese von globalen Statecharts aus partiellen Statechart-Szenarien angewendet.

Die Überprüfung der Vollständigkeit der Wächter ist zwar wie bei [DLRL09] zielgerichtet, aber auf potentiell fehlende Alternativpfade beschränkt. Die Reaktion auf jedes Eingabeereignis ist ähnlich zu der oben erläuterten Inspektion modalen Verhaltens sehr umfangreich. Zu jedem Zustand müssen alle Eingabeereignisse betrachtet und als erwünscht oder unerwünscht klassifiziert werden. Somit kann zwar eine umfassende Vervollständigung erreicht werden, der erforderliche Aufwand ist jedoch groß. Ein zielgerichtetes Vorschlagen und Überprüfen fehlenden Verhaltens findet daher auch in diesen Ansätzen nur sehr beschränkt statt.

3.2 Wissensbasierte Vervollständigung

In [Mai98, SMMM98] wird der Szenario-Generator CREWS-Savre[1] zur Validierung und Akquisition von Szenarien vorgeschlagen. In diesem Ansatz beschreiben Ingenieure ihre Anforderungen mittels Anwendungsfällen, die aus einer Menge von Aktionen und einer Menge von Relationen zwischen den Aktionen bestehen. Die Aktionen werden vom Ingenieur in physikalische, kognitive und Kommunikationsaktionen eingestuft. Die Akteure, die an einer Aktion beteiligt sind, werden weiterhin als Mensch, Maschine oder als Hybrid-Form ausgewiesen.

Die Anwendungsfälle werden anschließend in den vorgeschlagenen Szenario-Generator eingegeben. Dieser berechnet auf Basis der Aktions-Relationen zu jeweils einem Anwendungsfall jede mögliche

---
[1] Co-operative Requirements Engineering With Scenarios (CREWS), Scenarios for Acquiring and Validating REquirements (Savre)

Ausführung. Die Ausführungen werden als Normalfälle angesehen und vom Szenario-Generator anhand der angegebenen Aktions- und Akteurtypen auf typische Ausnahmefälle untersucht. Hierfür wird eine Taxonomie verwendet, die auf Kriterien aus der Literatur der Kognitionswissenschaft [Rea90], der Mensch-Maschine-Interaktion [RPG94] und der Risikoanalyse von Systemen [Lev95] zurückgreift. Ein solcher Ausnahmefall kann z.B. bei einer Maschine-Maschine-Kommunikation das Ausbleiben einer Reaktion auf eine Eingabe sein. Die Normalfälle werden mit den vorhandenen Ausnahmefällen kombiniert und durch den Szenario-Generator in Form von „was-wäre-wenn"-Szenarien zur Inspektion dargestellt. Durch diese Simulation der Szenarien wird zum einen beschriebenes, aber unerwünschtes Verhalten wie in der auf Synthese beruhenden Simulation der Play-Engine aus Abschnitt 3.1.2 ausgeschlossen. Treffen zum anderen unberücksichtigte Ausnahmefälle auf ein Szenario zu, wird unspezifiziertes Verhalten gefunden.

Der Ansatz konzentriert sich auf die Simulation einzelner Anwendungsfälle und regt lediglich für diese typische Ausnahmefälle an. Die Qualität der Szenario-Gewinnung hängt daher stark von der aufgestellten Taxonomie ab. Die Taxonomie wird in den Arbeiten der Autoren weder detailliert beschrieben, noch wird eine Aussage über die Effizienz des Ansatzes getroffen. Die Komposition beschriebener Anwendungsfälle wird weiterhin nicht berücksichtigt.

4

Vollständigkeit von Szenariospezifikationen

Zur Definition der Ziele des JigSCI-Verfahrens werden wir in diesem Kapitel ein Rahmenwerk einführen, das die Vollständigkeit von Szenariospezifikation definiert. Zunächst diskutierten wir in Abschnitt 4.1 die Unterschiede zwischen der Vollständigkeit von Szenariospezifikationen und Transitionssystemen. In Abschnitt 4.2 führen wir dann die Vollständigkeit von Szenariospezifikationen auf die von Transitionssystemen zurück. Unter Berücksichtigung der Vollständigkeitskriterien aus Kapitel 2.4 definieren wir die strukturelle und funktionale Vollständigkeit einer Szenariospezifikation und beschreiben damit die Ziele des JigSCI-Verfahrens in Abschnitt 4.3.

4.1 Rückführung der Vollständigkeit auf Transitionssysteme

Trotz der großen Beliebtheit von Szenarien ist in der Literatur keine Definition der Vollständigkeit von Szenariospezifikationen gegeben. Für eine Vollständigkeitsdefinition einer Spezifikation ist im Allgemeinen zwischen einer absoluten und einer hinlänglichen Vollständigkeit zu unterscheiden [JL89]. Eine absolut vollständige Spezifikation muss jedes erwünschte von dem unerwünschten Verhalten eindeutig abgrenzen. Absolut vollständige Szenariospezifikationen können daher sehr groß werden, wodurch der zu betreibende Aufwand zur Herstellung und Pflege in der Praxis hoch wird. In Fällen sicherheitskritischer Funktionen kann der Aufwand aber gerechtfertigt sein.

Eine hinlänglich vollständige Szenariospezifikation wird hingegen angestrebt, wenn die Anforderungen eines Systems so ausreichend beschrieben werden sollen, dass Ingenieure das System entwickeln können. Die Frage, wann eine Spezifikation hinlänglich vollständig ist, hängt allerdings stark von dem Verwendungszweck ab und ist nicht einheitlich definiert. Das Ziel in der Anwendung von Szenariospezifikationen ist häufig die Ermittlung und Erfassung von Anforderungen [NL03]. Hingegen dienen Gesamtverhaltensmodelle wie Transitionssysteme der Zusammenführung der durch Szenarien erfassten Funktionalität [AE03]. Ein Maß der hinlänglichen Vollständigkeit einer Szenariospezifikation kann von dem von Zustandsautomaten abweichen, die absolute Vollständigkeit der beiden Spezifikationsmethoden ist jedoch die gleiche.

Daher führen wir die absolute Vollständigkeit von Szenariospezifikationen auf die Vollständigkeitskriterien für Transitionssysteme aus Kapitel 2.4 zurück und erhalten eine erprobte und akzeptierte Basis für eine Vollständigkeitsdefinition. Des Weiteren haben wir in Kapitel 2.3 festgestellt, dass eine vollständige Szenariospezifikation eine Reaktion auf jedes Eingabeereignis unter jeder Vorbedingung definieren muss. Durch die Rückführung werden die Vorbedingungen durch explizite Zustände dargestellt, so dass die Übertragung des Vollständigkeitskriteriums *Reaktion auf jedes Eingabeereignis* für Transitionssysteme das bekannte Kriterium der Szenariospezifikationen erfüllt.

Bei der Definition einer hinlänglichen Vollständigkeit berücksichtigen wir das Ziel der Dissertation Kompositionsinformationen für die Synthese von Transitionssystemen zu ermitteln. Wir betrachten Szenariospezifikationen daher als hinlänglich vollständig, wenn aus diesen eindeutig ein Transitionssystem abgeleitet werden kann und dieses hinlänglich vollständig ist. Über die hinlängliche Vollständigkeit der Transitionssysteme treffen wir dabei keine Aussage und streben in der Entwicklung des JigSCI-Verfahrens stets die absolute Vollständigkeit der Systeme an. Eine Auswahl der durch das Verfahren ermittelten Szenarien ist dann im Sinne der hinlänglichen Vollständigkeit der Transitionssysteme durch die Ingenieure selbst zu treffen.

4.2 Strukturelle und Funktionale Vollständigkeit

Im Folgenden geben wir zur Definition einer absolut vollständigen Szenariospezifikation ein Rahmenwerk an, das insbesondere verwendet werden sollte, wenn das Ziel einer Vervollständigung die Synthese eines Transitionssystems ist. Das Rahmenwerk definiert zwei Grade der Vollständigkeit, die strukturelle und die funktionale Vollständigkeit. Die strukturelle Vollständigkeit ist angelehnt an die strukturelle Vollständigkeit zu erlernender Sprachen in Kapitel 2.6.1 und sichert ab, dass aus den Szenariospezifikationen jede Transition und dadurch die Struktur des gesuchten Systems eindeutig ableitbar ist. Die strukturelle Vollständigkeit bezüglich eines hinlänglich vollständigen Transitionssystems wird daher als ein Mindestmaß der hinlänglichen Vollständigkeit von Szenariospezifikationen angesehen. Die funktionale Vollständigkeit erweitert die strukturelle Vollständigkeit, indem sie fordert, dass eine Spezifikation durch eine Kompositionsvorschrift eindeutig zum gesuchten Transitionssystem komponierbar und dadurch unter Berücksichtigung der Vollständigkeitskriterien aus Kapitel 2.4 aus funktionaler Sicht absolut vollständig ist.

Eine vollständige Spezifikation eines Systems grenzt das erwünschte gegenüber jedem unerwünschten Verhalten eindeutig ab. Zur Trennung des erwünschten und unerwünschten Verhaltens verwenden wir als Ziel der Vervollständigung eine Referenz-Szenariospezifikation, die sowohl jedes positive als auch negative Verhalten eines gesuchten Systems definiert.

Definition 4.1 (Referenzverhalten). *Das* Referenzverhalten eines Systems *ist eine Szenariospezifikation* $V^{Ziel} = (V_+^{Ziel}, V_-^{Ziel})$ *mit* $V_+^{Ziel} \cup V_-^{Ziel} = \Sigma^*$, *die das gewünschte Systemverhalten exakt beschreibt.*

Die Anzahl der positiven und negativen Szenarien eines Referenzverhaltens ist unendlich und soll auf Basis einer Kompositionsvorschrift durch eine endliche Spezifikation beschrieben werden. Zur Optimierung der Komposition nehmen wir an, dass das Referenzverhalten präfixabgeschlossen ist.

Definition 4.2 (Präfixabgeschlossenheit). *Eine Szenariospezifikation* $S = (S_+, S_-)$ *heißt* präfixabgeschlossen, *wenn für jeden Präfix eines positiven Szenarios* $s \in Pr(S_+)$ *folgt, dass* $s \in S_+$.

In dieser Arbeit beschränken wir uns weiterhin auf Referenzverhalten, das durch ein LTS darstellbar ist. Ein LTS ist kompatibel zu einer Szenariospezifikation, wenn es unter Berücksichtigung der Präfixabgeschlossenheit des Referenzverhaltens die positiven Szenarien der Spezifikation akzeptiert und die negativen verwirft.

Definition 4.3 (Kompatibel). *Ein LTS heißt* kompatibel *zu einer Szenariospezifikation* $S = (S_+, S_-)$, *wenn es alle Präfixe der positiven Szenarien aus* S_+ *akzeptiert und alle negativen Szenarien aus* Σ^*/S_- *verwirft.*

4.2 Strukturelle und Funktionale Vollständigkeit

Damit ein LTS kompatibel zu einer Szenariospezifikation sein kann, müssen die Szenarien der Spezifikation im initialen Zustand des Transitionssystems beginnen. Eine Szenariospezifikation, deren Szenarien diese Bedingung erfüllen, nennen wir normalisiert.

Definition 4.4 (Normalform einer Szenariospezifikation). *Ein Szenariospezifikation ist normalisiert bezüglich einem LTS, wenn durch das LTS alle positiven Szenarien akzeptiert und alle negativen verworfen werden.*

Beispiel 4.5. Das Referenzverhalten des Parksystems PSS ist gegeben durch die Szenariospezifikation $V^{Ziel}(PSS) = (L(A_{PSS}), \Sigma^* \setminus L(A_{PSS}))$. Da das Referenzverhalten durch die Sprache des Transitionssystems A_{PSS} beschrieben wurde, ist es präfixabgeschlossen sowie bezüglich A_{PSS} normalisiert. Die Szenariospezifikation $S_{PSS} = (\{S1, S2, S3, S4\}, \{SN1\})$ ist hingegen stückweise definiert und befindet sich nicht in Normalform. Erst nach Hinzufügen der Präfixe der Spezifikation $\| S_{PSS} \|_{q_0} = (\{ S1, S2, S1 \cdot S3, \text{Gang D} \cdot \text{Lücke passieren} \cdot S4\}, \{S1 \cdot SN1\})$ aus Beispiel 2.18 ist die Szenariospezifikation bezüglich A_{PSS} normalisiert.

Das erste Ziel des JigSCI-Verfahrens ist die Untersuchung einer Szenariospezifikation auf fehlendes Verhalten. Anstatt das gesamte Referenzverhalten zu erfassen, decken wir zunächst solche Szenarien auf, die die Struktur eines LTS des Referenzverhaltens erfassen. Im Folgenden nennen wir das kleinste zum Referenzverhalten kompatible Transitionssystem das gesuchte LTS. Eine Szenariospezifikation ist strukturell vollständig, wenn deren positive Szenarien über alle Transitionen des gesuchten LTS verlaufen und das gesuchte LTS kompatibel zur Spezifikation ist.

Definition 4.6 (Strukturelle Vollständigkeit). *Eine Szenariospezifikation $S = (S_+, S_-)$ ist strukturell vollständig bezüglich einem LTS $A = (Q, \Sigma, \delta, q_0, F)$, wenn gilt:*

1. *Für alle $q \in Q, a \in \Sigma$ mit $\delta(q, a) = q'$ existieren $wav \in S_+$ und $q'' \in Q$, so dass $\hat{\delta}(q_0, w) = q$ und $\hat{\delta}(q', v) = q''$*
2. *A ist kompatibel zu S.*

Die erste Bedingung der strukturellen Vollständigkeit hat den Effekt, dass sich Szenariospezifikationen in Normalform befinden müssen. Wir benötigen diese Anforderung, damit das Verhalten der Szenarien zu einem eindeutigen Zustand des Systems zuordenbar ist. Die zweite Bedingung stellt zusätzlich sicher, dass eine Szenariospezifikation weder zu viel Verhalten enthält noch gültiges Verhalten durch negative Szenarien ausschließt.

Beispiel 4.7. Die Szenariospezifikation S_{PSS} ist strukturell unvollständig bezüglich des Parktransitionssystem A_{PSS}, da das LTS weder die Szenarien $\{S3, S4\}$ akzeptiert noch die Reaktion auf das mehrmalige Passieren von Parklücken durch die Spezifikation beschrieben ist. Wir erfüllen die zweite Bedingung der Definition, indem wir S_{PSS} um die Präfixe der normalisierten Szenariospezifikation $\| S_{PSS} \|_{q_0} = (\| S_+ \|, \| S_- \|)$ ergänzen. Durch das Hinzufügen der Szenarien S' = „Gang D einlegen · Lücke passieren · Lücke vorschlagen · Lücke passieren · Lücke wechseln" und S" = „Gang D einlegen · Lücke passieren · Lücke vorschlagen · Lücke passieren · Lücke beibehalten" wird die Spezifikation weiterhin um das fehlende Verhalten bezüglich des mehrmaligen Passierens ergänzt. Die resultierende Szenariospezifikation $SSpec_{SV} = (\| S_+ \| \cup \{S', S''\}, \| S_- \|)$ beschreibt dann die Transitionen des gesuchten Transitionssystems A_{PSS} und ist daher strukturell vollständig.

4 Vollständigkeit von Szenariospezifikationen

Das zweite Ziel des JigSCI-Verfahrens ist die Ermittlung von Kompositionsinformationen. Ohne die Funktionsweise einer konkreten Kompositionsvorschrift vorzugeben, führen wir zunächst Kompositionsabbildungen ein, welche eine Szenariospezifikation als Eingabe erhalten und aus dieser unter Berücksichtigung der Kompatibilität ein Transitionssystem erzeugen.

Definition 4.8 (Kompositionsabbildung). *Sei $\mathcal{SSPEC}$ die Menge der normalisierten Szenariospezifikationen und $\mathcal{LTS}$ die Menge der LTS. Eine Abbildung syn : $\mathcal{SSPEC} \to \mathcal{LTS}$ heißt Kompositionsabbildung wenn für alle $S \in \mathcal{SSPEC}$ das LTS syn(S) zu S kompatibel ist.*

Beispiel 4.9. Eine Kompositionsabbildung kann zum Beispiel durch einen Synthesealgorithmus, durch Methoden zur Komposition von Szenarien oder aber auch durch explizit definierte Kompositionsinformationen bestimmt werden. Als primäre Kompositionsabbildung verwenden wir den Blue-Fringe-EDSM-Algorithmus als Synthese. Damit der Algorithmus anstelle eines Automaten ein LTS produziert, erweitern wir dessen Kompatibilitätsprüfung auf die Kompatibilität eines LTS aus Definition 4.3 und berücksichtigen dadurch bei der Validierung von Zustandsvereinigungen die Präfixabgeschlossenheit. Nach dem Ende der Generalisierung entfernen wir aus dem Lösungsautomaten alle Zustände bis auf die akzeptierenden und deren Vorgängerzustände und fügen den akzeptierenden Zuständen die verbleibenden neutralen Zustände hinzu. Dadurch entsteht ein LTS, das das positive Verhalten des Lösungsautomaten des Algorithmus unter Berücksichtigung der Präfixabgeschlossenheit akzeptiert. Wir nennen den modifizierten Algorithmus syn_{BF} und zeigen, dass dieser eine Kompositionsabbildung beschreibt.

Satz 4.10. *Die Abbildung syn_{BF} ist eine Kompositionsabbildung.*

Beweis. Sei V^{Ziel} ein Referenzverhalten, A ein LTS, das kompatibel zu V^{Ziel} ist und $S = (S_+, S_-)$ eine bezüglich A normalisierte Szenariospezifikation, auf die wir den Blue-Fringe-EDSM-Algorithmus syn_{BF} anwenden. Per Konstruktion des APTA werden die Präfixe von S_+ durch die initiale Hypothese A_0 des Blue-Fringe-EDSM-Algorithmus akzeptiert und die Suffixe der negativen Szenarien S_- verworfen. Da Zustandsvereinigungen höchstens zu einer Spracherweiterung führen, schließen wir durch vollständige Induktion, dass auch die letzte Hypothese A_0/π_n mit einer Partition π_n der Zustände von A_0 die Präfixe der positiven Szenarien akzeptiert. Weiterhin werden auf Basis von Definition 4.3 nur Zustandsvereinigungen durchgeführt, die zu keiner Akzeptanz eines Suffixes eines negativen Szenarios führen. Das LTS A_n ist daher kompatibel zu S und syn_{BF} eine Kompositionsabbildung.

Durch die Eingabe einer strukturell vollständigen Szenariospezifikation in eine Kompositionsabbildung wird ein Transitionssystem erzeugt, das die Transitionen des gesuchten LTS enthält, aber nicht zwingend kompatibel zum Referenzverhalten ist. Als zweites Ziel des JigSCI-Verfahrens definieren wir, dass eine Szenariospezifikation funktional vollständig bezüglich einer Kompositionsabbildung ist, wenn die Spezifikation eindeutig zu einem Transitionssystem komponierbar ist, das das Referenzverhalten beschreibt.

Definition 4.11 (Funktionale Vollständigkeit). *Sei syn : $\mathcal{SSPEC} \to \mathcal{LTS}$ eine Kompositionsabbildung und A ein LTS. Eine Szenariospezifikation $S \in \mathcal{SSPEC}$ ist funktional vollständig bezüglich A und der Kompositionsabbildung syn, wenn syn(S) äquivalent zu A ist.*

Eingeschränkt auf die in Kapitel 2.4 eingeführten Vollständigkeitskriterien für Transitionssysteme beschreibt die funktionale Vollständigkeit die absolute Vollständigkeit einer Szenariospezifikation.

Sie bezieht sich dabei ausschließlich auf das funktionale Verhalten eines Systems ohne Zeit- und Datenanforderungen zu betrachten. Das resultierende LTS ist per Definition deterministisch. Durch das Löschen von gegebenenfalls unverbundenen Zuständen sind alle Zustände des LTS erreichbar, ohne dass das LTS seine Kompatibilität zum Referenzverhalten verliert. Durch das Hinzufügen von Transitionen zu Fehlerzuständen für unbehandelte Ereignisse reagiert das LTS in jedem seiner Zustände auf alle Eingabeereignisse.

Beispiel 4.12. Enthält eine Menge von positiven und negativen Wörtern ein charakteristisches Beispiel (vgl. Kapitel 2.6.1), dann leitet der Blue-Fringe-EDSM-Algorithmus aus den Wörtern den kanonischen Automaten der gesuchten Sprache ab. Eine Szenariospezifikation, die ein charakteristisches Beispiel für ein Referenzverhalten definiert, ist daher funktional vollständig bezüglich der Kompositionsabbildung syn_{BF}. Die Szenariospezifikation $\| S_{PSS} \|_{q_0}$ ist hingegen funktional unvollständig bezüglich der Kompositionsabbildung syn_{BF}, da der Blue-Fringe-EDSM-Algorithmus sein Lösungstransitionssystem mangels strukturell fehlender Szenarien sowie nicht ausreichend vieler negativer Szenarien unter- und übergeneralisiert. Durch das Hinzufügen der positiven Szenarien der strukturell vollständigen Szenariospezifikation $SSpec_{SV}$ und das Hinzufügen jeweils eines negativen Szenarios pro Fehlzustandsvereinigung erhalten wir eine funktional vollständige Szenariospezifikation. Diese Szenariospezifikation ist zum Transitionssystem A_{PSS} komponierbar, ohne ein charakteristisches Beispiel zu enthalten. Das resultierende LTS ist deterministisch, die Zustände des Transitionssystem sind erreichbar und durch Hinzufügen eines Fehlerzustands für unbehandelte Eingabeereignisse ist für jede Eingabe eine Reaktion in jedem Zustand des Transitionssystems definiert. Die Spezifikation ist daher funktional vollständig und die Vollständigkeitskriterien für das komponierte LTS erfüllt.

4.3 Ziele der Vervollständigung

Die strukturelle und funktionale Vollständigkeit sind die Ziele des JigSCI-Verfahrens. Die Vervollständigung wird bezüglich des Blue-Fringe-EDSM-Algorithmus durchgeführt. Die sich aus den Definitionen ergebenden Aufgaben in der Entwicklung des Verfahrens sind in Abbildung 4.1 dargestellt.

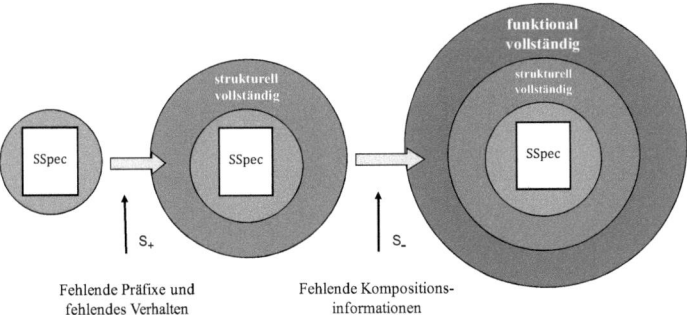

Abb. 4.1: Die strukturelle und funktionale Vollständigkeit bezüglich syn_{BF}

Zunächst muss eine Eingabespezifikation durch das Ergänzen fehlender Präfixe normalisiert werden, damit der Algorithmus aus den Szenarien eine gültige initiale Hypothese aufbaut. Durch das Hinzufügen positiver Szenarien, die das fehlende Verhalten einer Spezifikation beschreiben, wird die Spezifikation strukturell vervollständigt. Diese Spezifikation muss anschließend durch den Algorithmus komponiert werden. Zwar ist kein charakteristisches Beispiel als Eingabe zwingend notwendig, jedoch müssen genügend viele negative Szenarien der Spezifikation hinzugefügt werden, um eine Über- und Untergeneralisierung zu verhindern. Die Ergänzung der negativen Szenarien führt dem Blue-Fringe-EDSM-Algorithmus die notwendigen Kompositionsinformationen zu, um diese funktional zu vervollständigen.

5

Strukturelle Vervollständigung von Szenariospezifikationen

Das Ziel dieses Kapitels ist die Herstellung der strukturellen Vollständigkeit von Szenariospezifikationen. Nach einer Übersicht über die Scenario-Puzzling-Technik in Abschnitt 5.1 führen wir eine Erreichbarkeitsanalyse für Szenariospezifikationen in Abschnitt 5.2 ein. Die Analyse komponiert die Szenarien einer Eingabespezifikation und überprüft dadurch, ob die Szenarien erreichbar sind. Unerreichbare Szenarien werden genutzt, um fehlendes Verhalten der Spezifikation zu ergänzen und führen zu einer normalisierten Szenariospezifikation, die uns in Abschnitt 5.3 als Eingabe des Blue-Fringe-EDSM-Algorithmus dient. Wir erweitern den Algorithmus, um durch Grammatik-Inferenz und Interaktion weiteres strukturell fehlendes Verhalten der Spezifikation zu erschließen. Die Effektivität des Algorithmus demonstrieren wir am Beispiel des Parkassistenzsystems und vervollständigen dessen Szenariospezifikation in Abschnitt 5.4 bezüglich der Struktur.

5.1 Vervollständigung fehlenden Verhaltens

In Abbildung 5.1 ist eine Übersicht über die Scenario-Puzzling-Technik dargestellt. Gegeben ist eine zu vervollständigende Szenariospezifikation $SSpec_I$, deren positive Szenarien wir im ersten Schritt des JigSCI-Verfahrens auf Erreichbarkeit prüfen. Wir stellen für die Eingabeszenarien auf Basis von Komposition fest, ob für diese gültige Präfixe in der Eingabespezifikation gebildet werden können. Ist dies nicht der Fall, weist die Analyse auf die Unerreichbarkeit hin und erfragt gültige Szenarien, die zur Aktivierung der unerreichbaren Szenarien führen. Wir ergänzen das in der Interaktion angegebene Verhalten in den unerreichbaren Szenarien und vervollständigen dadurch die Eingabespezifikation um strukturell fehlendes Verhalten. Den erreichbaren Szenarien fügen wir weiterhin die in der Komposition ermittelten Präfixe hinzu und erhalten als erstes Teilergebnis die Szenariospezifikation $\| SSpec_I \|$, welche dann in Normalform vorliegt.

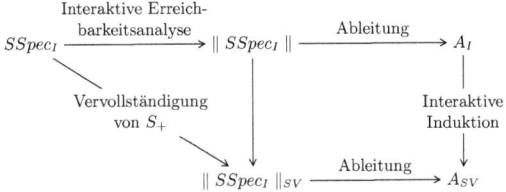

Abb. 5.1: Eine Übersicht über die Scenario-Puzzling-Technik

64   5 Strukturelle Vervollständigung von Szenariospezifikationen

Aus der Spezifikation leiten wir im zweiten Schritt ein Transitionssystem A_I ab, das den bekannten Zustandsraum des Systems beschreibt. Zur Entdeckung strukturell fehlenden Verhaltens verwenden wir A_I als Lösungstransitionssystem des Blue-Fringe-EDSM-Algorithmus, welcher analog zur Erschließung von Grammatiken ähnliche, aber nicht äquivalente Zustände aus diesem selektiert. Wir übertragen jeweils das Verhalten zwischen den sich ähnelnden Zuständen und überprüfen über Interaktion, ob das durch die Induktion des Algorithmus vermutete Verhalten strukturell fehlt. Erkennen wir auf Basis der Antworten der Ingenieure fehlendes Verhalten, wird dieses der Szenariospezifikation $\| SSpec_I \|$ in Form von positiven Szenarien hinzugefügt und das selektierte Zustandspaar anschließend vereinigt.

Die resultierende Spezifikation $\| SSpec_I \|_{SV}$ enthält dann die durch die Erreichbarkeitsanalyse aufgedeckten Präfixe sowie Szenarien, aus denen das im finalen Lösungstransitionssystem A_{SV} enthaltene strukturell fehlende Verhalten eindeutig rekonstruierbar ist. Erschließt das Scenario Puzzling daher über die Erreichbarkeitsanalyse und durch die Grammatik-Inferenz das positive Referenzverhalten mit $L(A_{SV}) \supseteq V_+^{Ziel}$, konnten wir die Spezifikation $SSpec_I$ erfolgreich bezüglich der Struktur vervollständigen.

5.2 Interaktive Erreichbarkeitsprüfung

Die Erreichbarkeitsanalyse des JigSCI-Verfahrens ist in Auflistung 5.1 dargestellt. Sie gliedert sich in vier Schritte, die wir im folgenden detailliert erläutern und an einem Beispiel verdeutlichen.

```
1   ALTS apta = new ALTS();
2   ScenarioSpecification normalizedSSpec = new ScenarioSpecification();
3   Set<Scenario> R = Collections.emptySet();
4   Set<Scenario> U = Collections.emptySet(); U.addAll(SSpecI.getPositiveScenarios());
5
6   // 1. Schritt: Identifikation normalisierter Szenarien
7   for(Scenario s : U) {
8       if(oracle.queryIsMember(firstEvent(s)) {
9           if(oracle.queryIsMember(s)) {
10              State endState = apta.appendBehavior(apta.getInitialState(), s);
11              apta.addAcceptingState(endState);
12              normalizedSSpec.addPositiveScenario(s);
13              move(s, U, R);
14  } } }
15
16  // 2. Schritt: Erweiterung des APTA über Szenarioüberlappungen -und fortsetzungen
17  boolean extensionFound = false;
18  while(!U.isEmpty() || !extensionFound)) {
19      extensionFound = false;
20      if(extendAPTAByOverlaps(apta, U, R)) {
21          extensionFound = true;
22      } else {
23          extensionFound = extendAPTAByContinuations(apta, U, R);
24  } }
25
26  // 3. Schritt: Fehlende Präfixe erfragen
27  for (Scenario s : U) {
28      Scenario prefix = oracle.queryPrefix(s);
29      Scenario normalizedScenario = prefix.concat(s);
30      State endState = apta.appendBehavior(apta.getInitialState(), normalizedScenario);
31      apta.addAcceptingState(endState);
32      normalizedSSpec.addPositiveScenario(normalizedScenario);
33  }
34
35  // 4. Schritt: Erweiterung des APTA um negative Szenarien
36  for (Scenario negativeScenario : normalizedSSpec.getNegativeScenarios()) {
37      extendAPTAByNegativeScenario(apta, negativeScenario);
38  }
```

Auflistung 5.1: Die Erreichbarkeitsanalyse des JigSCI-Verfahrens.

5.2 Interaktive Erreichbarkeitsprüfung

Ein Szenario ist in einer Szenariospezifikation erreichbar, wenn eine Szenariokomposition existiert, die im initialen Zustand des Systems beginnt und das Verhalten des Szenarios enthält. Die Grundidee der Erreichbarkeitsanalyse ist es, durch Elementanfragen die normalisierten und dadurch direkt erreichbaren Szenarien einer Eingabespezifikation zu erkennen und diese über Szenarioüberlappungen -und fortsetzungen (vgl. Kapitel 2.1.3) zu einem APTA zu erweitern. Szenarien, die an den APTA angebunden werden konnten, sind erreichbar, während die übrigbleibenden Szenarien strukturell fehlendes Verhalten aufgrund ihrer Unerreichbarkeit indizieren. Das fehlende Verhalten wird über Interaktion vervollständigt.

Die Eingabe der Erreichbarkeitsanalyse ist eine Szenariospezifikation $SSpec_I$ und ein ganzzahliger Parameter *EDSM-Minimalwert* (engl. EDSM threshold), über den die Ingenieure den Aufwand des Scenario Puzzlings steuern. Während der Analyse werden Szenarien in eine Menge erreichbarer Szenarien R und unerreichbare Szenarien U eingeteilt. Bei der Initialisierung fügt der Algorithmus der Menge der unerreichbaren Szenarien alle positiven Szenarien der Eingabe hinzu.

Identifikation normalisierter Szenarien

Die Szenarien der Menge U können zunächst nur vom initialen Zustand des gesuchten Systems aus erreicht werden. Wir überprüfen für jedes Szenario $s = e_1 \cdot \ldots \cdot e_n \in U$, mit $e_1, \ldots, e_n \in \Sigma$ ob dieses im initialen Zustand beginnt, indem wir den Ingenieur mit der Frage „Kann das System durch die Eingabe e_1 gestartet werden?" die Elementanfrage „$e_1 \in V_+^{Ziel}$?" stellen. Verneint der Ingenieur die Anfrage, können wir aufgrund der angenommenen Präfixabgeschlossenheit des Referenzverhaltens folgern, dass jedes Szenario, das mit e_1 beginnt, nicht in Normalform vorliegt, insbesondere also auch $s \notin V_+^{Ziel}$. Antwortet er mit Ja, stellen wir die Elementanfrage „Darf das System nach dem Start durch e_1 folgendes Verhalten aufweisen: $e_2 \cdot \ldots \cdot e_n$?" und ermitteln damit, ob $s \in V_+^{Ziel}$ gilt. Bejaht der Ingenieur auch diese Frage, wird das Szenario den erreichbaren Szenarien R hinzugefügt.

Wir bilden auf Basis der identifizierten erreichbaren Szenarien einen APTA, den wir als *angereichertes LTS* (ALTS) darstellen. Ein ALTS unterscheidet zwischen akzeptierenden, neutralen und verwerfenden Zuständen und berücksichtigt die Präfixabgeschlossenheit akzeptierter und verworfener Szenarien.

Definition 5.1 (Angereichertes LTS). *Sei ein LTS $A = (Q, \Sigma, \delta, q_0)$ und eine Partitionierung $Q = F_+ \uplus F_- \uplus F$ der Zustände in akzeptierende, verwerfende und neutrale Zustände gegeben. Ein Wort w wird von A bezüglich der Partitionierung akzeptiert, wenn $\hat{\delta}(q_0, w) \in F_+$. Analog sind die verworfenen und neutralen Wörter definiert. Ein angereichertes LTS (ALTS) $(Q, \Sigma, \delta, q_0, F_+, F_-, F)$ akzeptiert jeden Präfix der akzeptierten Wörter von A und verwirft jedes Wort, das einen verworfenen Präfix hat.*

Wir erstellen ein ALTS $apta$ mit dem initialen Zustand q_0, welches wir zu einem APTA der Szenariospezifikation erweitert werden. Die Szenarien der Menge R werden über eine Operation $appendBehavior$ (s. Zeile 10 in Auflistung 5.1) an q_0 angefügt, indem deren Ereignisse $e_1 \cdot \ldots \cdot e_n$ jeweils als Transitionsfolge $((q_0, e_1, q_1), \ldots, (q_{n-1}, e_n, q_n))$ angehängt und der Zustand durch die Determinisierungsoperation $det(q_0)$ (vgl. Kapitel 2.6.1) determinisiert wird. Der Zielzustand q_n der letzen Transition der Transitionsfolge wird als akzeptierend markiert, wodurch alle Präfixe $e_1 \cdot \ldots \cdot e_i, i \leq n$ von s durch das ALTS $apta$ akzeptiert werden.

Beispiel 5.2. Zur Demonstration der Erreichbarkeitsanalyse erweitern wir das System PSS im Zuge einer neuen Modellbaureihe um die Parkführungsfunktion APG. Als zentrale Funktionalität des erweiterten Systems fügen Ingenieure der bestehenden Spezifikation die Funktion $F6$ hinzu. Sie überprüfen die resultierende Funktionsstruktur $FS_{PSS'} = (\{F1, \ldots, F4, F6\}, \{FN1\})$ bezüglich des Referenzverhaltens $V^{Ziel} = (L(A_{APG}), \Sigma^* \backslash L(A_{APG}))$ auf Vollständigkeit. Die Erreichbarkeitsanalyse wird auf den Linearisierungen $S_{PSS'} = (\{S1 = lin(F1), \ldots, S4 = lin(F4), S6 = lin(F6)\}, \{SN1 = lin(FN1)\})$ durchgeführt und beginnt mit den Anfragen aus Tabelle 5.1.

Anfrage	Antwort	erreichbar
Gang D einlegen $\in L(A_{APG})$?	Ja	
Gang D einlegen · Lücke passieren · Lücke vorschlagen $\in L(A_{APG})$?	Ja	S1
Gang D einlegen · Lücke passieren · Lücke ausschließen $\in L(A_{APG})$?	Ja	S1, S2
Hindernis taucht auf $\in L_{APG}$?	Nein	
Lücke vorschlagen $\in L_{APG}$?	Nein	
Parkanweisungen geben $\in L_{APG}$?	Nein	

Tabelle 5.1: Die zur Identifikation normalisierter Szenarien gestellten Elementanfragen

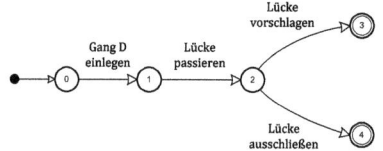

Abb. 5.2: Das aus den sich in Normalform befindenden Szenarien $S1$ und $S2$ konstruierte ALTS

Die Anfragen identifizieren die Szenarien $S1$ und $S2$ als normalisiert, welche anschließend der Menge R der erreichbaren Szenarien hinzugefügt werden. Aus den erreichbaren Szenarien ergibt sich das ALTS $A = (Q, \Sigma, \delta, q_0, F_+, F_-, F)$ aus Abbildung 5.2, mit $Q = \{0, 1, 2, 3, 4\}$, $\Sigma = \{$Gang D einlegen, Lücke passieren, Lücke vorschlagen, Lücke ausschließen$\}$, $\delta = \{$(0,Gang D einlegen,1), (1,Lücke passieren,2), (2,Lücke vorschlagen,3), (2,Lücke ausschließen,4)$\}$ und $q_0 = 0$, das das Verhalten der Szenarien enthält. Die Endzustände 3 und 4 der Transitionsfolgen (0,1),(1,2),(2,3) bzw. (0,1),(1,2),(2,4) werden F_+ hinzugefügt, so dass $F = \{0, 1, 2\}, F_+ = \{3, 4\}$ und $F_- = \emptyset$. Dieses ALTS akzeptiert alle Präfixe der Szenarien $S1$ und $S2$, welche in den Vorgängerzuständen $\{0, 1, 2\}$ und in F_+ enden.

Erweiterung des ALTS über Szenarioüberlappungen -und fortsetzungen

Die noch unerreichbaren Szenarien der Menge U können in jedem Zustand des ALTS $apta$ außer q_0 ausführbar sein. Wir prüfen im zweiten Schritt der Analyse, ob Szenarioüberlappungen zwischen Ereignissen aus R und U existieren. Diese Aufgabe wird durch die Operation extendAPTAByOverlaps ausgeführt (s. Zeile 20 in Auflistung 5.1), welche im Detail im Appendix A.2 dargestellt ist.

Zur Feststellung möglicher Überlappungen führen wir während des Aufbaus des APTA eine Hashfunktion occ, die die angefügten Ereignisse auf Quellzustände der erstellten Transitionen abbildet, d.h. $occ : \Sigma \rightarrow 2^Q$ mit $occ : e \mapsto \{q \in Q \mid \exists q' \in Q : \delta(q, e) = q'\}$. Mit dieser Funktion erkennen wir die möglichen Startzustände $glueState \in occ(e_1)$ jedes unerreichbaren Szenarios $s = e_1 \cdot \ldots \cdot e_n \in U$. Wir berechnen die Anzahl der ausgehenden Transitionen, die durch die Ereignisse $e_1, \ldots, e_n$ von $glueState$ aus aktiviert werden, die der Länge einer möglichen Szenarioüberlappung entspricht.

Zur Begrenzung des Interaktionsaufwands überprüfen wir dann die Szenarioüberlappungen, die größer oder gleich dem durch die Ingenieure zu konfigurierenden Eingabeparameter *EDSM-Minimalwert* des Scenario Puzzlings sind. Für Szenarien, deren Überlappungen größer oder gleich sind, wird der Präfix $p_g \in Pr(glueState)$ des Zustands berechnet und die Elementanfrage „$p_g \cdot s \in V_+^{Ziel}$?" gestellt. Bejahen die Ingenieure die Anfrage, wird die Szenariospezifikation um das positive Szenario $p_g \cdot s$ erweitert. Das Szenario s wird anschließend von den unerreichbaren Szenarien U in die erreichbaren Szenarien R verschoben und als Transitionsfolge dem Zustand *glueState* hinzugefügt. Überlappungen, deren Größe kleiner als die Grenze ist, werden als nicht stichhaltig genug eingestuft und durch die Analyse verworfen.

Wenn keine weiteren Überlappungen zwischen den unerreichbaren und erreichbaren Szenarien existieren, prüfen wir, ob eine Szenariofortsetzung feststellbar ist. Wir behandeln eine Szenariofortsetzung als eine Szenarioüberlappung der Länge 0 und überprüfen, ob Teilsequenzen der erreichbaren Szenarien durch das Verhalten der unerreichbaren Szenarien verlängerbar sind, wenn der EDSM-Minimalwert auf $\alpha = 0$ gesetzt wurde. Akzeptierende Zustände werden priorisiert, um Fortsetzungen ganzer Szenarien zuerst zu prüfen. Für jeden Zustand $q \in Q$ des ALTS wird der Präfix $p_g \in Pr(q)$ berechnet und für jedes Szenario $s \in U$ die Anfrage „$p_g \cdot s \in V_+^{Ziel}$?" gestellt. Antwortet der Ingenieur mit Ja haben wir eine Szenariofortsetzung gefunden und das Szenario $p_g \cdot s$ wird den positiven Szenarien der Spezifikation hinzugefügt. Anschließend wird das ALTS um die Fortsetzung erweitert und wiederum nach unbehandelten Szenarioüberlappungen durchsucht. Dieser Prozess wird wiederholt bis alle Szenarien erreichbar sind oder keine weiteren Szenarioüberlappungen -oder fortsetzungen gefunden werden.

Beispiel 5.3. Sei der EDSM-Minimalwert des Scenario Puzzlings $\alpha = 0$. Der Algorithmus überprüft im Anschluss an Beispiel 5.2 für $U = \{S3, S4, S6\}$, ob eine Überlappung mit $R = \{S1, S2\}$ besteht. Der Algorithmus findet über die Hashfunktion *occ* gleich benannte Transitionsfolgen mit einer Mindestlänge von 1 und stellt aufgrund des EDSM-Minimalwerts $\alpha < 1$ die Elementanfrage aus Tabelle 5.2.

Anfrage	Antwort	erreichbar
Gang D einlegen · Lücke passieren · Lücke vorschlagen · von Lücke entfernen · Vorschlag zurückziehen $\in L(A_{APG})$?	Ja	S1, S2, S4

Tabelle 5.2: Die aus der Überlappung der Szenarien $S1$ und $S4$ entstehende Elementanfrage

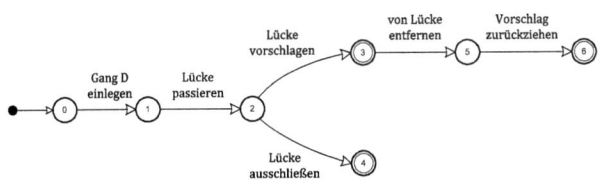

Abb. 5.3: Der APTA der erreichbaren Szenarien $R = \{S1, S2, S4\}$

Die Anfrage überprüft, ob sich die Szenarien $S1$ und $S4$ im gemeinsamen Ereignis **Lücke vorschlagen** überlappen. Da dies im APG-System der Fall ist, antwortet der Ingenieur mit Ja. Das Szenario wird dem ALTS hinzugefügt und $S4$ von U nach R verschoben (s. Abbildung 5.3). Anschließend existieren keine gemeinsamen Ereignisse zwischen den beiden Mengen. Das Verfahren überprüft daher die Fortsetzungen von R durch die Szenarien $S3$ und $S6$ (s. Tabelle 5.3).

68   5 Strukturelle Vervollständigung von Szenariospezifikationen

Anfrage	Antwort	erreichbar
Gang D einlegen · Lücke passieren · Lücke vorschlagen · Hindernis taucht auf · Vorschlag zurückziehen $\in L(A_{APG})$?	Ja	S1, S2, S4, S3
Gang D einlegen · Lücke passieren · Lücke vorschlagen · $S6 \in L(A_{APG})$?	Nein	
Gang D einlegen · Lücke passieren · Lücke ausschließen · $S6 \in L(A_{APG})$?	Nein	
Gang D einlegen · Lücke passieren · Lücke vorschlagen · von Lücke entfernen · Vorschlag zurückziehen · $S6 \in L(A_{APG})$?	Nein	
Gang D einlegen · Lücke passieren · Lücke vorschlagen · Hindernis taucht auf · Vorschlag zurückziehen · $S6 \in L(A_{APG})$?	Nein	
Gang D einlegen · $S6 \in L(A_{APG})$?	Nein	
Gang D einlegen · Lücke passieren · $S6 \in L(A_{APG})$?	Nein	
Gang D einlegen · Lücke passieren · Lücke vorschlagen · von Lücke entfernen · $S6 \in L(A_{APG})$?	Nein	
Gang D einlegen · Lücke passieren · Lücke vorschlagen · Hindernis taucht auf · $S6 \in L(A_{APG})$?	Nein	

Tabelle 5.3: Die aus den Fortsetzungen der Szenarien $S3$ und $S6$ entstehende Elementanfrage

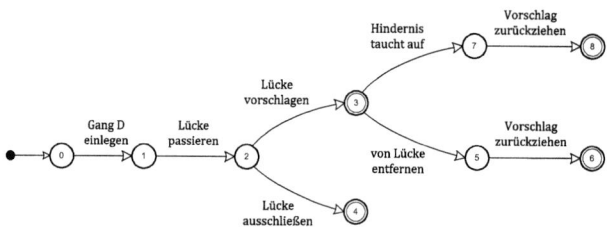

Abb. 5.4: Der APTA der erreichbaren Szenarien

Die erste Elementanfrage nach dem Verhalten „Gang D · Lücke passieren · Lücke vorschlagen · Hindernis taucht auf · Vorschlag zurückziehen $\in L(A_{APG})$?" führt zu einem APTA, der das positive Verhalten der PSS-Funktionen beschreibt (s. Abbildung 5.4). Da durch diesen Schritt keine neuen Überlappungen der erreichbaren und unerreichbaren Szenarien entstehen, werden die Szenariofortsetzungen des Szenarios $S6$ geprüft. Die verbleibenden Anfragen werden verneint und identifizieren damit das Szenario als unerreichbar.

Fehlende Präfixe erfragen

Die Szenarien der Menge U sind anschließend nicht an den bestehenden APTA anbindbar. Zwar sind die Vorbedingungen dieser Szenarien potentiell noch erfüllbar, wenn Szenarien der Menge R mehrmals hintereinander oder in mehreren Zuständen des APTA ausgeführt werden können. Da diese Ausführungspfade für Entwickler allerdings in Szenariospezifikationen nicht eindeutig nachvollziehbar sind und der zu betreibende Interaktionsaufwand zur exakten Ermittlung unerreichbarer Szenarien nicht gerechtfertigt ist, erfragen wir für die unerreichbaren Szenarien der Menge U einen gültigen Präfix. Die Ingenieure beantworten für jedes Szenario $s \in U$ eine *Präfixanfrage* der Form „$\exists x \in \Sigma^* : x \cdot s \in V_+^{Ziel}$?", indem sie ein Beispielpräfix des Szenarios s angeben. Diesen Präfix x fügen wir dem Szenario hinzu und ergänzen die positiven Szenarien der Spezifikation um $x \cdot s$. Über die Operation *appendBehavior* (s. Zeile 30 in Auflistung 5.1) erweitern wir dann das ALTS ab dem initialen Zustand um die Transitionsfolge dieses Szenarios. Am Ende dieses Schrittes enthält das ALTS dann das Verhalten der positiven Szenarien und mindestens eines ihrer Präfixe.

Beispiel 5.4. Nach der Überprüfung der möglichen Szenariofortsetzungen und -überlappungen aus Beispiel 5.3 wird der Ingenieur auf die potentielle Unerreichbarkeit des Szenarios $S6$ hingewiesen und nach einem gültigen Präfix befragt. In Diskussion mit Kollegen und Vorgesetzten wird aufgrund der gefundenen Spezifikationslücke entschieden, dass das Einlegen des Rückwärtsgangs und das Blinken auf der Seite der Parklücke einen Einparkvorgang genügend stark kennzeichnen. Diese Aktivierungsbedingung wird der Funktionsstruktur in Form der Funktion $F5$ manuell hinzugefügt und die Frage durch den Präfix „Gang D · Lücke passieren · Lücke vorschlagen · Gang R einlegen und blinken · Parkführung anzeigen" beantwortet.

Erweiterung des ALTS um negative Szenarien

Vorbereitend auf die nachfolgende Analyse erweitern wir den APTA im vierten Schritt der Erreichbarkeitsanalyse um das negative Verhalten der Szenariospezifikation. Unter Zuhilfenahme der Hashfunktion *occ* werden die Zustände des APTA ermittelt, in denen eine Reaktion auf das erste Ereignis eines negativen Szenarios definiert ist. Das Verhalten der Szenarien wird analog zu positiven Szenarien an diese Zustände als Transitionsfolgen über die Operation *appendBehavior* angehängt. Der letzte Zustand der Folge wird als verwerfend markiert. Die Szenarien werden anschließend in Normalform der Szenariospezifikation $\parallel SSpec_I \parallel$ hinzugefügt, indem die Szenarien inklusive der festgestellten Präfixe in dieser gespeichert werden.

Beispiel 5.5. Die Präfixanfrage aus Beispiel 5.4 führt zu einem PTA, in dem das Verhalten aller positiven Eingabeszenarien erreichbar ist. Der PTA wird abschließend automatisch durch das negative Verhalten des Szenarios $SN1$ zum APTA aus Abbildung 5.5 ergänzt, welcher dann aus den weißen Zuständen des PTAs und dem in grau gehaltenen negativen Verhalten besteht.

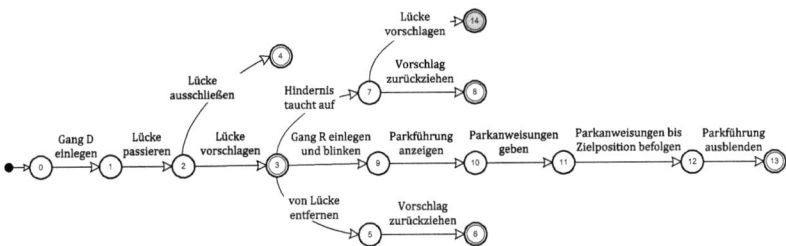

Abb. 5.5: Der durch die Erreichbarkeitsanalyse ermittelte APTA A_0

Ergebnis der Erreichbarkeitsanalyse

Die Spezifikation $\parallel SSpec_I \parallel$ enthält zum Abschluss der Erreichbarkeitsanalyse alle positiven und negativen Szenarien der Eingabespezifikation $SSpec_I$. Die Szenarien befinden sich in Normalform, so dass der erstellte APTA A_I eindeutig aus der Spezifikation ableitbar ist. Durch das mittels Präfixanfragen aufgedeckte Verhalten wird die Eingabespezifikation weiterhin um strukturell fehlendes Verhalten ergänzt. Der maximale Interaktionsaufwand ergibt sich aus $2 \cdot |S_+|$ Elementanfragen zur Identifikation normalisierter Szenarien, maximal $(|E|+1) \cdot |S_+|$ Elementanfragen zur Feststellung der Szenarioüberlappungen und -fortsetzungen für den EDSM-Minimalwert $\alpha = 0$ in den $|E|+1$ Zuständen des maximal aufbaubaren APTA sowie $|S_+|$ Präfixanfragen. Im maximalen Fall beträgt daher der Interaktionsaufwand der Erreichbarkeitsanalyse $\mathcal{O}(|S_+|) = (|E|+4) \cdot |S_+|$, mit $|E|$ der Anzahl der Ereignisse in S_+ und $|S_+|$ der Anzahl positiver Eingabeszenarien. Für Minimalwerte

70   5 Strukturelle Vervollständigung von Szenariospezifikationen

$\alpha > 0$ entfällt die Überprüfung von Szenariofortsetzungen und die Anzahl der zu überprüfenden Szenarioüberlappungen verringert sich. Die Anzahl der Elementanfragen sinkt dann im Mittel mit steigendem EDSM-Minimalwert, wobei die Fehlindikationsrate und dadurch die Anzahl der Präfixanfragen steigt.

Beispiel 5.6. Durch die Erreichbarkeitsanalyse der $S_{PSS'}$-Spezifikation mit dem EDSM-Minimalwert $\alpha = 0$ wird abschließend das Szenario $S5 = lin(F5)$ und die sich aus der Präfixanfrage ergebende Vorbedingung hinzugefügt. Wir erhalten die normalisierte Szenariospezifikation $\| S_{PSS'} \| = (\{S1, S2, S1 \cdot S3, \text{Gang D} \cdot \text{Lücke passieren} \cdot S4, \text{Gang D einlegen} \cdot S5, \text{Gang D einlegen} \cdot S5 \cdot S6\}, \{S1 \cdot SN1\})$, aus der APTA A_0 (s. Abbildung 5.5) eindeutig durch die Operation *appendBehavior* ableitbar ist.

Führt der Ingenieur die Analyse alternativ mit dem EDSM-Minimalwert $\alpha = 1$ aus, muss er lediglich die Anfragen zur Identifikation der normalisierten Szenarien aus Tabelle 5.1 und die zur Erkennung von Überlappungen aus Tabelle 5.2 beantworten. Die Szenarien $S4$ und $S6$ werden dem Ingenieur als unerreichbar angezeigt. Er gibt für das Szenario $S4$ das Szenario $S1$ als Präfix an und weist das Verhalten der Funktion $F5$ als Präfix des Szenarios $S6$ aus. Die Interaktion wird dadurch von 16 Elementanfragen auf sieben verringert. Die indizierten potentiell unerreichbaren Szenarien sind von einem auf zwei gestiegen, wobei mit $S4$ eine Fehlindikation vorgenommen wurde. Trotz der Fehlindikation kommt die Erreichbarkeitsanalyse in diesem Beispiel mit einer verringerten Interaktion zum gleichen Ergebnis.

5.3 Interaktive Inferenz strukturell fehlenden Verhaltens

Für Ingenieure ist der Zustandsraum eines Gesamtsystems im Kontext einer partiellen Szenariospezifikation schwer einschätzbar. Ähnliche, aber nicht äquivalente Zustände des APTA der Erreichbarkeitsanalyse können daher darauf hindeuten, dass Szenarien nur in einigen, aber nicht in allen Zuständen des beschriebenen Systems bedacht wurden. Der erstellte APTA wird im zweiten Schritt des Scenario Puzzlings daher als Lösungstransitionssystem verwendet. Er bildet den Zustandsraum, der durch den Blue-Fringe-EDSM-Algorithmus nach fehlendem Verhalten durchsucht wird. Wir modifizieren den Algorithmus, um zum einen Spezifikationslücken über die Ähnlichkeit von Zuständen durch Interaktion zu erkennen und die Lücken möglichst umfassend zu beleuchten. Zum anderen reduzieren wir den notwendigen Interaktionsaufwand, der eine maßgebliche Rolle in der Entwicklung des JigSCI-Verfahrens spielt, durch eine wählbare Intensität auf Basis des konfigurierten EDSM-Minimalwerts und durch eine Interaktionssteuerung. Der entworfene Algorithmus ist in Auflistung 5.2 dargestellt und dessen Modifikationen des Blue-Fringe-EDSM-Algorithmus durch Kommentare gekennzeichnet.

Der Algorithmus beginnt mit der Generalisierung des APTA A_0 der Erreichbarkeitsanalyse. Die nicht-negativen Zustände des Transitionssystems, d.h. dessen PTA-Zustände, werden analog zum Blue-Fringe-EDSM-Algorithmus in rote und blaue Mengen eingeteilt und Zustandspaare wie im Grundlagenkapitel 2.6.2 beschrieben gebildet. Zur Suche nach strukturell fehlendem Verhalten bewerten wir die Zustandspaare über die Ähnlichkeit ihrer Suffixe und finden dadurch Zustände mit gemeinsamen Verhaltensmustern. Anstatt alle gebildeten Zustandspaare des Blue-Fringe-EDSM-Algorithmus für die Vereinigung auszuwählen, selektieren wir im JigSCI-Verfahren nur die Zustände, die besonders starke gemeinsame Verhaltensmuster aufweisen (s. Kommentar 2.1). Eine Vereinigung der Paare überträgt dann das sich unterscheidende Verhalten zwischen den sich

5.3 Interaktive Inferenz strukturell fehlenden Verhaltens

ähnelnden Zuständen und führt dadurch zu neuem Verhalten im Lösungstransitionssystem. Wir untersuchen das durch die Vereinigung entstehende Verhalten durch Elementanfragen, die insbesondere darauf abzielen, strukturell fehlendes Verhalten der Eingabespezifikation zu entdecken. Die Elementanfragen werden zunächst generiert (s. Kommentar 2.2), nach ihrer Wichtigkeit sortiert (s. Kommentar 2.2a) und dann solange gestellt, bis entweder alle Anfragen positiv beantwortet wurden oder eine Grenze an negativen Antworten erreicht ist (s. Kommentar 2.2b). Stoßen wir durch die Anfragen auf fehlende Szenarien, fügen wir diese der Szenariospezifikation hinzu und finden dadurch strukturell fehlendes Verhalten im Kontext der selektierten Zustände. Anschließend vereinigen wir das Zustandspaar, um das entdeckte Verhalten in den Induktionsprozess des Blue-Fringe-EDSM-Algorithmus einfließen zu lassen (s. Kommentar 2.3) und beginnen die interaktive Untersuchung des nächsten Zustandspaares, bis das gesamte Transitionssystem durch dieses Vorgehen konsolidiert ist.

```
1   // 1. Erreichbarkeitsanalyse
2   ReachabilityAnalyzer analyzer = new ReachabilityAnalyzer();
3   analyzer.conductReachabilityAnalysis(SSpecI);
4   ScenarioSpecification SSpecSV = analyzer.getNormalizedSSpec();
5   ALTS Ai = analyzer.getConstructedAPTA();
6
7   // 2. Interaktive Inferenz strukturell fehlenden Verhaltens
8   Set<State> redStates = newStateSet(Ai.getInitialState());
9   Set<State> blueStates = blueFringe(Ai.getPTAStates(), redStates);
10  Set<StatePair> rejectedPairs = new HashSet<StatePair>();
11
12  while (!blueStates.isEmpty()) {
13
14      // 2.1 Musterbasierte Induktion auf Basis von EDSM-Minimalwerten
15      StatePair selectedStates = selectStatePair(Ai, redStates,
16          blueFringe(Ai.getPTAStates(), redStates), rejectedPairs);
17
18      if(selectedStates == null) {
19          updateBlueStates(redStates, blueStates);
20          continue;
21      }
22
23      // 2.2 Interaktive Gewinnung fehlenden Verhaltens
24      List<MembershipQuery> queries = generateSPQueries(selectedStates);
25
26      // 2.2a Effizienzsteigerung durch Priorisierung
27      queries = sortByPriority(queries);
28
29      int accQ, rejQ = 0;
30      for (MembershipQuery spq : queries) {
31          if(oracle.query(spq)) {
32              SSpecSV.addPositiveScenario(spq.getQueriedScenario());
33              accQ = accQ + 1;
34          } else {
35              SSpecSV.addNegativeScenario(spq.getQueriedScenario());
36              rejQ = rejQ + 1;
37          }
38
39          // 2.2b Interaktionsintensivierung
40          if (rejQ <= EDSMDeltaScore(selectedStates) + I * accQ) {
41              continue;
42          } else {
43              break;
44      } }
45
46
47      // 2.3 Gezielte Übergeneralisierung der Lösung
48      if(accQ > 0 || rejQ == 0) {
49          Ai.merge(selectedStates);
50      } else {
51          rejectedPairs.add(selectedStates);
52      }
53      updateBlueStates(redStates, blueStates);
54  }
```

Auflistung 5.2: Der interaktive Blue-Fringe-EDSM-Algorithmus der Scenario-Puzzling-Technik

Die wesentliche Kernaufgabe des Algorithmus ist es dabei, jene Zustandspaare möglichst schnell auszusortieren, deren Vereinigung zu keinem fehlenden Verhalten führt und das entstehende strukturell fehlende Verhalten möglichst effektiv zu identifizieren. Wir beschreiben die zur Lösung dieser Kernaufgabe vorgeschlagenen Modifikationen des Blue-Fringe-EDSM-Algorithmus in den folgenden Abschnitten im Detail und erklären diese im Anschluss im Zusammenhang am Beispiel des PSS'-Systems.

5.3.1 Musterbasierte Induktion auf Basis von EDSM-Minimalwerten

Die erste Aufgabe des JigSCI-Verfahrens ist es, Zustandspaare auf Basis ihrer gemeinsamen Muster zu erkennen. Wir verwenden die EDSM-Heuristik, um Zustände mit einer hohen Suffix-Gleichheit zu selektieren und betrachten nur Zustandspaare, deren Bewertung über einem Mindestwert liegt. Die Heuristik dient uns dabei als Anhaltspunkt für sehr ähnliche, aber nicht äquivalente Zustände und der Mindestwert bestimmt eine untere Schranke der notwendigen Ähnlichkeit.

In [DLDL08] konnte bezüglich unterer Schranken der EDSM-Heuristik bereits gezeigt werden, dass diese in der Selektion des Blue-Fringe-EDSM-Algorithmus zu einer effizienteren Auswahl an Zustandspaaren für die Komposition von Szenarien führen. Die Bewertung steigt allerdings während der Generalisierung der Lösung streng monoton an, wodurch die Grenze mit fortschreitender Zeit ihre Wirkung verliert und daher vom JigSCI-Verfahren nicht ohne Anpassung übernommen wird.

Zur Erläuterung dieser Aussage sei der APTA A_0 aus Abbildung 5.5 gegeben, von dessen Zuständen 5 und 7 wir zusätzlich annehmen, dass sie akzeptierend sind. Wir betrachten die EDSM-Bewertungen der Zustandspaare (3,1), (4,3) und (7,5) im Kontext der Grenzwerte $\alpha \in \{0, 1, 2\}$ und selektieren jeweils nur Zustandspaare, deren Bewertung größer oder gleich der Grenze ist. Die EDSM-Heuristik entspricht dabei der aus Kapitel 2.6.2 und wird stets bezüglich der positiven und neutralen Zustände des Lösungstransitionssystem A_i und der Ausgabespezifikation der Erreichbarkeitsanalyse gemessen.

- (3,1): Die Zustände haben keine gemeinsamen Suffixe und sind nicht beide in F_+. Die Bewertung dieses Zustandspaares ist daher $EDSMScore((3,1)) = 0$ und genügt nur der Grenze $\alpha = 0$.
- (4,3): Beide Zustände sind akzeptierend. Da nach einer Vereinigung sowohl das Szenario *S1* als auch *S2* in dem resultierenden Zustand endet, wird die EDSM-Heuristik um eins erhöht. Die Bewertung ist $EDSMScore((4,3)) = 1$ und genügt den Grenzen $\alpha \in \{0, 1\}$.
- (7,5): Die Vereinigung der Zustände führt aufgrund des gemeinsamen Suffixes **Vorschlag zurückziehen** zu einer Determinisierung und dadurch zu einer Zusammenlegung der Zustände 6 und 8. Dies erhöht die EDSM-Bewertung des Paares um eins. Auf Basis unserer Annahme, dass beide Zustände akzeptierend sind, erhalten wir dann den $EDSMScore((7,5)) = 2 \geq \alpha \in \{0, 1, 2\}$.

Wir simulieren nun die Vereinigung des am höchsten bewerteten Paares (7,5) über die **merge**-Operation, so dass in {7,5} und aufgrund der anschließenden Determinisierung in {8,6} jeweils zwei Szenarien enden. Die EDSM-Bewertung der Zustandspaare (3,1) und (4,3) steigt daher um zwei, so dass die untere Schranke des QSM-Algorithmus für $0 \leq \alpha \leq 2$ ihre Wirkung verliert.

Zur Vermeidung dieser strengen Monotonie der EDSM-Heuristik im Kontext des Blue-Fringe-Algorithmus schlagen wir daher eine Bewertung auf Basis zweier aufeinanderfolgender Lösungstransitionssysteme vor.

Definition 5.7 (EDSM-Deltabewertung). *Sei S eine Szenariospezifikation und seien A_i und A_{i+1} zwei aufeinanderfolgende Lösungs-ALTS des Scenario Puzzlings, wobei A_{i+1} durch die Vereinigung des Zustandspaares $(q_r, q_b) \in Q_i \times Q_i$ aus A_i entsteht, d.h. $A_i = APTA(S)/\pi_i$, $A_{i+1} = A_i/_{q_r=q_b}$ mit einer beliebigen Partition π_i von Q_i. Dann ist die EDSM-Deltabewertung des Zustandspaares die Funktion $EDSMDeltaScore(q_r, q_b) = EDSMScore(A_{i+1}) - EDSMScore(A_i)$, die die Differenz der EDSM-Heuristiken beider ALTS misst.*

Die Differenz zwischen dem EDSM-Minimalwert α und der Metrik $EDSMDeltaScore$ erhöht sich im Gegensatz zur Differenz der EDSM-Heuristik nur, wenn Zustandspaare aufgrund gemeinsamer Suffixe zueinander ähnlich sind. Die Bewertungen der beiden ersten Zustandspaare bleibt in unserem Beispiel für die EDSM-Delta-Bewertung gleich, so dass diese zwar den EDSM-Minimalwerten $\alpha = 0$ bzw. $\alpha = 1$, aber unverändert nicht dem von $\alpha = 2$ genügen.

Das JigSCI-Verfahren untersucht unter Verwendung dieser Heuristik nur Zustandspaare, deren $EDSMDeltaScore$ größer oder gleich dem bereits in der Erreichbarkeitsanalyse eingeführten EDSM-Minimalwert α sind. Das Beispiel zeigt, dass bei einem konfigurierten Minimalwert von $\alpha = 0$ alle Zustände des Lösungstransitionssystems paarweise verglichen werden. Wird der Minimalwert auf $\alpha = 1$ erhöht, werden dann mit der EDSM-Deltabewertung nur noch Zustandspaare, deren Zustände mindestens einen gemeinsamen Suffix besitzen oder jeweils aus F_+ stammen, betrachtet. Bei $\alpha >= 2$ werden die selektierten Zustandspaare weiter reduziert, so dass Zustände mindestens einen gemeinsamen Suffix mit der Länge größer oder gleich α aufweisen oder sich mehrere gemeinsame Suffixe teilen müssen. Der Vergleich aufeinanderfolgender Lösungstransitionssysteme in unserer modifizierten Heuristik bewirkt somit eine auf gemeinsamen Suffixen beruhende musterbasierte Auswahl an Zustandsvereinigungen. Der Minimalwert α erlaubt es, die Größe der Muster anhand der Anzahl der gemeinsamen Suffixe festzulegen. Wir werden den Algorithmus auf Basis des Grenzwerts $\alpha = 0$ aufbauen und die Mustererkennung der Heuristik nutzen, um die Interaktion des Verfahrens durch die EDSM-Minimalwerte $\alpha = 1$ und $\alpha = 2$ zu reduzieren. Wir nennen den Blue-Fringe-EDSM-Algorithmus mit dieser Heuristik im Folgenden *Blue-Fringe-Delta-EDSM-Algorithmus* und beschreiben dessen Kompositionsabbildung (vgl. Kapitel 4.2) über die Funktion $syn_{BFD\alpha}$, die der Kompositionsabbildung des Blue-Fringe-EDSM-Algorithmus syn_{BF} bis auf die Heuristik entspricht.

5.3.2 Interaktive Gewinnung fehlenden Verhaltens

Zur Aufdeckung strukturell fehlenden Verhaltens untersuchen wir die durch den Blue-Fringe-Delta-EDSM-Algorithmus selektierten Zustandspaare über Elementanfragen. Wir überprüfen das zwischen den Zuständen abweichende Verhalten im Kontext des jeweils anderen Zustands in Interaktion mit den Ingenieuren und bestätigen entweder die Verhaltensdifferenz der Zustände oder finden Suffixe, die fehlendes Verhalten beschreiben.

Wir generieren Elementanfragen, die sich zur effizienten Untersuchung der Zustandspaare auf strukturell fehlendes Verhalten konzentrieren. Die Anfragen werden auf Basis der kürzesten Präfixe und der Suffixe der Zustände gebildet, welche sich aus Pfaden im Lösungs-ALTS ergeben.

Definition 5.8 (Pfad). *Sei $A = (Q, \Sigma, \delta, q_0, F_+, F_-, F)$ ein ALTS mit zwei Zuständen $q, q' \in Q$, dann ist $e_1 \cdot \ldots \cdot e_n$ ein Pfad von q nach q', wenn Zustände $q_i \in Q$ mit $i = 1, \ldots, n+1$ existieren, so dass $\delta(q_i, e_i) = q_{i+1}$ für $i = 1, \ldots, n$, $q = q_1$, $q' = q_{n+1}$.*

5 Strukturelle Vervollständigung von Szenariospezifikationen

Wir nennen Pfade, die vom initialen Zustand zu einem Zustand q führen, analog zu Kapitel 2.6.1 die *Präfixe des Zustands* q und bezeichnen sie mit $Pr(q)$. Die Pfade, die einen Zustand maximal einmal kreuzen und dadurch keine Kreise enthalten, nennen wir Spuren.

Definition 5.9 (Spur). *Ein Pfad $e_1 \cdot \ldots \cdot e_n$ ist eine* Spur *von q nach q' über die Zustände q_i, wenn $q_i \neq q_j$ für alle $i \neq j, 1 \leq i, j \leq n$.*

Wir beschreiben die Zustände eines selektierten Paares über ihre Präfixe und konkatenieren jeweils Suffixe des anderen Zustands, um das abweichende Verhalten zwischen den Zuständen zu übertragen. Die Anzahl der Elementanfragen halten wir dabei so gering wie möglich, indem wir nur Präfix-Suffix-Kombinationen untersuchen, die nicht nur fehlendes Verhalten aufdecken, sondern vorrangig die strukturelle Vollständigkeit der Eingabespezifikation steigern. Wir verwenden aufbauend auf Kapitel 2.6.4 kürzeste Präfixe, die die Zustände des kanonischen Automaten des gesuchten Referenzverhaltens beschreiben.

Definition 5.10 (Kürzester Präfix eines Zustands). *Der kürzeste Präfix $sp(q)$ eines Zustands q ist die kleinste Spur nach lexikographischer Standardordnung vom initialen Zustand nach q.*

Beispiel 5.11. Sei $A_1 = A_0/_{1=4}$ das in Abbildung 5.6 dargestellte ALTS, welches durch die Vereinigung der Zustände 1 und 4 aus dem APTA der Erreichbarkeitsanalyse A_0 (s. Abbildung 5.5) gebildet wird und $A_{PSS'}$ der kanonische Automat der PSS'-Spezifikation (s. Abbildung 5.7).

Abb. 5.6: Das durch die Vereinigung der Zustände (4,1) entstehende ALTS A_1

In A_1 sind die Pfade von 0 nach 3 durch die Menge der Wörter **Gang D einlegen** · (**Lücke passieren** · **Lücke ausschließen**)* **Lücke passieren** · **Lücke vorschlagen** gegeben. Die einzige Spur von 0 nach 3 wird durch das Wort **Gang D einlegen** · **Lücke passieren** · **Lücke vorschlagen** beschrieben. Diese Spur entspricht dem kürzesten Präfix von 3 in A_1 und beschreibt eindeutig den entsprechenden Zustand 3 des kanonischen Automaten.

Die Suffixe eines Zustands sind die Pfade, die zu einem akzeptierenden oder verwerfenden Zustand führen. Sie können positiv oder negativ sein.

Definition 5.12 (Suffixe eines Zustands). *Die Menge $L(A)/q$ der Suffixe eines Zustands q eines ALTS $A = (Q, \Sigma, \delta, q_0, F_+, F_-, F)$ enthält alle Pfade von q zu einem finalen Zustand $q_f \in F_+$ oder $q_f \in F_-$. Die Pfade, die zu einem Zustand aus F_+/F_- führen sind die positiven/negativen Suffixe des Zustands. Bilden die Ereignisse $e_1 \cdot \ldots \cdot e_{n-1}$ eines Suffixes $e_1 \cdot \ldots \cdot e_n$ eine Spur nennen wir den Suffix elementaren Suffix.*

5.3 Interaktive Inferenz strukturell fehlenden Verhaltens

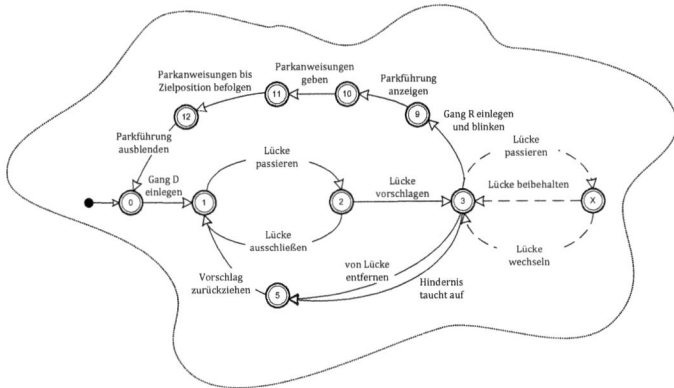

Abb. 5.7: Der kanonische Automat des Parksystems, eingeschränkt auf die PSS'-Spezifikation

Wir schränken die Suffixe eines Zustands auf *Szenario-Suffixe* ein, welche die Enden eines Szenarios beschreiben. Diese Suffixe werden von uns verwendet, um zum einen im Kontext der den Ingenieuren bekannten Eingabeszenarien verständliche Anfrage stellen zu können und zum anderen durch kurze Suffixe die Wahrscheinlichkeit zu erhöhen, gültiges Verhalten zu beschreiben.

Definition 5.13 (Szenario-Suffixe). *Ein positiver, elementarer Suffix $s \in L(A)/q$ eines Zustands q eines ALTS A ist ein Szenario-Suffix, wenn kein $s' \in L(A)/q, s' \neq \lambda$ existiert, so dass s' ein Präfix von s ist.*

Beispiel 5.14. Die Szenario-Suffixe des Zustands {1,4} in A_1 sind Lücke passieren · Lücke ausschließen und Lücke passieren · Lücke vorschlagen.

Zur Entdeckung fehlenden Verhaltens generiert das JigSCI-Verfahren für die selektierten Zustandspaare alle Elementanfragen, die durch die Verkettung des kürzesten Präfix eines der Zustände mit den Szenario-Suffixen des jeweils anderen Zustands entstehen (s. Operation `generateSPQueries` in Zeile 24 in Auflistung 5.2). Diese Elementanfragen werden *Kürzeste-Präfix-Anfragen* genannt.

Definition 5.15 (Kürzeste-Präfix-Anfragen). *Sei $V^{Ziel} = (V_+^{Ziel}, V_-^{Ziel})$ das Referenzverhalten, $A_0 = (Q, \Sigma, \delta, q_0, F_+, F_-, F)$ ein APTA, π eine Partition über Q und A_i ein ALTS mit $A_i = A_0/\pi$ sowie zwei Blöcken B_r und B_b. Seien $q_r \in B_r, q_b \in B_b$ die Repräsentantenzustände der Blöcke mit den kürzesten Präfixen in A_0, d.h. $\forall q \in B_r : sp(q) > sp(q_r)$ und $\forall q' \in B_b : sp(q') > sp(q_b)$. Seien weiterhin $s_b \in L(A_i)/B_b$ und $s_r \in L(A_i)/B_r$ Szenario-Suffixe der Blöcke in A_i. Eine Kürzeste-Präfix-Anfrage ist eine Elementanfrage der Form „$sp(q_r) \cdot s_b \in V_+^{Ziel}$?" oder „$sp(q_b) \cdot s_r \in V_+^{Ziel}$?".*

Die Kürzeste-Präfix-Anfragen setzen sich aus Präfixen, die wir auf Basis des APTA A_0 berechnen, und Szenario-Suffixen des Lösungstransitionssystems A_i zusammen. Das im APTA enthaltene Verhalten entspricht dem direkt aus der Eingabespezifikation ableitbaren Verhalten und wurde während der Erreichbarkeitsanalyse vollständig durch Elementanfragen verifiziert. Durch die Verwendung von Präfixen des APTA stellen wir daher sicher, dass der Präfixteil der Anfragen unabhängig von der Korrektheit des Lösungstransitionssystems gültig ist. Wir konkatenieren die

Präfixe mit den Szenario-Suffixen der aktuellen Lösung A_i und prüfen zunächst, ob das beschriebene Szenario eingeschränkt auf das erste Ereignis des Suffixes, welches wir den verkürzten Szenario-Suffix der Anfrage nennen, gültig ist. Durch dieses Vorgehen konstruieren wir über die kürzesten Präfixe Szenarien, die über die Zustände des kanonischen Automaten verlaufen und bilden durch das erste Ereignis der Suffixe Elemente des Kerns (vgl. Kapitel 2.6.1) des Referenzverhaltens ab. Da der Kern die Transitionen des kanonischen Automaten beschreibt, decken die verkürzten Anfragen daher gezielt strukturell fehlendes Verhalten der Szenariospezifikationen ab. Die Anfragen werden durch den Ingenieur mit Ja oder Nein beantwortet und im Falle einer positiven Antwort im vollen Umfang gestellt. Die positiv und negativ klassifizierten Szenarien werden der Szenariospezifikation hinzugefügt und die Spezifikation dadurch vervollständigt.

Beispiel 5.16. Betrachte das Zustandspaar ($B_b = \{3\}$, $B_r = \{1,4\}$) des ALTS A_1 im Kontext des zu vervollständigenden PSS'-Systems. Für dieses Zustandspaar erhalten wir die Kürzeste-Präfix-Anfragen aus Tabelle 5.4, deren Präfixe und Suffixe wir fortan zum Zweck der Kenntlichmachung durch das Symbol • konkatenieren.

JigSCI-Anfrage
1) Gang D einlegen · Lücke passieren · Lücke vorschlagen • Lücke passieren · Lücke vorschlagen $\in V_+^{Ziel}$?
2) Gang D einlegen · Lücke passieren · Lücke vorschlagen • Lücke passieren · Lücke ausschließen $\in V_+^{Ziel}$?
3) Gang D einlegen • Hindernis taucht auf · Vorschlag zurückziehen $\in V_+^{Ziel}$?
4) Gang D einlegen • Gang R einlegen und blinken · Parkführung anzeigen · Parkanweisungen geben · Parkanweisungen bis Zielposition befolgen · Parkführung ausblenden $\in V_+^{Ziel}$?
5) Gang D einlegen • von Lücke entfernen · Vorschlag zurückziehen $\in V_+^{Ziel}$?

Tabelle 5.4: Die Kürzeste-Präfix-Anfragen zum Zustandspaar (3,1) in A_1

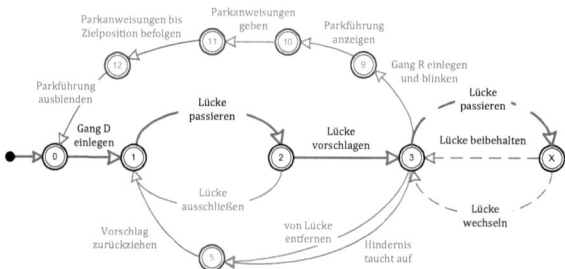

Abb. 5.8: Das durch die Anfragen aufdeckbare strukturell fehlende Verhalten des PSS'-Systems

Im APTA A_0 (s. Abbildung 5.5) besitzt der Zustand 1 mit Gang D einlegen einen kürzeren Präfix als der Zustand 4 und wird als Repräsentant des Blocks B_r gewählt. Die Präfixe der Anfragen sind somit durch die Worte Gang D einlegen und Gang D einlegen · Lücke passieren · Lücke vorschlagen gegeben und entsprechen den kürzesten Präfixen des Referenzverhaltens, die die Zustände 1 und 3 in $A_{PSS'}$ beschreiben. Die Kernelemente eingeschränkt auf diese beiden kürzesten Präfixe ergeben sich durch die Konkatenation mit einem anderen beliebigen Ereignis. Durch die Kombination der ersten beiden Anfragen, deren Szenarien wir im Folgenden *S11* und *S12* nennen, prüfen wir daher auf Basis der verkürzten Szenario-Suffixe das Kernelement Gang D einlegen · Lücke passieren · Lücke vorschlagen • Lücke passieren, welches nicht nur fehlendes sondern strukturell fehlendes Verhalten der Spezifikation beschreibt (s. Abbildung 5.8). Die vollständigen Kürzeste-Präfix-Anfragen werden im Anschluss gestellt und führen in unserem Beispiel zur Aufdeckung des verbleibenden strukturell fehlenden Verhaltens des PSS'-Systems.

5.3.3 Interaktionsintensivierung

Die Untersuchung aller Kürzeste-Präfix-Anfragen der selektierten Zustandspaare kann in großen Systemen und bei der Einstellung eines geringen EDSM-Minimalwerts zu einem hohen Interaktionsaufwand führen. Zum möglichst schnellen Ausschluss von Zustandspaaren, die nicht zu strukturell fehlendem Verhalten führen, erweitern wir den Blue-Fringe-Delta-EDSM-Algorithmus um eine Steuerung, die die Interaktion reguliert. Die Interaktionssteuerung beschränkt die generierten Kürzeste-Präfix-Anfragen bei Zustandspaare, bei denen kein fehlendes Verhalten gefunden wird, und intensiviert die Interaktion, sobald die Untersuchung zu strukturell fehlendem Verhalten führt, um die entdeckten Spezifikationslücken möglichst umfassend zu beleuchten.

Wir stellen die generierten Kürzeste-Präfix-Anfragen des vorangegangenen Abschnitts in einer beliebigen Reihenfolge, wobei die Anzahl der akzeptierten und verworfenen Elementanfragen (inklusive der Verkürzten-Szenario-Suffix-Anfragen) $|Q_+|$ bzw. $|Q_-|$ gezählt wird. Überschreitet die Anzahl der negativ klassifizierten Anfragen die Anzahl der übereinstimmenden Suffixe eines Zustandspaares (q_b, q_r) addiert mit der um einen Intensivierungsfaktor I erhöhten Anzahl der positiv klassifizierten Elementanfragen, wird die Interaktion zur Überprüfung eines selektierten Zustandspaar durch die Interaktionssteuerung abgebrochen. Die negativ klassifizierten Anfragen werden dadurch auf $|Q_-| \leq EDSMDeltaScore((q_b, q_r)) + I \cdot |Q_+|$ Anfragen in Abhängigkeit von der EDSM-Delta-Bewertung eines Zustandspaares, mit einem manuell festzulegenden Intensivierungsfaktor I, beschränkt.

Beispiel 5.17. Betrachte die Untersuchung der Zustandspaare $(9,\{1,4\})$ und $(3,\{1,4\})$ des ALTS A_1 in Abbildung 5.6 unter Verwendung des Intensivierungsfaktors $I = 2,5$. Die Anfragen des ersten Zustandspaares sind in Tabelle 5.5 zu finden.

JigSCI-Anfrage
Gang D einlegen · Lücke passieren · Lücke vorschlagen · Gang R einlegen und blinken • Lücke passieren · Lücke vorschlagen $\in V_+^{Ziel}$?
Gang D einlegen · Lücke passieren · Lücke vorschlagen · Gang R einlegen und blinken • Lücke passieren · Lücke ausschließen $\in V_+^{Ziel}$?
Gang D einlegen • Parkführung anzeigen · Parkanweisungen geben · Parkanweisungen bis Zielposition befolgen · Parkführung ausblenden $\in V_+^{Ziel}$?

Tabelle 5.5: Die Kürzeste-Präfix-Anfragen des Zustandspaares $(9,\{1,4\})$

Von den generierten Kürzeste-Präfix-Anfragen wird die oberste als erste gestellt, welche die Ingenieure zum Nachdenken anregt, ob das Parksystem einen Wechsel der Parklücke durchführen soll, wenn der Fahrer nach dem Vorschlag einer Parklücke rückwärts an dieser vorbeifährt und noch eine weitere geeignete Parklücke existiert. Die Anfrage wird jedoch verneint, da zusätzlich der Blinker gesetzt ist und zunächst durch das System die Parkführung begonnen werden muss. Da nun die Anzahl der negierten Anfragen die EDSM-Deltabewertung $EDSMDeltaScore((9,\{1,4\})) = 0$ des Paares überschreitet und kein fehlendes Verhalten entdeckt wurde, wird die Überprüfung abgebrochen. Die Anzahl der Anfragen wurde dadurch von drei auf eine reduziert, ohne dass das JigSCI-Verfahren durch die verbleibenden Anfragen fehlendes Verhalten auslässt.

Für das Zustandspaar (3,{1,4}) haben wir in Beispiel 5.16 das strukturell fehlende Verhalten des PSS-Systems gefunden. Ein heuristischer Hinweis auf dieses liegt allerdings nicht vor. Sei in diesem Beispiel die Reihenfolge der Anfragen 1), 3), 5), 2) und 4). Mit der ersten Kürzeste-Präfix-Anfrage entdecken wir die fehlende Reaktion auf das mehrmalige Passieren geeigneter Parklücken. Die Anfrage wird bejaht und die Interaktion aufgrund der gefundenen Spezifikationslücke intensiviert. Die Anfragegrenze steigt von 0 auf $2,5 < 3$ und führt dazu, dass nach den Anfragen 3) und 5), die verneint werden, das letzte strukturell fehlende Verhalten erfolgreich durch das JigSCI-Verfahren mit der Anfrage 2) aufgedeckt wird. Dies erhöht die Grenze auf 5 und bedingt die Untersuchung des letzten Suffixes der Spezifikationslücke durch die Anfrage 4).

Durch die Interaktionssteuerung reduzieren wir die Anzahl der Anfragen auf Basis der vorliegenden heuristischen Evidenz und intensivieren die Untersuchung der Zustandspaare, sobald strukturell fehlendes Verhalten erfolgreich gefunden wird. Zustandspaare, die zu keinem fehlenden Verhalten führen, werden dadurch zügig verworfen, während entdeckte Spezifikationslücken durch das JigSCI-Verfahren umfangreich beleuchtet werden.

5.3.4 Effizienzsteigerung durch Priorisierung

Das Beispiel 5.17 zeigt in der Untersuchung des zweiten Paares, dass zum einen Zustände mit einer EDSM-Delta-Bewertung kleiner einem gesteigerten EDSM-Minimalwert $\alpha > 0$ zur Aufdeckung strukturell fehlenden Verhaltens nutzbar sind und zum anderen, dass die Reihenfolge der Kürzeste-Präfix-Anfragen einen großen Einfluss auf die Untersuchung hat. Da dem Verfahren aufgrund der geringen Voraussetzungen, die wir an Szenariospezifikationen gestellt haben, keine semantischen Informationen zur Verbesserung der Auswahl der Anfragen zur Verfügung steht, ist weder eine bevorzugte Berücksichtigung von Zuständen noch eine Gewichtung der Anfragen möglich. Zur Steigerung der Interaktionseffizienz schlagen wir daher eine Priorisierung von Szenarien durch die Anwender des Verfahrens vor. Durch eine Priorisierungsfunktion erhalten Ingenieure die Möglichkeit, sicherheitskritisches Verhalten eines Systems (im Falle des Parkassistenten z.B. das Auftauchen von Fußgängern während eines Einparkvorgangs) oder Verhalten, bei dem Ingenieure ein unsicheres Gefühl bezüglich der Vollständigkeit haben (z.B. bei neuen Funktionalitäten, die in vielen Situation auftreten können und bei denen die Beurteilung aller Möglichkeiten komplex ist) zu kennzeichnen. Wir konzentrieren die Suche nach strukturell fehlendem Verhalten auf priorisierte Zustandspaare und verbessern die Reihenfolge der Kürzeste-Präfix-Anfragen auf Basis der angegebenen Prioritäten.

Wir erweitern die Eingabe des JigSCI-Verfahrens und geben Ingenieuren durch die Angabe optionaler Prioritäten und einer zu konfigurierenden Prioritätsgrenze P (engl. priority threshold) die Möglichkeit, die Untersuchung des Verfahrens zu steuern. Zur Priorisierung von Szenarien erweitern wir die Funktionsstrukturen um eine Priorisierungsfunktion p, die insbesondere Szenarien und Ereignisse gewichtet.

Definition 5.18 (Priorisierte Funktionsstruktur). *Eine priorisierte Funktionsstruktur ist ein Tupel $PFS = (F_+, F_-, B, E, T, p)$ mit dem Ereignisalphabet $\Sigma = B \cup E \cup T$ bestehend aus einer erweiterten Funktionsstruktur (F_+, F_-, B, E, T) und einer Priorisierungsfunktion $p : \Sigma^* \to \mathbb{N}$, die Ereignisse aus Σ und Ereignisfolgen aus F_+ auf natürliche Zahlen abbildet.*

Die linearisierte Form einer priorisierten Funktionsstruktur ist eine priorisierte Szenariospezifikation, die die Priorisierungsfunktion der Funktionsstruktur übernimmt.

5.3 Interaktive Inferenz strukturell fehlenden Verhaltens   79

Definition 5.19 (Priorisierte Szenariospezifikation). *Sei $PFS = (F_+, F_-, B, E, T, p)$ eine Funktionsstruktur $FS = (F_+, F_-, B, E, T)$ mit der Priorisierungsfunktion p. Die priorisierte Szenariospezifikation $PS = (S_+, S_-, p)$ von PFS ist die linearisierte Szenariospezifikation $S = (S_+, S_-)$ von FS, die durch p priorisiert wird.*

Beispiel 5.20. Die Ingenieure des Parkassistenzsystems möchten in der Konstruktion des Systems sicherstellen, dass auftauchende Fußgänger und das Passieren von Parklücken in jeder Situation bedacht werden. Sie priorisieren die Funktionsstruktur $FS_{PSS'} = (F_+, F_-, B, E, T)$ durch eine Funktion $p_{PSS'}$, die der Fahrzeugfunktion *F3* eine Priorität von eins und dem Ereignis **Lücke passieren** eine Priorität von zwei zuweist. Wir erhalten die priorisierte Funktionsstruktur $PFS_{PSS'} = (F_+, F_-, B, E, T, p_{PSS'})$ mit $p_{PSS'} : \Sigma^* \to \mathbb{N}$, $p_{PSS'}(\text{Lücke passieren}) \mapsto 2$, $p_{PSS'}(\text{Hindernis taucht auf} \cdot \text{Vorschlag zurückziehen}) \mapsto 1$ und $p_{PSS'}(\sigma) \mapsto 0$ für alle anderen $\sigma \in \Sigma^*$. Die priorisierte Szenariospezifikation dieser Funktionsstruktur ist $PS_{PSS'} = (S_+, S_-, p_{PSS'})$, die die Szenarien der Szenariospezifikation $S_{PSS'} = (S_+, S_-)$ enthält.

Während des Aufbaus des APTA in Abschnitt 5.2 werden die Prioritäten der Szenariospezifikation zunächst durch die Operation *appendBehavior* von der Eingabespezifikation auf die Transitionen des Lösungstransitionssystems übertragen. Die *Priorität eines Zustands* ist dann die maximale Priorität der Szenarien, die über den Zustand verlaufen oder die maximale Priorität der angrenzenden Transitionsereignisse.

Definition 5.21 (Priorität eines Zustands). *Sei $SSpec_I = (S_+, S_-, p)$ eine priorisierte Eingabespezifikation und $S_q = \{s \in S_+ \mid \exists x \in \Sigma^* : x \cdot s \in \| S_+ \| \wedge \exists v, w \in \Sigma^* : s = v \cdot w, \hat{\delta}(q_0, x \cdot v) = q, \hat{\delta}(q, w) \neq \varnothing\}$ die Menge der positiven Szenarien, die nach der Erreichbarkeitsanalyse in ihrer Normalform $\| S_+ \|$ über einen Zustand $q \in Q$ des Lösungs-ALTS A_0 des JigSCI-Verfahrens verlaufen. Die Priorät $p : Q \to \mathbb{N}$ des Zustands q ist die maximale Priorität der Szenarien aus S_q oder der an den Zustand angrenzenden Transitionsereignissen:*
$p(q) := max(\{p(s) \mid s \in S_q\} \cup \{p(e) \mid e \in \Sigma \wedge \exists q' \in Q : \delta(q', e) = q \vee \delta(q, e) = q'\}$.

Die Prioritäten der Zustände werden während der Generalisierung beibehalten, so dass die Priorität $p(B) := max\{p(q) \mid q \in B\}$ eines Blocks $B \in \pi$ einer Lösung $A_i = A_0/\pi$ mit einer Zustandspartition π die maximale Priorität der Zustände des Blocks ist. Wir definieren die Priorität eines Zustandspaares (q_b, q_r) durch das Maximum der Prioritäten seiner Zustände $p(q_b, q_r) := max(p(q_b), p(q_r))$.

Beispiel 5.22. Die Prioritäten der Funktion $p_{PSS'}$ aus Beispiel 5.20 werden durch die Erreichbarkeitsanalyse auf das ALTS A_0 übertragen, so dass die Prioritäten der Zustände $p(1) = p(2) = 2$, $p(3) = p(7) = p(8) = 1$ und $p(q) = 0$ für $q \in Q \backslash \{1, 2, 3, 7, 8\}$ sind. Nach der Vereinigung des Zustandspaares (**4,1**) ist die Priorität des resultierenden Zustands im ALTS $A_1 = A_0/_{1=4}$ durch $p(\{1,4\}) = 2$ gegeben (s. Abbildung 5.9). Die Priorität des Zustandspaares $(3, \{1,4\})$ ist in diesem ALTS $p(3, \{1,4\}) = 2$.

Um während des Induktionsprozesses des Blue-Fringe-EDSM-Algorithmus insbesondere priorisierte Zustände auf fehlendes Verhalten zu untersuchen, ergänzen wir die eingeführte `selectStatePair`-Funktion des JigSCI-Verfahrens um die Berücksichtigung von Prioritäten (s. Appendix A.3). Unter Berücksichtigung der Priorisierung werden Zustandspaare in der erweiterten Operation ausgewählt, wenn deren EDSM-Deltabewertung die Selektion auf Basis der Ähnlichkeit der Zustände rechtfertigt oder wenn die Priorität größer oder gleich der von den Ingenieuren konfigurierte Prioritätsgrenze P ist. Die ergänzte zweite Bedingung führt dazu, dass bei einem EDSM-Minimalwert von

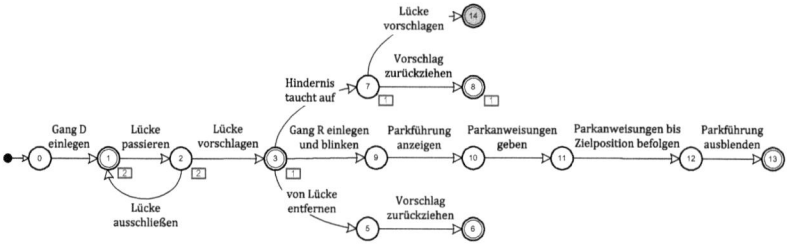

Abb. 5.9: Das priorisierte ALTS A_1

$\alpha > 0$ priorisierte Zustände auch dann selektiert werden, wenn eine geringere Deltabewertung vorliegt. Zustandspaare, die einen Zustand mit einer Priorität über der Prioritätsgrenze besitzen, werden daher durch das Scenario Puzzling so behandelt, als ob ihre EDSM-Deltabewertung über dem Minimalwert liegt und werden stets selektiert. Zusätzlich dazu dient uns die Priorität als Tie-Breaker, um die Reihenfolge gleichbewerteter Zustandspaare zu bestimmen.

Beispiel 5.23. Betrachte die Zustandspaare (11,3) und (3,{1,4}) des ALTS A_1 unter der Voraussetzung, dass der EDSM-Minimalwert $\alpha = 1$ und die Prioritätsgrenze $P = 2$ ist. Beide Zustandspaare besitzen einen EDSM-Deltawert von $0 < \alpha$ und würden ohne Priorisierung durch das Scenario Puzzling nicht untersucht. Wir priorisieren die Eingabe des Verfahrens analog zu Beispiel 5.20. Die Priorität des Zustandspaares (3,{1,4}) ist dann $p((3,\{1,4\})) = 2$, während das Paar (11,3) eine Priorität von $p((11,3)) = 1$ besitzt. Da $EDSMDeltaScore((11,3)) < \alpha$ und $p((11,3)) < P$ wird das Paar (11,3) durch das Scenario Puzzling verworfen, während das Zustandspaar (3,{1,4}) trotz der zu geringen EDSM-Deltabewertung aufgrund seiner hohen Priorität von $2 \geq P$ selektiert wird.

Neben dieser Erweiterung der Auswahl der zu untersuchenden Zustände verwenden wir die Prioritätsfunktion, um unter den generierten Kürzeste-Präfix-Anfragen die wichtigsten zuerst zu stellen und dadurch im besonderen Maße von der Interaktionsintensivierung des Scenario Puzzlings zu profitieren. Wir verwenden hierfür die folgende Metrik, mit der die Interaktion des JigSCI-Verfahrens auf priorisierte Ereignisse und Szenarien konzentriert wird.

Definition 5.24 (Priorität einer Kürzeste-Präfix-Anfrage). *Sei $A = (\Sigma, \delta, q_0, F_+, F_-, F)$ ein ALTS und $x \bullet s_1 \cdot \ldots \cdot s_n$ ein Szenario einer Kürzeste-Präfix-Anfrage mit dem Präfix $x \in \Sigma^*$ und $s_j \in \Sigma$ für alle $j = 1, \ldots, n$. Dann ist die Priorität der Anfrage:*

$$p(\text{„}x \bullet s_1 \cdot \ldots \cdot s_n \in V_+^{Ziel}?\text{"}) = \sum_{j=1}^{n} \frac{max\{p(s_i \ldots s_j \ldots s_k) \mid 1 \leq i, k \leq n, i \leq j \leq k\}}{j}.$$

Für ein Zustandspaar (q_b, q_r) wird auf Basis dieser Metrik die Priorität der Anfragen bestimmt. Sie ergibt sich aus der Summe der maximalen Prioritäten der Ereignisse des Suffixes gewichtet nach den Indizes der Ereignisse, welche deren Entfernung zum vereinigten Zustandspaar auf dem Pfad des Suffixes entspricht. Zur Überprüfung des Paares sortieren wir die generierten Anfragen nach ihrer Priorität und stellen die jeweils am höchsten priorisierte Anfrage oder, wenn keine existiert, eine beliebige der am höchsten priorisierten Anfragen zuerst (s. Operation `sortByPriority` in Zeile 27 in Auflistung 5.2)

Beispiel 5.25. Die Kürzeste-Präfix-Anfragen des Zustandspaares (3,{1,4}) im ALTS A_1 werden ohne Priorisierung in einer beliebigen Reihenfolge gestellt. Wäre in Beispiel 5.16 die Reihenfolge 5), 4), 3), 2), 1) gewesen, würde die erste Anfrage durch den Ingenieur verneint und die Untersuchung des Paares aufgrund der niedrigen EDSM-Deltabewertung $EDSMDeltaScore((3,\{1,4\})) < |Q_-|$ durch das Scenario Puzzling abgebrochen werden, ohne dass das strukturell fehlende Verhalten des Parksystems gefunden wird. Auf Basis der Priorisierungsfunktion $p_{PSS'}$ erhalten wir die Anfrageprioritäten aus Tabelle 5.6, welche sich aus den Prioritäten der Suffixereignisse ergeben.

JigSCI-Anfrage	p
Gang D einlegen · Lücke passieren · Lücke vorschlagen • Lücke passieren · Lücke vorschlagen $\in V_+^{Ziel}$?	2
Gang D einlegen · Lücke passieren · Lücke vorschlagen • Lücke passieren · Lücke ausschließen $\in V_+^{Ziel}$?	2
Gang D einlegen • Hindernis taucht auf · Vorschlag zurückziehen $\in V_+^{Ziel}$?	1,5
Gang D einlegen • von Lücke entfernen · Vorschlag zurückziehen $\in V_+^{Ziel}$?	0
Gang D einlegen • Gang R einlegen und blinken · Parkführung anzeigen · Parkanweisungen geben · Parkanweisungen bis Zielposition befolgen · Parkführung ausblenden $\in V_+^{Ziel}$?	0

Tabelle 5.6: Die feste Reihenfolge der Kürzeste-Präfix-Anfragen auf Basis der Priorität

Die Suffixe der ersten beiden Anfragen enthalten das priorisierte Ereignis Lücke passieren an erster Stelle. Die Anfragen werden daher mit p(„Lücke passieren")/1 + 0/2 = 2 bewertet. Im Suffix der dritten Anfrage ist weiterhin jeweils das erste und das zweite Ereignis mit dem Wert 1 priorisiert, da beide Ereignisse die priorisierte Ereignisfolge „Hindernis taucht auf · Vorschlag zurückziehen" ergeben. Die Anfrage wird daher mit p(„Hindernis taucht auf · Vorschlag zurückziehen")/1 + p(„Hindernis taucht auf · Vorschlag zurückziehen")/2 = 1,5 bewertet. Die verbleibenden Anfragen enthalten keine priorisierten Ereignisse in ihren Suffixen und werden daher mit dem Wert 0 versehen.

Das Scenario Puzzling sortiert die Anfragen, so dass diese in fester Reihenfolge von oben nach unten gestellt werden. Die beiden ersten Anfragen führen zu einer Aufdeckung des strukturell fehlenden Verhaltens, ohne auf eine zufällige Reihenfolge zu vertrauen.

5.3.5 Gezielte Übergeneralisierung der Lösung

Im Gegensatz zu einem Synthesealgorithmus ist das Ziel des Scenario Puzzlings, fehlendes Verhalten in Szenariospezifikationen zu finden. Die Korrektheit des aus dem APTA gewonnenen Transitionssystems nimmt eine untergeordnete Stellung ein. Wir stellen das in der Untersuchung von Zustandspaaren gefundene strukturell fehlende Verhalten im Lösungs-ALTS dar, indem wir die Zustände vereinen. Für ein Zustandspaar (q_b, q_r), das zu mindestens einer bestätigten oder keiner negierten Kürzeste-Präfix-Anfrage führt, führen wir die aus Kapitel 2.6.1 bekannte Vereinigungsoperation `merge($q_b, q_r$)` durch. Die Zustände erhalten durch die Vereinigung die Transitionen des jeweils anderen Zustands, so dass das aufgedeckte strukturell fehlende Verhalten in den folgenden Generierungen von Kürzeste-Präfix-Anfragen berücksichtigt wird. Sind die vereinigten Zustände nicht äquivalent, übergeneralisieren wir dadurch zwar gezielt das interne Transitionssystem, um das identifizierte Verhalten in den Induktionsprozess einfließen zu lassen. Auf Basis der Interaktion werden die ergänzten Szenarien aber überprüft und die Korrektheit der Ausgabespezifikation sichergestellt. Zustände, die durch die Interaktion keinen Hinweis auf gemeinsame fehlende Suffixe liefern, werden nicht vereinigt und für die spätere Auswahl von Zustandspaaren verworfen.

Beispiel 5.26. Betrachte das ALTS A_1, indem wir durch die Kürzeste-Präfix-Anfragen aus Beispiel 5.25 das strukturell fehlende Verhalten der PSS'-Spezifikation gefunden haben. Wir vereinen aufgrund der positiv beantworten Anfragen das Zustandspaar (3,{1,4}) durch die merge-Operation und erhalten das ALTS A_2 aus Abbildung 5.10. Das ALTS stellt die Funktionalität des mehrmaligen Passierens einer Parklücke durch den Zyklus der Zustände {1,3,4} und 2 dar. Werden die Zustände in folgenden Untersuchungen überprüft, entstehen durch die hinzugekommenen Suffixe neue Kürzeste-Präfix-Anfragen, die dann das strukturell fehlende Verhalten repräsentieren. Durch diese Darstellung ist das ALTS dann zwar übergeneralisiert, da es zum Beispiel das Verhalten Gang D einlegen · Lücke passieren · Lücke ausschließen · Hindernis taucht auf · Vorschlag zurückziehen $\in V_-^{Ziel}$ akzeptiert. Die Szenariospezifikation ist aber trotzdem zu jedem Zeitpunkt korrekt, da ihr nur die durch die Ingenieure bestätigten Szenarien „Gang D einlegen · Lücke passieren · Lücke vorschlagen • Lücke passieren · Lücke vorschlagen" und „Gang D einlegen · Lücke passieren · Lücke vorschlagen • Lücke passieren · Lücke ausschließen" hinzugefügt werden.

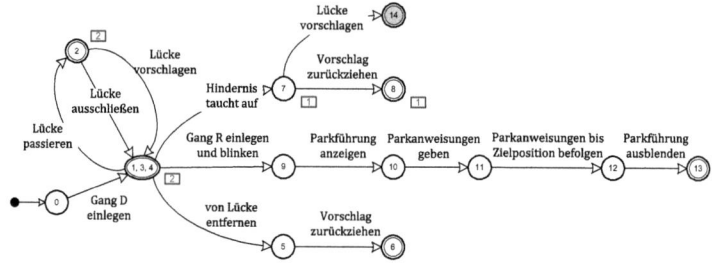

Abb. 5.10: Die übergeneralisierte Lösung A_2, welche das strukturell fehlende Verhalten umfasst

5.3.6 Anfragecaching

Zur weiteren Reduktion der zu stellenden Anfragen verwenden wir als letzte mit dem Scenario Puzzling eingeführte Erweiterung einen Anfragespeicher. Dieser wird in der Erreichbarkeitsanalyse und dem darauffolgenden Blue-Fringe-Delta-EDSM-Algorithmus in das Orakel *oracle* integriert. Damit prüfen wir, ob das aktuelle Lösungstransitionssystem das Szenario einer Elementanfrage bereits akzeptiert oder verwirft sowie ob die Elementanfrage einen Präfix eines positiven Szenarios der Lösungsspezifikation $\| SSpec_I \|_{SV}$ oder ein Suffix eines negativen Szenarios beschreibt. Ist dies der Fall, beantwortet das Orakel die Anfrage automatisch durch das ermittelte Ergebnis. Nur die Elementanfragen, die nicht durch das Lösungstransitionssystem oder die Lösungsspezifikation beantwortet werden können, werden durch das Orakel an den Ingenieur gestellt.

5.4 Ergebnis des Scenario Puzzlings

In Kapitel 2.6.5 haben wir vier Herausforderungen des Blue-Fringe-EDSM-Algorithmus bezüglich der interaktiven Vervollständigung von Szenariospezifikationen auf Basis des QSM-Algorithmus erarbeitet. Die erste Herausforderung eingeschränkt auf die strukturelle Vervollständigung war, dass der Blue-Fringe-EDSM-Algorithmus eine normalisierte Szenariospezifikation als Eingabe benötigt, so dass die Voraussetzungen zum Einsatz des Algorithmus gegeben sind. Diese Herausforderung haben wir durch die Erreichbarkeitsanalyse aus Abschnitt 5.2 gelöst, die zum einen durch Präfixanfragen strukturell fehlendes Verhalten findet und zum anderen auf Basis der interaktiven

Komposition eine normalisierte Szenariospezifikation produziert, welche wir als Eingabe für den Blue-Fringe-EDSM-Algorithmus nutzen. Die zweite Herausforderung war, dass der Blue-Fringe-EDSM-Algorithmus auf die Komposition eines Automaten konzentriert ist und dadurch, wie wir am QSM-Algorithmus erkannt haben, keine triviale Möglichkeit zur Suche nach strukturell fehlendem Verhalten gegeben ist. Durch die Verwendung der EDSM-Deltabewertung, der Kürzeste-Präfix-Anfragen, der Interaktionsintensivierung, der Priorisierung und der gezielten Übergeneralisierung haben wir mit dem Scenario Puzzling für diese Herausforderung eine Lösung erarbeitet, die die strukturelle Vollständigkeit mit einem angemessenen Interaktionsaufwand qualitativ verbessert, wie wir in den empirischen Experimenten dieser Arbeit zeigen werden.

Interaktionsaufwand

Da die Selektion von Zustandspaaren und die Berechnung der Kürzeste-Präfix-Anfragen nach empirischen Untersuchungen einen sehr geringen Bruchteil der Zeit des JigSCI-Verfahrens im Vergleich zur Interaktion einnimmt, wurde dem Berechnungsaufwand eine untergeordnete Rolle zugewiesen. Der im Vordergrund stehende Interaktionsaufwand ergibt sich für das Scenario Puzzling aus dem Aufwand der Erreichbarkeitsanalyse und der Interaktion des modifizierten Blue-Fringe-Delta-EDSM-Algorithmus. Der maximale APTA der Erreichbarkeitsanalyse hat $|E| - 1$ Zustände, mit $|E|$ der Anzahl der Ereignisse der positiven Szenarien S_+ einer Eingabeszenariospezifikation, wodurch der Blue-Fringe-Delta-EDSM-Algorithmus bis zu $\frac{(|E|-1) \cdot |E|}{2}$ Zustandspaare bei einem EDSM-Minimalwert von $\alpha = 0$ selektiert. Wir schätzen die Interaktion zu einem Zustandspaar durch die maximale Anzahl möglicher Suffixe ab, die aufgrund der Verwendung verkürzter Szenario-Suffixe $|S_+|$ beträgt. Der Interaktionsaufwand des Scenario Puzzlings ist somit durch $\mathcal{O}(|S_+|) = |E| + 4 \cdot |S_+| + \frac{(|E|-1) \cdot (|E|)}{2} \cdot |S_+|$ beschränkt. Dieser Aufwand ist durch die verwendete Erreichbarkeitsanalyse im Maximum höher als der des QSM-Algorithmus, wird aber durch die Konfiguration von EDSM-Minimalwerten und Prioritäten im Mittel reduziert.

Strukturelle Vervollständigung des Parkassistenzsystems

Zur Veranschaulichung des Scenario Puzzling führen wir den modifizierten Blue-Fringe-EDSM-Algorithmus auf der im vorangegangenen Abschnitt 5.2 vervollständigten Szenariospezifikation $\| S_{PSS'} \|$ der Erreichbarkeitsanalyse durch. Sei der EDSM-Minimalwert $\alpha = 1$, die Priorisierungsfunktion durch $p_{PSS'}$ in Beispiel 5.20 gegeben und die Prioritätsgrenze $P = 2$. Der Algorithmus rekonstruiert den APTA A_0 der Erreichbarkeitsanalyse in seinem ersten Schritt, indem er über die Operation *appendBehavior* die Szenarien aus $\| S_{PSS'} \|$ an den initialen Zustand eines ALTS anhängt. Wir erhalten das in Abbildung 5.11 dargestellte Lösungstransitionssystem mit dem roten Zustand 0 und dem blauen Zustand 1.

Abb. 5.11: Der aus der normalisierten Szenariospezifikation eindeutig ableitbare APTA A_0

5 Strukturelle Vervollständigung von Szenariospezifikationen

(q_b, q_r)	Anfrage	Antwort
(1,0)	Lücke passieren $\in V_+^{Ziel}$?	Nein
(2,0)	Gang D einlegen · Lücke passieren • Gang D einlegen $\in V_+^{Ziel}$?	Nein
(2,1)	Gang D einlegen · Lücke passieren • Lücke passieren $\in V_+^{Ziel}$?	Nein

Tabelle 5.7: Die für die Zustandspaare (1,0), (2,0) und (2,1) gestellten Anfragen

Anfrage	p
Lücke passieren · Lücke vorschlagen $\in V_+^{Ziel}$?	2
Lücke passieren · Lücke ausschließen $\in V_+^{Ziel}$?	2
Gang D einlegen • Gang D einlegen · Lücke passieren · Lücke vorschlagen $\in V_+^{Ziel}$?	1
Gang D einlegen • Gang D einlegen · Lücke passieren · Lücke ausschließen $\in V_+^{Ziel}$?	1

Tabelle 5.8: Die für das Zustandspaar (1,0) generierten Kürzeste-Präfix-Anfragen

Die Prioritäten der Zustände 1 und 2 erfüllen mit $p(1) = p(2) = 2$ die Prioritätsgrenze $P = 2$, wodurch der Algorithmus die Paare (1,0), (2,0) und (2,1) trotz eines nicht erhöhten EDSM-Deltawerts als erste Zustandspaare selektiert. Der Algorithmus bildet zunächst aus der blauen und der roten Menge das Zustandspaar (1,0). Da die Priorität $p((1,0)) = 2$ die Prioritätsgrenze erfüllt, wird das Paar selektiert und die Kürzeste-Präfix-Anfragen aus Tabelle 5.8 werden erzeugt. Die Reihenfolge der Anfragen wird auf Basis der Prioritätsmetrik p des JigSCI-Verfahrens festgelegt. Mit der Priorität von 2 wird die erste der vier Anfragen ausgewählt und mit ihrem verkürzten Suffix Lücke passieren gestellt. Die Anfrage wird vom Ingenieur verneint (s. Tabelle 5.7), da Parklücken durch das System nur in Vorwärtsfahrt vermessen werden sollen. Die Anzahl der negierten Anfragen $|Q|$ überschreitet dann mit $|Q_-| = 1 > 0 = EDSMDeltaScore((1,0))$ bereits die EDSM-Deltabewertung, so dass die Überprüfung des Paares abgebrochen und der Zustand 1 befördert wird. Analog zu diesem Beispiel werden die Paare (2,0) bzw. (2,1) durch die zweite und dritte Anfrage der Tabelle 5.7 verworfen und führen zur Beförderung des Zustands 2.

Als nächstes wird das Zustandspaar (3,1) selektiert. Die generierten Kürzeste-Präfix-Anfragen entsprechen den Anfragen aus Tabelle 5.6 aus Beispiel 5.25. Die Anfragen werden durch das JigSCI-Verfahren priorisiert und in der Reihenfolge ihrer Wichtigkeit behandelt. Zunächst werden die Anfragen mit verkürztem Szenario-Suffix gestellt und bei positiver Beantwortung auf den vollen Szenario-Suffix erweitert. Die erste Kürzeste-Präfix-Anfrage führt dabei zu den beiden ersten Anfragen aus Tabelle 5.9, die das mehrmalige Passieren von Parklücken behandeln und daher bejaht werden.

Anfrage	p	Antwort
Gang D einlegen · Lücke passieren · Lücke vorschlagen • Lücke passieren $\in V_+^{Ziel}$?	2	Ja
Gang D einlegen · Lücke passieren · Lücke vorschlagen • Lücke passieren · Lücke vorschlagen $\in V_+^{Ziel}$?	2	Ja
Gang D einlegen · Lücke passieren · Lücke vorschlagen • Lücke passieren · Lücke ausschließen $\in V_+^{Ziel}$?	2	Ja
Gang D einlegen • Hindernis taucht auf $\in V_+^{Ziel}$?	1,5	Nein
Gang D einlegen • von Lücke entfernen $\in V_+^{Ziel}$?	0	Nein
Gang D einlegen • Gang R einlegen und blinken $\in V_+^{Ziel}$?	0	Nein

Tabelle 5.9: Die zur Überprüfung des Zustandspaares (3,1) gestellten Anfragen mit den Prioritäten ihrer Kürzeste-Präfix-Anfragen

Durch die gebildete Reihenfolge sowie durch die Interaktionsintensivierung des JigSCI-Verfahrens führen diese und die darauffolgende Anfrage daher zur erfolgreichen Aufdeckung der strukturell

5.4 Ergebnis des Scenario Puzzlings

fehlenden Szenarien *S11* und *S12*. Die beiden Szenarien werden in der Lösungsszenariospezifikation ergänzt und durch die Vereinigung der Zustände im Lösungstransitionssystem ALTS $A_1 = A_0/_{3=1}$ abgebildet (s. Abbildung 5.12).

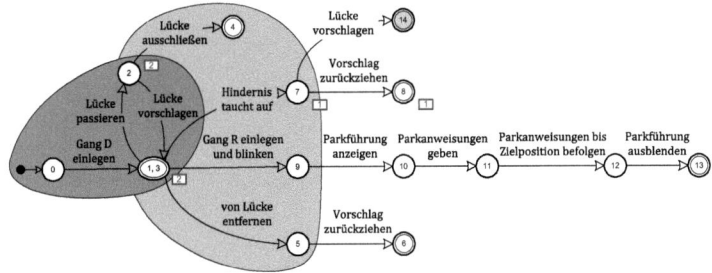

Abb. 5.12: Das übergeneralisierte ALTS A_1 nach der Aufdeckung des fehlenden Verhaltens

Im Anschluss ist das ALTS nach der Vereinigung des Zustandspaares zwar übergeneralisiert, da es das Szenario „Gang D einlegen · Gang R einlegen und blinken · Parkführung anzeigen" akzeptiert. Im Gegenzug erhält der Zustand {1,3} in A_1 jedoch sowohl die Eigenschaft des Zustands 3, aus F_+ zu sein, als auch die Suffixe des Zustands 1. Da {1,3} nun akzeptierend ist, wird das Paar (4,{1,3}) auf Basis der gesteigerten Bewertung $EDSMDeltaScore((4,\{1,3\})) = 1$ als nächstes selektiert. Die auf den Zustand {1,3} übertragenen Suffixe führen dann zu den Kürzeste-Präfix-Anfragen aus Tabelle 5.10, welche mit den ersten beiden Anfragen das mehrmalige Passieren ungeeigneter Parklücken behandeln. Die Anfragen werden durch den Ingenieur beantwortet und führen zur erfolgreichen Aufdeckung des fehlenden Verhaltens. Die Szenarien der Anfragen werden der Szenariospezifikation hinzugefügt und die Zustände in $A_2 = A_2/_{4=\{1,3\}}$ vereinigt (s. Abbildung 5.13).

Anfrage	p	Antwort
Gang D einlegen · Lücke passieren · Lücke ausschließen • Lücke passieren $\in V_+^{Ziel}$?	2	Ja
Gang D einlegen · Lücke passieren · Lücke ausschließen • Lücke passieren · Lücke ausschließen $\in V_+^{Ziel}$?	2	Ja
Gang D einlegen · Lücke passieren · Lücke ausschließen • Lücke passieren · Lücke vorschlagen $\in V_+^{Ziel}$?	2	Ja
Gang D einlegen · Lücke passieren · Lücke ausschließen • Hindernis taucht auf $\in V_+^{Ziel}$?	1,5	Nein
Gang D einlegen · Lücke passieren · Lücke ausschließen • von Lücke entfernen $\in V_+^{Ziel}$?	0	Nein
Gang D einlegen · Lücke passieren · Lücke ausschließen • Gang R einlegen und blinken · $\in V_+^{Ziel}$?	0	Nein

Tabelle 5.10: Die für das Zustandspaar (4,{1,3}) gestellten Anfragen

(q_b, q_r)	Anfrage	Antwort
(5,1)	Gang D einlegen · Lücke passieren · Lücke vorschlagen · von Lücke entfernen • Lücke passieren $\in V_+^{Ziel}$?	Nein
(5,2)	Gang D einlegen · Lücke passieren · Lücke vorschlagen · von Lücke entfernen • Lücke ausschließen $\in V_+^{Ziel}$?	Nein

Tabelle 5.11: Die Anfragen der Zustandspaare (5,1) und (5,2)

86   5 Strukturelle Vervollständigung von Szenariospezifikationen

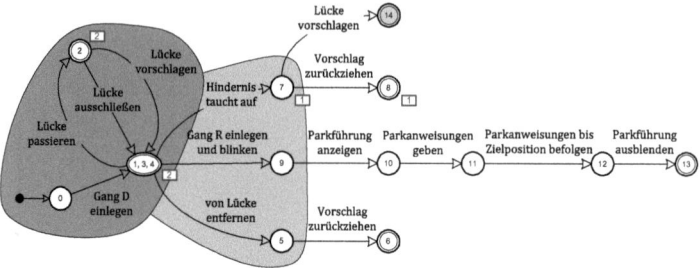

Abb. 5.13: Das nach der Vereinigung der Zustände 4 und {1,3} konstruierte ALTS A_2

Die Zusammenfassung der Zustände verdeutlicht den streng monotonen Anstieg der EDSM-Heuristik. In dem resultierenden ALTS A_2 enden nun die Szenarien *S1* und *S2* im akzeptierenden Zustand {1,3,4}, wodurch die Heuristik durch die Vereinigung für jedes Zustandspaar um eins steigt. Die EDSM-Deltabewertung verändert sich wie in Abschnitt 5.3.1 erläutert jedoch nicht und ist für die Zustandspaare des Transitionssystems kleiner als der EDSM-Minimalwert. Es werden daher lediglich die Zustandspaare (5,1) und (5,2) aufgrund der Priorisierung selektiert und durch die Kürzeste-Präfix-Anfragen in Tabelle 5.11 überprüft. Diese werden verneint und der Zustand 5 anschließend befördert.

Da die Zustände 7 und 5 im nächsten Schritt den gleichen Suffix Vorschlag zurückziehen besitzen, wird das Zustandspaar (7,5) auf Basis der erhöhten Bewertung von $EDSMDeltaScore((7,5)) = 1 > \alpha$ ausgewählt. Die Suffixe der beiden Zustände unterscheiden sich allerdings nicht, so dass die zu dem Paar generierten Kürzeste-Präfix-Anfragen durch den Anfragespeicher des Verfahrens automatisch mit Ja beantwortet werden. Die beiden äquivalenten Zustände werden daraufhin vereint und der Zustandsraum des ALTS $A_3 = A_2/_{5=7}$ ohne unnötige Interaktion reduziert (s. Abbildung 5.14).

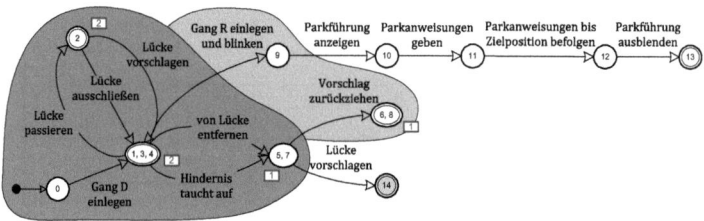

Abb. 5.14: Das Lösungstransitionssystem A_3

Die Blöcke des Lösungstransitionssystems beschreiben wir fortan kurz durch die Angabe des am kleinsten nummerierten Repräsentantenzustands. Das Zustandspaar (6,1) wird anschließend selektiert und durch die Kürzeste-Präfix-Anfragen aus Tabelle 5.12 überprüft. Die ersten drei Anfragen sind Beispiele für Kürzeste-Präfix-Anfragen, die durch Ingenieure akzeptiert werden, aber nur fehlendes, nicht jedoch strukturell fehlendes Verhalten beschreiben. Das JigSCI-Verfahren fügt die Szenarien der Lösungsspezifikation hinzu und vereint das Paar, so dass als nächste Lösung das ALTS $A_4 = A_3/_{1=6}$ aus Abbildung 5.15 entsteht.

5.4 Ergebnis des Scenario Puzzlings   87

Anfrage	p	Antwort
Gang D einlegen · Lücke passieren · Lücke vorschlagen · von Lücke entfernen · Vorschlag zurückziehen • Lücke passieren $\in V_+^{Ziel}$?	2	Ja
Gang D einlegen · Lücke passieren · Lücke vorschlagen · von Lücke entfernen · Vorschlag zurückziehen • Lücke passieren · Lücke vorschlagen $\in V_+^{Ziel}$?	2	Ja
Gang D einlegen · Lücke passieren · Lücke vorschlagen · von Lücke entfernen · Vorschlag zurückziehen • Lücke passieren · Lücke ausschließen $\in V_+^{Ziel}$?	2	Ja
Gang D einlegen · Lücke passieren · Lücke vorschlagen · von Lücke entfernen · Vorschlag zurückziehen • Hindernis taucht auf $\in V_+^{Ziel}$?	1,5	Nein
Gang D einlegen · Lücke passieren · Lücke vorschlagen · von Lücke entfernen · Vorschlag zurückziehen • von Lücke entfernen $\in V_+^{Ziel}$?	0	Nein
Gang D einlegen · Lücke passieren · Lücke vorschlagen · von Lücke entfernen · Vorschlag zurückziehen • Gang R einlegen und blinken $\in V_+^{Ziel}$?	0	Nein

Tabelle 5.12: Die zur Überprüfung des Zustandspaares (6,1) gestellten Anfragen

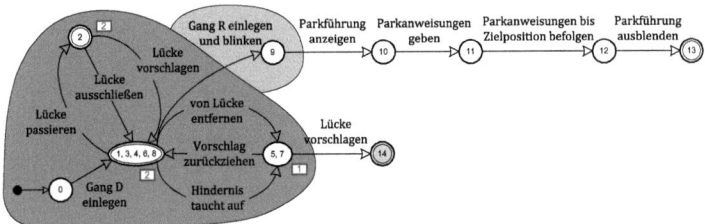

Abb. 5.15: Das ALTS A_4, das nach der Vereinigung der Zustände (6,1) entsteht

(q_b, q_r)	Anfrage	Antwort
(9, 1)	Gang D einlegen · Lücke passieren · Lücke vorschlagen · Gang R einlegen und blinken • Lücke passieren $\in V_+^{Ziel}$?	Nein
(9, 2)	Gang D einlegen · Lücke passieren · Lücke vorschlagen · Gang R einlegen und blinken • Lücke ausschließen $\in V_+^{Ziel}$?	Nein
(10,1)	Gang D einlegen · Lücke passieren · Lücke vorschlagen · Gang R einlegen und blinken · Parkführung anzeigen • Lücke passieren $\in V_+^{Ziel}$?	Nein
(10,1)	Gang D einlegen · Lücke passieren · Lücke vorschlagen · Gang R einlegen und blinken · Parkführung anzeigen • Lücke ausschließen $\in V_+^{Ziel}$?	Nein

Tabelle 5.13: Die zur Konsolidierung der Zustände 9 und 10 führenden Elementanfragen

Die darauffolgenden Kürzeste-Präfix-Anfragen in Tabelle 5.13 überprüfen die Paare (9,1), (9,2), (10,1) sowie (10,2). Da das Parksystem nach dem Einlegen des Rückwärtsgangs und dem Setzen des Blinkers die Parkführung starten und dem Fahrer eine Einparkroute vor einer weiteren Eingabe vorschlagen muss, werden die Anfragen verneint.

Die nächsten Kürzeste-Präfix-Anfragen werden zur Untersuchung des Paares (11,1) gestellt (s. Tabelle 5.14). Dieses Paar ist interessant, da es zeigt, dass während der Interaktion die Kreativität der Ingenieure angeregt werden kann. In der ersten und dritten Anfrage wird der Ingenieur gefragt, ob das System den Parklückenvorschlag wechseln soll, wenn der Fahrer im Rückwärtsgang an einer Parklücke während der Parkführung vorbeifährt. Dieses Szenario ähnelt der Funktion $F8$ der APG-Funktionsstruktur, behandelt aber zusätzlich den Fall, dass zwei hintereinanderliegende Parklücken entdeckt wurden und der Fahrer sich entscheidet, nicht in die hintere, sondern in die vordere einzuparken. Dieses Verhalten fehlt sogar in der in Kapitel 2.1.3 eingeführten APG-Funktionsstruktur und wird daher durch den Ingenieur bejaht. Er fügt der Spezifikation zusätzlich manuell die Funktion $F8$ hinzu. Der Ingenieur akzeptiert anschließend die vierte Anfrage und wird durch die fünfte Anfrage zum Nachdenken anregt, ob das Auftauchen eines Hindernisses nach der Aktivierung der Parkführung ebenfalls zu einem Zurückziehen des Parklückenvorschlags führen soll. Das Szenario wird jedoch zugunsten einer Hinderniswarnung, die diese Situation behandelt, verworfen und die Funktion *F10* stattdessen hinzugefügt. An diesem Beispiel erkennen wir besonders gut, dass die Rekombination der Szenarien durch das JigSCI-Verfahren ähnlich einer Implementation der Spezifikation zur Entdeckung unbedachter Randfälle führt. Der Ingenieur erkennt, dass während der Parkführung Hindernisse auftauchen oder Parklücken im Rückwärtsgang passiert werden können. Es kann eine weitere Parklücke existieren, so dass ein Wechsel vollzogen oder die Parkführung abgebrochen werden muss. Bei einem Wechsel muss sowohl der Vorschlag als auch die Parkführung angepasst werden. Er kommt zum Nachdenken, ergänzt manuell weitere Szenarien und erhält automatische Unterstützung durch das Scenario Puzzling.

Anfrage	p	Antwort
Gang D einlegen · Lücke passieren · Lücke vorschlagen · Gang R einlegen und blinken Parkführung anzeigen · Parkanweisungen geben • Lücke passieren $\in V_+^{Ziel}$?	2	Ja
Gang D einlegen ·…· Parkanweisungen geben • Lücke passieren · Lücke ausschließen$\in V_+^{Ziel}$?	2	Nein
Gang D einlegen ·…· Parkanweisungen geben • Lücke passieren · Lücke vorschlagen$\in V_+^{Ziel}$?	2	Ja
Gang D einlegen · Lücke passieren · Lücke vorschlagen · Gang R einlegen und blinken Parkführung anzeigen · Parkanweisungen geben • Hindernis taucht auf$\in V_+^{Ziel}$?	1,5	Ja
Gang D einlegen ·…· Parkanweisungen geben • Hindernis taucht auf · Vorschlag zurückziehen $\in V_+^{Ziel}$?	1,5	Nein
Gang D einlegen · Lücke passieren · Lücke vorschlagen · Gang R einlegen und blinken Parkführung anzeigen · Parkanweisungen geben • von Lücke entfernen $\in V_+^{Ziel}$?	0	Nein
Gang D einlegen · Lücke passieren · Lücke vorschlagen · Gang R einlegen und blinken Parkführung anzeigen · Parkanweisungen geben • Gang R einlegen und blinken $\in V_+^{Ziel}$?	0	Nein
Gang D einlegen • Parkanweisungen bis Zielposition befolgen $\in V_+^{Ziel}$?	0	Nein

Tabelle 5.14: Die für das Zustandspaar (11,1) gestellten Anfragen

Die Vereinigung der Zustände (11,1) bildet das ALTS $A_5 = A_4/_{1=11}$ (s. Abbildung 5.16). Die verbleibenden Anfragen sind der Vollständigkeit halber in Tabelle 5.15 dargestellt. Sie führen zu keinem neuen Verhalten und werden verneint. Das ALTS A_5 ist dann das Lösungstransitionssystem des Scenario Puzzlings und enthält das positive Verhalten der Lösungsszenariospezifikation $\| S_{PSS'} \|_{SV}$, die sich nun aus den Szenarien der normalisierten Eingabespezifikation und den positiv und negativ klassifizierten Szenarien der gestellten Kürzeste-Präfix-Anfragen zusammensetzt.

(q_b, q_r)	Anfrage	Antwort
(12,1)	Gang D einlegen · Lücke passieren · Lücke vorschlagen · Gang R einlegen und blinken Parkführung anzeigen · Parkanweisungen geben · Parkanweisungen bis Ziel befolgen • Lücke passieren $\in V_+^{Ziel}$?	Nein
(12,2)	Gang D einlegen · Lücke passieren • Parkführung ausblenden $\in V_+^{Ziel}$?	Nein
(13,1)	Gang D einlegen · Lücke passieren · Lücke vorschlagen · Gang R einlegen und blinken Parkführung anzeigen · Parkanweisungen geben · Parkanweisungen bis Ziel befolgen · Parkführung ausblenden • Lücke passieren $\in V_+^{Ziel}$?	Nein
(13,2)	Gang D einlegen · Lücke passieren · Lücke vorschlagen · Gang R einlegen und blinken Parkführung anzeigen · Parkanweisungen geben · Parkanweisungen bis Ziel befolgen · Parkführung ausblenden • Lücke vorschlagen $\in V_+^{Ziel}$?	Nein

Tabelle 5.15: Die verbleibenden Elementanfragen des Scenario Puzzlings

5.4 Ergebnis des Scenario Puzzlings 89

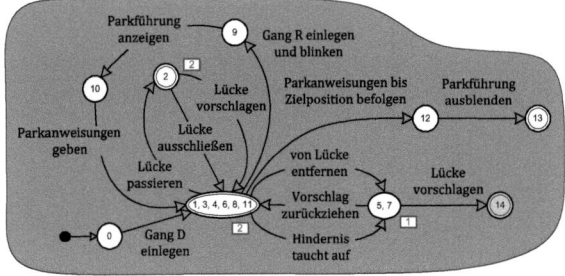

Abb. 5.16: Das resultierende Lösungs-ALTS A_5

Analyse des Beispiels

Das Ziel des Scenario Puzzlings ist die Herstellung der strukturellen Vollständigkeit der Szenariospezifikation. Das Lösungstransitionssystem des Scenario Puzzlings nimmt eine untergeordnete Rolle ein und akzeptiert durch die Übergeneralisierung der Technik zu viel Verhalten. Bis auf den Zyklus, der durch die Vereinigungen des Endzustands 13 mit dem Zustand 1 im gewünschten System $A_{PSS'}$ entsteht, ist das Transitionssystem jedoch wie angestrebt nicht untergeneralisiert. Die Lösungsszenariospezifikation enthält daher zu jeder Transition des PSS'-Referenzsystems ein positives Szenario, das über diese verläuft (s. Abbildung 5.17). Die Spezifikation des Scenario Puzzlings ist folglich strukturell vollständig bezüglich des PSS'-Systems. Zusätzlich ist sie, eingeschränkt auf die normalisierten Szenarien *S1* bis *S4* und *S11* sowie *S12*, gegenüber dem PSS-System (vgl. Kapitel 2.1.3) strukturell vervollständigt, was einfach nachzuvollziehen ist. Zum einen wurde somit durch die Erreichbarkeitsanalyse das fehlende Verhalten in den Vorbedingungen der Szenarien in Beispiel 5.6 gefunden und dadurch die Herausforderung 1 im Gegensatz zum QSM-Algorithmus gelöst (vgl. Kapitel 2.6.5). Zum anderen konnte auf Basis der Kürzeste-Präfix-Anfragen, der Priorisierung und der verwendete Übergeneralisierung eine Lösung für die Herausforderung 2 des QSM-Verfahren erarbeitet werden.

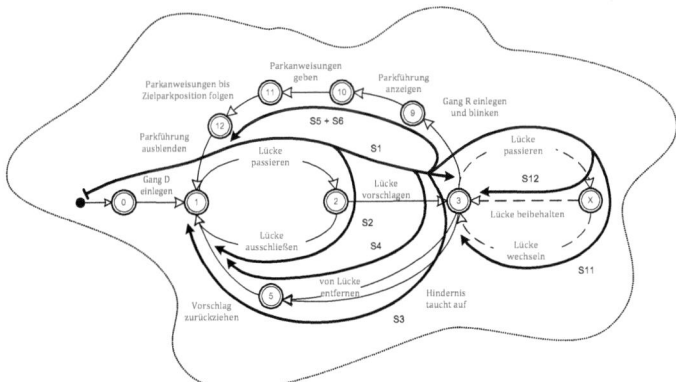

Abb. 5.17: Die resultierende Szenariospezifikation des Scenario Puzzlings

Zusätzlich führte die Interaktion zu neuen positiven und negativen Szenarien. Die negativen Szenarien unterscheiden nicht-äquivalente Zustände und werden für die Komposition der Spezifikation im nächsten Kapitel verwendet. Die positiven Szenarien zeigen wichtige Randfälle des Einparkvorgangs auf, die die Kreativität der Ingenieure anregen und von diesen zur strukturellen Vervollständigung des APG-Systems genutzt werden können.

Die Interaktion des Scenario Puzzling beträgt für die in diesem Beispiel verwendeten Parameter sieben Element- und zwei Präfixanfragen zur Überprüfung der Erreichbarkeit und 42 Kürzeste-Präfix-Anfragen zur Induktion fehlenden Verhaltens. Dem QSM-Algorithmus ist es nur möglich, mit normalisierten Szenariospezifikationen zu arbeiten. Verwenden wir die Ausgabeszenariospezifikation $\| S_{PSS'} \|$ der Erreichbarkeitsanalyse als Eingabe des QSM-Algorithmus, benötigt dieser 38 Elementanfragen zur Synthese, ohne das strukturell fehlende Verhalten zu entdecken.

6

Funktionale Vervollständigung von Szenariospezifikationen

Ziel dieses Kapitels ist die Aufdeckung der Kompositionsinformationen einer Szenariospezifikation. In Abschnitt 6.1 geben wir eine Übersicht über die Merge-Validation-Technik, mit der Szenarien durch den Blue-Fringe-EDSM-Algorithmus als APTA dargestellt und durch die Vereinigung von Zuständen komponiert werden. Die Technik erweitert den Algorithmus in Abschnitt 6.2 um Teilmengen- und Komplementärmengenanfragen und stellt durch die Interaktion Gegenbeispiele für ungültige Kompositionen fest. Wir zeigen als einen formalen Beitrag der Dissertation, dass eine strukturell vollständige Szenariospezifikation durch die Ergänzung der Gegenbeispiele funktional vervollständigt wird und weisen dadurch die umfassende Erschließung der Kompositionsinformationen durch die Technik nach. Auf Basis dieses formalen Ergebnisses reduzieren wir im folgenden Abschnitt 6.3 die Interaktion, um eine effizientere Erschließung der Komposition mit hoher Genauigkeit zu ermöglichen. Am Beispiel des Parkassistenzsystems demonstrieren wir in Abschnitt 6.4 die Effektivität des Algorithmus und vervollständigen die PSS'-Spezifikation aus Kapitel 5.2 um ihre fehlende Szenariokomposition.

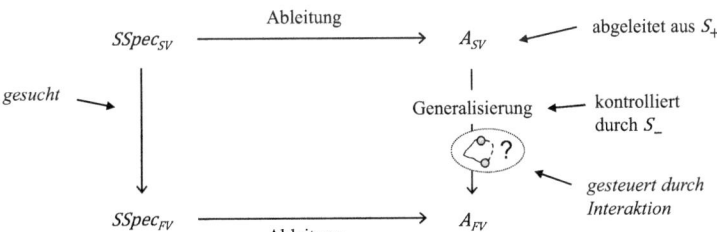

Abb. 6.1: Der Prozess der Merge-Validation-Technik

6 Funktionale Vervollständigung von Szenariospezifikationen

Als Kompositionsabbildung verwenden wir den Blue-Fringe-EDSM-Algorithmus. Der Algorithmus leitet aus den positiven Szenarien S_+ einen APTA A_{SV} ab, der zu einem ALTS A_{FV} unter Berücksichtigung der negativen Szenarien S_- generalisiert wird (s. Abbildung 6.1). Die Zustandsvereinigungen des Algorithmus spiegeln die möglichen Kompositionen der positiven Szenarien wieder, welche durch die negativen Szenarien als Kompositionsinformation eingeschränkt werden. Nach folgendem Theorem, das in [Dup96] bewiesen wurde, ist die Eingabespezifikation dann zum gesuchten Transitionssystem komponierbar.

Theorem 6.1. *Sei $S = (S_+, S_-)$ eine strukturell vollständige Szenariospezifikation und L eine reguläre Sprache. Dann existiert eine Partition π der Zustände des Prefix-Tree-Acceptors $PTA(S_+)$, so dass $PTA(S_+)/\pi$ L akzeptiert.*

Die Grundidee der in diesem Kapitel entwickelten Merge-Validation-Technik ist es, eine der gültigen Partitionen durch eine interaktive Auswahl der Zustandsvereinigungen des Blue-Fringe-EDSM-Algorithmus zu identifizieren. Während der Generalisierung überprüfen wir das Lösungstransitionssystem über szenariobasierte Teilmengen- und Komplementärmengenanfragen auf Über- und Untergeneralisierung und fügen der Szenariospezifikation $SSpec_{SV}$ bei Fehlvereinigungen Gegenbeispiele hinzu. Wir zeigen, dass die Gegenbeispiele die Fehlkompositionen bezüglich des Blue-Fringe-EDSM-Algorithmus ausschließen und weisen nach, dass das ALTS A_{FV} äquivalent zum gesuchten Transitionssystem ist. Da das ALTS dann eindeutig aus der resultierenden Szenariospezifikation $SSpec_{FV}$ durch den Blue-Fringe-EDSM-Algorithmus ableitbar ist, ist die Szenariospezifikation funktional vollständig.

6.2 Abgesicherte Erschließung der Szenariokomposition

Die Merge-Validation-Technik ist eine Erweiterung des Blue-Fringe-EDSM-Algorithmus, die analog zum Scenario Puzzling aus Kapitel 5 die Generalisierung des Algorithmus durch Interaktion steuert. Die Übergeneralisierung wird dabei durch Teilmengenanfragen und die Untergeneralisierung durch Komplementärmengenanfragen verhindert. Wir betrachten zunächst die Erweiterung um Teilmengenanfragen, welche in Auflistung 6.1 in den kommentierten Zeilen 22 bis 28 hervorgehoben ist.

Der erweiterte Blue-Fringe-EDSM-Algorithmus komponiert die Ausgabespezifikation des Scenario Puzzlings, indem der APTA der Spezifikation abgeleitet und über die `selectStatePair`- und `merge`-Operationen generalisiert wird. Durch die negativen Szenarien des Scenario Puzzlings werden bereits ausgeschlossene Zustandspaare verworfen. Die verbleibenden Vereinigungen stellen mögliche Szenariokompositionen dar, durch die neues Verhalten im Lösungstransitionssystem entsteht. Zur Verhinderung der Übergeneralisierung generiert die Merge-Validation-Technik zu jedem verbleibenden Zustandspaar Teilmengenanfragen, mit denen neues Verhalten in Interaktion mit den Ingenieuren auf Gültigkeit untersucht wird. Die Anfragen werden gestellt, bis das vollständige Verhalten der Vereinigung durch die Ingenieure bestätigt oder ein Gegenbeispiel durch die Ingenieure bestimmt wird. Bei der Angabe eines Gegenbeispiels wird das Zustandspaar verworfen und das negative Szenario der Szenariospezifikation hinzugefügt. Dieses Vorgehen wird für die verbleibenden Zustandspaare wiederholt, bis alle Vereinigungen bestätigt oder ausgeschlossen worden sind. Nach Abschluss des Algorithmus verhindern die entdeckten negativen Szenarien dann die ungültigen Szenariokompositionen bezüglich des Blue-Fringe-EDSM-Algorithmus, so dass eine gültige Komposition der Szenarien aus der Spezifikation ableitbar ist.

```
 1   // 1. Scenario Puzzling
 2   ScenarioSpecification SSpecFV = ScenarioPuzzling.completeSpecification(SSpecI);
 3   ALTS Ai = APTA(SSpecFV);
 4
 5   // 2. Merge Validation
 6   Set<State> redStates = new HashSet<State>();
 7   redStates.add(Ai.getPTAStates());
 8   Set<StatePair> rejectedPairs = new HashSet<StatePair>();
 9
10   while (!blueFringe(Ai.getPTAStates(), redStates).isEmpty()) {
11
12       StatePair selectedStates = selectStatePair(Ai, redStates,
13           blueFringe(Ai.getPTAStates(), redStates), rejectedPairs);
14
15       if(selectedStates == null) {
16           continue;
17       }
18
19       boolean accepted = true;
20
21       // 2.1 Einsatz von Teilmengenanfragen
22       List<MergeValidationQuery> subsetQueries = generateSubsetQueries(selectedStates);
23       for (MergeValidationQuery subsetQuery : subsetQueries) {
24           if(!oracle.query(subsetQuery)) {
25               SSpecFV.addNegativeScenario(subsetQuery.getCounterexample());
26               accepted = false;
27               break;
28       } }
29
30       if(accepted) {
31           Ai.merge(selectedStates);
32       } else {
33           rejectedPairs.add(selectedStates);
34       }
35   }
```

Auflistung 6.1: Die Erweiterung des Blue-Fringe-EDSM-Algorithmus um eine interaktive Überprüfung der Gültigkeit von Zustandsvereinigungen

Im Folgenden definieren wir die verwendeten Teilmengenanfragen und zeigen, dass die Anfragen das neuentstehende Verhalten vollständig validieren und die Übergeneralisierung der Lösung dadurch verhindert wird.

6.2.1 Einsatz von Teilmengenanfragen

Während der Vereinigung von Zuständen unterscheiden wir drei Möglichkeiten, durch die eine Übergeneralisierung auftreten kann.

- Einem der vereinigten Zustände kann durch den jeweils anderen Zustand eine ungültige Transition zugewiesen werden. Diese Transition beschreibt eine falsche Reaktion des Systems und muss verhindert werden.

- Zwischen zwei vereinigten Zuständen kann ein Pfad existieren, durch den bei der Zusammenfassung der Zustände ein Zyklus entsteht. Werden nur die endlichen Suffixe der Zustände validiert, kann das Transitionssystem durch die Zyklen übergeneralisiert werden.

- Durch die Vereinigung eines Zustandspaares wird ein Szenario gebildet, das aus der Konkatenation eines der Präfixe mit einem Suffix entsteht und über mehrere Zyklen verläuft. Das Szenario wird aufgrund seiner Komplexität nicht durch die zwei ersten Fälle abgedeckt, stellt aber im Transitionssystem ungültiges Verhalten dar.

94   6 Funktionale Vervollständigung von Szenariospezifikationen

Zur Verhinderung der Übergeneralisierung setzen wir bezüglich der drei Fälle mit der Komplexität ansteigende Typen von Teilmengenanfragen ein, die die Ingenieure durch die Validierung von Zustandsvereinigungen leiten.

Kürzeste-Präfix-Anfragen

Zur Überprüfung des ersten Falles verwenden wir die in Kapitel 5.3.2 eingeführten Kürzeste-Präfix-Anfragen. Die Anfragen untersuchen elementare Szenarien und stellen daher die einfachste Form von Teilmengenanfragen dar. Ihre kürzesten Präfixe beschreiben analog zu dem vorangegangenen Kapitel die Zustände, welche durch die Anfragen über Szenario-Suffixe erweitert werden. Über die Annahme der Präfixabgeschlossenheit validieren wir dadurch die ausgehenden Transitionen der vereinigten Zustände in einer verständlichen Form. Die Anfragen werden als Teilmengenanfragen bejaht oder verneint, wobei das Gegenbeispiel einer Anfrage das überprüfte Szenario selbst ist.

Beispiel 6.2. Zur Veranschaulichung der Merge-Validation-Technik verwenden wir die Ausgabespezifikation des Scenario Puzzling $\| S_{PSS'} \|_{SV}$ des vorangegangenen Kapitels. Wir beschränken die positiven Szenarien aus Gründen der Übersicht zunächst auf die Szenarien *S1* bis *S6* sowie *S11* und *S12* (s. Kapitel 5.3.2) und zeigen nur diese in den Transitionssystemen dieses Kapitels. Der APTA A_0 der auf diese Szenarien eingeschränkten Spezifikation ist ohne negative Suffixe in Abbildung 6.2 dargestellt.

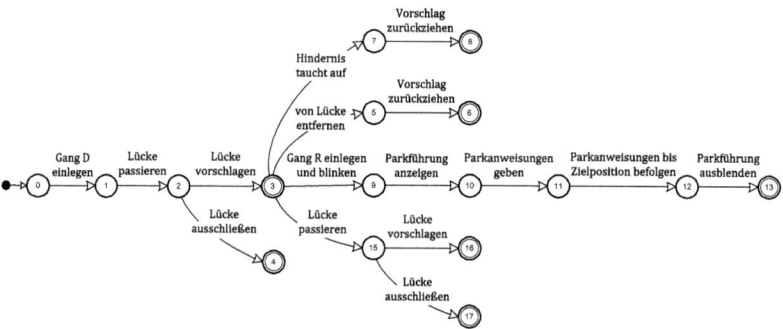

Abb. 6.2: Der APTA A_0 der Spezifikation $\| S_{PSS'} \|_{SV}$ eingeschränkt auf deren positives Verhalten

Das Ziel der Vervollständigung ist es, die möglichen Kompositionen der Szenarien im Referenzverhalten $V^{Ziel} = (L(A_{APG}), \Sigma^* \backslash L(A_{APG}))$ des Gesamtsystems APG zu identifizieren. Wir nehmen an, dass die Szenariospezifikation strukturell vollständig ist und validieren die Szenariokompositionen, die zwischen den gegebenen positiven Szenarien möglich sind. Eingeschränkt auf die PSS'-Spezifikation sind diese durch das Transitionssystem $A_{PSS'}$ gegeben.

Durch die aufgedeckten negativen Szenarien des Scenario Puzzlings werden die Zustandspaare ausgeschlossen, die bereits in der vorangegangenen Technik verworfen worden sind. Die Vereinigungen der Zustände $\{1,3,4,6,9\}$, $\{5,7\}$ und die Komposition der aufgedeckten Szenarien *S11* und *S12* müssen hingegen noch validiert werden. Zum Zustandspaar (**4,1**) werden die Kürzeste-Präfix-Anfragen „Gang D einlegen · Lücke passieren · Lücke ausschließen • Lücke passieren · Lücke vorschlagen $\in V^{Ziel}_+$?" und „Gang D einlegen · Lücke passieren · Lücke ausschließen • Lücke passieren

· Lücke ausschließen ∈ V_+^{Ziel}?" gestellt, welche über die angenommene Präfixabgeschlossenheit die Erweiterung des Zustands 4 um die Transition Lücke passieren überprüfen. Die Anfragen werden bejaht und geben dem JigSCI-Verfahren ein Indiz für die Korrektheit der Vereinigung.

Zyklische-Verhaltens-Anfrage

Die zweite Möglichkeit der Übergeneralisierung wird durch Teilmengenanfragen behandelt, die wir *Zyklische-Verhaltens-Anfragen* nennen. Das Ziel der Anfragen ist es, den Fokus der Ingenieure bei einer Zustandsvereinigung auf sich wiederholendes Verhalten zu richten. Eine Zyklische-Verhaltens-Anfrage besteht aus einem kürzesten Präfix, der einen Pfad zu einem Zustand beschreibt, einem zu validierenden Zyklus und einem Szenario-Suffix, der aufzeigt wie das Verhalten des Zyklus verlängert werden kann.

Definition 6.3 (Zyklische-Verhaltens-Anfragen). *Sei $V^{Ziel} = (V_+^{Ziel}, V_-^{Ziel})$ das Referenzverhalten und $A = (Q, \Sigma, \delta, q_0, F_+, F_-, F)$ ein ALTS mit zwei Zuständen $q_r, q_b \in Q$, einer Spur c von q_r nach q_b, dem kürzesten Präfix $sp(q_r)$ sowie den Szenario-Suffixen $s_b \in L(A)/q_b$. Eine Zyklische-Verhaltens-Anfrage (engl. Recurring Behavior Query, RBQ) ist eine Teilmengenanfrage der Form „$sp(q_r) \cdot (c)^* \cdot s_b \subseteq V_+^{Ziel}$?".*

Algorithmisch werden die Zyklische-Verhaltens-Anfragen durch das JigSCI-Verfahren auf Basis der Pfade c der Definition berechnet. Da q_b als blauer Zustand kein Vorgängerzustand von q_r sein kann, genügt es, die Pfade von q_r nach q_b zu betrachten. Durch eine Tiefensuche, die die eingehenden Transitionen von q_b in umgekehrter Richtung durchläuft, erkennen wir die Zyklen, die durch die Vereinigung der Zustände im Lösungstransitionssystem entstehen würden. Die Zyklen werden durch den kürzesten Präfix von q_r und einem der Suffixe von q_b zu einer Zyklische-Verhaltens-Anfrage ergänzt. Die Ingenieure beantworten die Anfrage mit einem Ja, falls der Zyklus erwünschtes Verhalten darstellt, oder mit Nein und der Angabe eines Gegenbeispiels $s_g \in Pr(sp(q_r) \cdot c^n \cdot s_b)$, um dieses in der Szenariospezifikation auszuschließen.

Beispiel 6.4. Nach den Kürzeste-Präfix-Anfragen in Beispiel 6.2 wird die Vereinigung des Zustandspaares (4,1) durch Zyklische-Verhaltens-Anfragen überprüft (s. Abbildung 6.3). Die Ingenieure beantworten die Teilmengenanfrage „Gang D einlegen · (Lücke passieren · Lücke ausschließen)* • Lücke passieren · Lücke vorschlagen ⊆ V_+^{Ziel}?" mit Ja und bestätigen dadurch die Gültigkeit des entstehenden Zyklus.

Bestätigungsanfragen

Nach der Überprüfung der Kürzeste-Präfix- und Zyklische-Verhaltens-Anfragen liegt ein starkes Indiz für die Gültigkeit einer Zustandsvereinigung vor. Die gestellten Anfragen genügen jedoch noch nicht zur vollständigen Vermeidung der Übergeneralisierung eines Transitionssystems. Zusätzlich zu dem überprüften Verhalten müssen noch alle entstehenden Zyklen in Kombination geprüft und gleichzeitig alle möglichen Präfixe und Suffixe der vereinigten Zustände getestet werden. Wir verzichten in dieser Arbeit auf Äquivalenzanfragen aufgrund deren Komplexität und führen die Ingenieure auf Basis dieser Designentscheidung über Teilmengenanfragen durch die Validierung der einzelnen zu überprüfenden Verhalten, um eine bessere Benutzbarkeit zu gewährleisten. Wir legen den Fokus auf Elementanfragen, die jeweils einen Präfix und einen Suffix der Zustände durch

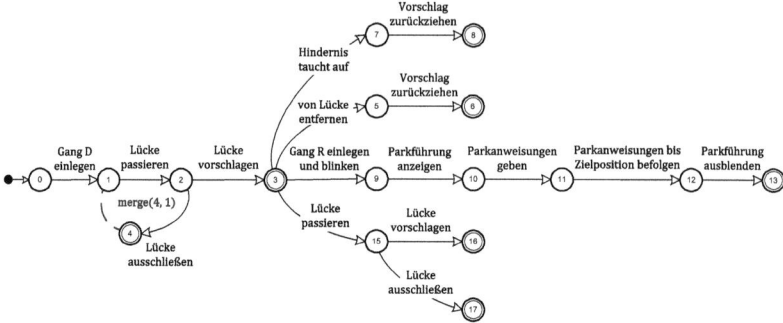

Abb. 6.3: Das nach der Zusammenfassung der Zustände (4,1) entstehende Transitionssystem A_1

ein Szenario beleuchten und erweitern die Elementanfragen zu Teilmengenanfragen, indem wir die an die Szenarien angrenzenden Zyklen den Anfragen hinzufügen.

Die Zyklen erstellen wir über *streng zusammenhängende Komponenten*, welche in Graphen eine Menge von Knoten beschreiben, in der jeweils zwei Knoten durch einen Pfad verbunden sind. Analog sind streng zusammenhängende Komponenten in Transitionssystemen Zustandsmengen, in denen alle Zustände voneinander erreichbar sind. Jede dieser Zusammenhangskomponenten induziert eine Menge von Zyklen $(c_1, \ldots, c_n)$ über einem Zustand q, so dass sich die Sequenzen von Ereignissen, die in q anfangen und enden, als Szenario der Form $c_q = (c_1^* \ldots c_n^*)^*$ darstellen lassen. Die um das zyklische Verhalten ergänzten Szenarien werden in sogenannten *Bestätigungsanfragen* überprüft.

Definition 6.5 (Bestätigungsanfrage). *Sei $V^{Ziel} = (V_+^{Ziel}, V_-^{Ziel})$ das Referenzverhalten und $A = (Q, \Sigma, \delta, q_0, F_+, F_-, F)$ ein ALTS mit zwei Zuständen $q_r, q_b \in Q$, den Spuren $p_r \in Pr(q_r)$ und $p_b \in Pr(q_b)$ sowie den Suffixen $s_r \in L(A)/q_r$ und $s_b \in L(A)/q_b$. Sei $u = p_r \cdot s_b$ oder $u = p_b \cdot s_r$ das zu überprüfende elementare Szenario.*

Betrachte den Quotientenautomaten $A' = A/_{q_r=q_b}$. Sei $u = g_1 \cdot \ldots \cdot g_n$ eine Zerlegung von u in A', so dass alle Zustände in g_i streng zusammenhängend sind oder g_i nur aus einzelnen Ereignissen besteht und $q_i \in g_i$, $q_j \in g_j$ nicht streng zusammenhängend sind für $i \neq j$.

Definiere $k_0 := c_{q_0}$ und $k(g_i) = c_{q_i} \cdot g_i$, wobei q_i der Zustand ist in dem g_i endet. Das zugehörige zu klassifizierende Szenario $cls(u)$ ist definiert durch $cls(u) := k_0 \cdot k(g_1) \cdot \ldots \cdot k(g_n)$.

Eine Bestätigungsanfrage *(engl. Confirmation Query, CFQ) ist eine Teilmengenanfrage der Form $CFQ(u) := \text{„}cls(u) \subseteq V_+^{Ziel}\text{?"}$.*

Eine Bestätigungsanfrage ist somit eine Anfrage, die aus einem elementaren Präfix und einem elementaren Suffix besteht. Die Präfixe und Suffixe grenzen an Zusammenhangskomponenten an, die der Anfrage hinzugefügt werden. Die Zusammenhangskomponenten ändern sich dabei in den einzelnen Bestätigungsanfragen zur Validierung eines Zustandspaars nicht. Durch die Beurteilung der ersten Bestätigungsanfrage weist der Ingenieur die Gültigkeit der Kombination der durch die Vereinigung entstehenden Zyklen nach. Anschließend braucht er lediglich die Präfixe und Suffixe der elementaren Szenarien der Anfragen zu betrachten und bekommt als Hilfestellung durch die angrenzenden Zyklen mögliche Verlaufspfade angrenzender Szenarien angezeigt.

6.2 Abgesicherte Erschließung der Szenariokomposition

Algorithmisch sind die Bestätigungsanfragen auf Basis des bereits bestehenden Wissens mit geringem Aufwand berechenbar. Jeder Zyklus des Lösungstransitionssystems A wurde durch eine Zustandsvereinigung unter der Kontrolle der Merge-Validation-Technik gebildet und daher durch eine Zyklische-Verhaltens-Anfrage validiert. Nachdem eine Zustandsvereinigung durchgeführt wurde, markieren wir im Lösungstransitionssystem die Kreise c der Zyklische-Verhaltens-Anfragen und kennen dadurch die strengen Zusammenhangskomponenten des Transitionssystems A. Wir übernehmen die Markierungen in die zur Berechnung der EDSM-Heuristik angelegten Kopien des Lösungstransitionssystems A' und vereinigen die Zustände im Rahmen der Heuristik. Durch das elementare Szenario u in A' und einer jeweiligen Traversierung der angrenzenden Zusammenhangskomponenten werden dann die Bestätigungsanfragen gebildet.

Die Anfrage wird analog zu den Zyklische-Verhaltens-Anfragen durch den Ingenieur mit Ja oder Nein mit der Angabe eines elementaren Gegenbeispiels beantwortet.

Beispiel 6.6. Betrachte das ALTS $A_1 = A_0/_{1=4}$ aus Abbildung 6.3, in dem die Vereinigung der Zustände (15,2) validiert wird (s. Abbildung 6.4).

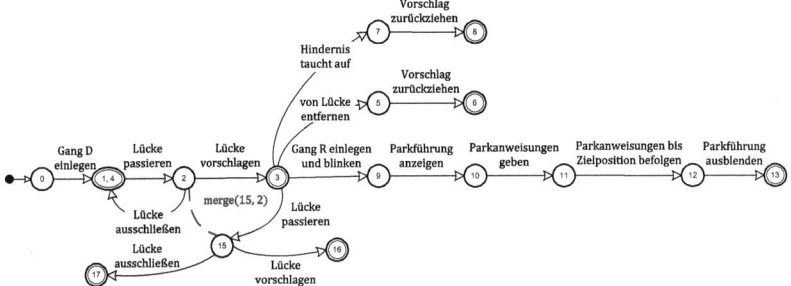

Abb. 6.4: Das durch die Vereinigung der Zustände (15,2) entstehende Transitionssystem A_2

Die Spuren vom initialen Zustand 0 nach $q_r = 2$ und nach $q_b = 15$ sind in A_1:

$p_r =$ Gang D einlegen · Lücke passieren

$p_b =$ Gang D einlegen · Lücke passieren · Lücke vorschlagen · Lücke passieren

Die Spuren stellen die elementaren Präfixe des vereinigten Zustands {2,15} in $A_2 = A_1/_{2=15}$ dar und grenzen in A_2 an die strenge Zusammenhangskomponente {{1,4,17}, {2,15}, {3,16}} an. Betrachte das Szenario $u = p_r \cdot s_b$ mit dem Suffix $s_b =$ Lücke vorschlagen, welches aufgrund der Zusammenhangskomponente in das einzelne Ereignis $g_1 =$ Gang D einlegen und den Pfad durch die Zusammenhangskomponente $g_2 =$ Lücke passieren · Lücke vorschlagen zerlegt wird. Die Komponente induziert das Szenario $c_{\{1,4,17\}} = ((\text{Lücke passieren} \cdot \text{Lücke ausschließen})^* \cdot (\text{Lücke vorschlagen} \cdot \text{Lücke passieren})^*)^*$, so dass $k_0 = \lambda$, $k(g_1) = g_1$ und $k(g_2) = c_{\{1,4,17\}} \cdot g_2$ ist. Wir erhalten dann die Bestätigungsanfrage

„$cls(u) = k_0 \cdot k_1 \cdot k_2 =$ Gang D einlegen · ((Lücke passieren · Lücke ausschließen)* · (Lücke vorschlagen · Lücke passieren)*)* · Lücke passieren • Lücke vorschlagen $\subseteq V_+^{Ziel?}$"

, indem wir die Präfixe um das durch den Zyklus induzierte Verhalten ergänzen. Analog zu dieser Anfrage bilden wir die restlichen Bestätigungsanfragen der Vereinigung, indem wir die Spuren p_r

und p_b um das durch die strenge Zusammenhangskomponente induzierte Verhalten ergänzen. Es ergibt sich die Menge der Präfixe

$p =$ Gang D einlegen $\cdot$ ((Lücke passieren $\cdot$ Lücke ausschließen)$^*\cdot$ (Lücke vorschlagen $\cdot$ Lücke passieren)*)$^*\cdot$ Lücke passieren

, die in A_2 alle Präfixe, die zum Zustand (2,15) führen, repräsentiert. Aus den Suffixen der Zustände in A_1 ergeben sich dann die Bestätigungsanfragen aus Tabelle 6.1, welche das neuentstehende Verhalten der Vereinigung vollständig validieren.

Bestätigungsanfragen
$p \bullet$ Lücke vorschlagen $\subseteq V_+^{Ziel}$?
$p \bullet$ Lücke ausschließen $\subseteq V_+^{Ziel}$?
$p \bullet$ Lücke vorschlagen $\cdot$ Hindernis taucht auf $\cdot$ Vorschlag zurückziehen $\subseteq V_+^{Ziel}$?
$p \bullet$ Lücke vorschlagen $\cdot$ von Lücke entfernen $\cdot$ Vorschlag zurückziehen $\subseteq V_+^{Ziel}$?
$p \bullet$ Lücke vorschlagen $\cdot$ Gang R einlegen und blinken $\cdot$ Parkführung anzeigen $\cdot$ Parkanweisung geben $\cdot$ Parkanweisungen bis Zielposition befolgen $\cdot$ Parkführung ausblenden $\subseteq V_+^{Ziel}$?

Tabelle 6.1: Die Bestätigungsanfragen des Zustandspaares (15,2)

Im Gegensatz zu Äquivalenzanfragen richten Bestätigungsanfragen die Konzentration der Ingenieure auf ein elementares Szenario, das durch sie begutachtet werden muss (zum Beispiel „Gang D einlegen $\cdot$ Lücke passieren $\cdot$ Lücke vorschlagen $\cdot$ Lücke passieren $\bullet$ Lücke vorschlagen $\cdot$ Hindernis taucht auf"). Die angrenzenden Zusammenhangskomponenten wiederholen sich zwischen den Anfragen wie im Präfix p des Beispiels. Die Bestätigungsanfragen können daher als elementare Szenarien angesehen werden, die in einer Äquivalenzanfrage hervorgehoben sind und die Ingenieure durch die sich ändernden Pfade des in der Äquivalenzanfrage untersuchten Transitionssystems führen. Wir zeigen im Folgenden, dass durch die Bestätigungsanfragen die Übergeneralisierung verhindert wird und werden ihre Komplexität und die Anzahl der Anfragen in einer effizienten Form der Merge-Validation-Technik im Laufe dieses Kapitels reduzieren.

6.2.2 Verhinderung der Übergeneralisierung

Zur Verhinderung der Übergeneralisierung generieren wir zu einem selektierten Zustandspaar (q_b, q_r) alle Kürzeste-Präfix-, Zyklische-Verhaltens- und Bestätigungsanfragen und stellen diese in der aufgezählten Reihenfolge. Ein Zustandspaar wird nur dann vereinigt, wenn alle Anfragen bestätigt werden. Bei der ersten negierten Anfrage wird die Interaktion abgebrochen und das Zustandspaar verworfen.

Wir zeigen, dass unter der Kontrolle der Bestätigungsanfragen eine Übergeneralisierung verhindert wird. Wir betrachten dazu ein Szenario S, das durch eine Vereinigung entsteht. Das Szenario lässt sich in einen Präfix und Suffix der vereinigten Zustände im originären Transitionssystem A zerlegen, welche jeweils aus einer Spur und angrenzendem zyklischen Verhalten im resultierenden Transitionssystem A' bestehen. Konkateniert stellen die Spuren des Präfix und des Suffix ein elementares Szenario einer gestellten Bestätigungsanfrage dar, das über die strengen Zusammenhangskomponenten des Szenarios S in A' verläuft. Da die Anfrage durch einen Ingenieur bestätigt wurde, ist $S \in V_+^{Ziel}$ und das Transitionssystem daher nicht übergeneralisiert.

Betrachte zunächst die Zusammenhangskomponenten eines Transitionssystems vor und nach einer Zustandsvereinigung. Da bei einer Vereinigung die Transitionen der Zustände auf den resultierenden Zustand übertragen werden, bleiben alle Pfade im Transitionssystem erhalten (s. Anhang A.1, Lemma A.1). Waren Zustände daher vor der Zusammenfassung eines Zustandspaar von einem Zustand aus erreichbar, sind diese es auch im Quotiententransitionssystem. Die Erreichbarkeit der Zustände verändert sich weiterhin nur lokal um das zusammengefasste Zustandspaar.

Lemma 6.7. *Sei $A = (Q, \Sigma, \delta, q_0, F_+, F_-, F)$ ein ALTS mit zwei Zuständen $q_r, q_b \in Q$ und $A' = A/\pi = A/_{q_r=q_b}$ das ALTS, das durch die Vereinigung der Zustände q_r und q_b entsteht. Dann gilt für einen Zustand $q \in Q$:*

1. $\exists v \in \Sigma^* : \hat{\delta}_A(q_r, v) = q \vee \exists w \in \Sigma^* : \hat{\delta}_A(q_b, w) = q \Leftrightarrow \exists u \in \Sigma^* : \hat{\delta}_{A'}(\{q_r, q_b\}, u) = B(\pi, q)$

2. $\exists v \in \Sigma^* : \hat{\delta}_A(q, v) = q_r \vee \exists w \in \Sigma^* : \hat{\delta}_A(q, w) = q_b \Leftrightarrow \exists u \in \Sigma^* : \hat{\delta}_{A'}(B(\pi, q), u) = \{q_r, q_b\}$

Beweis. S. Anhang A.1, Lemma A.2

Auf Basis dieser Aussagen bleiben die strengen Zusammenhangskomponenten eines Transitionssystems bei der Vereinigung eines Zustandspaares (q_b, q_r) erhalten, wobei die Komponenten, die auf einem Pfad zwischen q_r und q_b liegen, zusammengefasst werden (s. Abbildung 6.5).

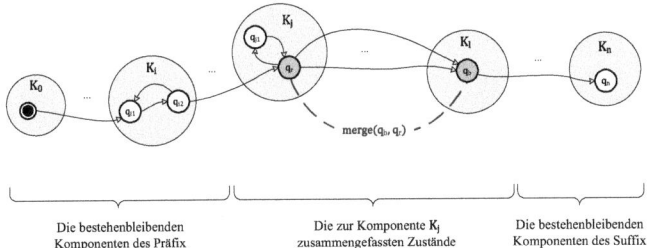

Abb. 6.5: Veranschaulichung der Veränderung der Zusammenhangskomponenten einer Vereinigung

Da zu jedem elementaren Präfix und Suffix eines vereinigten Zustandspaares eine Bestätigungsanfrage gestellt wird und Bestätigungsanfragen die strengen Zusammenhangskomponenten des abgeleiteten Transitionssystem abbilden, werden die neuentstehenden Pfade des abgeleiteten Transitionssystem vollständig validiert. Werden daher alle Bestätigungsanfragen mit Ja beantwortet, ist das abgeleitete Transitionssystem nicht übergeneralisiert.

Satz 6.8. *Sei $V^{Ziel} = (V_+^{Ziel}, V_-^{Ziel})$ das Referenzverhalten und $A = (Q, \Sigma, \delta, q_0, F_+, F_-, F)$ ein ALTS mit zwei Zuständen $q_r, q_b \in Q$, so dass $L(A) \subseteq V_+^{Ziel}$. Wenn alle Bestätigungsanfragen mit Ja beantwortet werden, dann gilt auch für das ALTS $A' = A/\pi = A/_{q_r=q_b}$, dass $L(A') \subseteq V_+^{Ziel}$.*

Beweis. Sei $S' \in L(A') \backslash L(A)$ ein Szenario, das von A' akzeptiert und von A verworfen wird. S' ist nach Voraussetzung ein Pfad in A', der zu einem Pfad S von $q_0' = B(q_0, \pi)$ zu einem akzeptierenden Zustand $q_f' = B(q_f, \pi)$ mit $q_f \in F_+$ verlängert werden kann. Da S von A verworfen, jedoch von A' akzeptiert wird, existieren in A o.B.d.A. ein Präfix $p \in Pr(q_r)$, ein Pfad $c \in \Sigma^*$ von q_r nach q_b und ein Suffix $s \in L(A)/q_b$, welche durch die Vereinigung der Zustände q_r und q_b zum Szenario $S = p \cdot c \cdot s$ zusammengefügt werden (s. Abbildung 6.6).

100   6 Funktionale Vervollständigung von Szenariospezifikationen

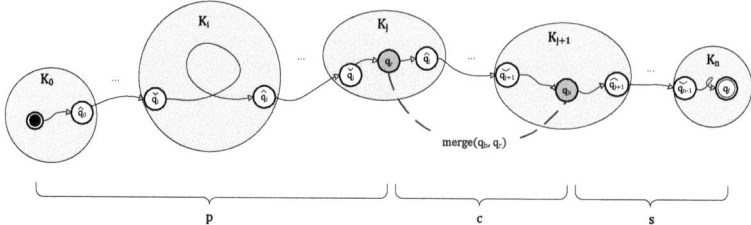

Abb. 6.6: Der Verlauf des Präfix p, des Pfades c und des Suffix s des Szenario S in A

Seien $K_0, \ldots, K_j$ die strengen Zusammenhangskomponenten von A, eingeschränkt auf die Zustände, über die der Pfad p verläuft, mit $q_0 \in K_0$ und $q_r \in K_j$. Aufgrund von $p \in L(A)$ hängen die Komponenten $K_0, \ldots, K_j$ zusammen, so dass zu jeder Komponente eingehende und ausgehende Zustände $\check{q}_i, \hat{q}_i \in Q$ existieren, durch die die Komponenten mit ihren Nachfolgern über ein Symbol $e_{i,i+1} \in \Sigma$ durch den Zustandsübergang $\delta(\hat{q}_i, g_{i,i+1}) = \check{q}_i$ verbunden sind. Sei $spur(p) = g_0 \cdot e_{0,1} \cdot \ldots \cdot e_{j-1,j} \cdot g_j$ definiert durch die kürzesten Spuren $g_0, g_1, \ldots g_{j-1}, g_j \in \Sigma^*$, die
i) in K_0 von q_0 nach $\hat{q}_0$, ii) in K_j von $\check{q}_j$ nach q_r und iii) in allen anderen Komponenten K_i von $\check{q}_i$ nach $\hat{q}_i$ führen. Analog sei die Spur $spur(s)$ in den strengen Zusammenhangskomponenten $K_{j+1}, \ldots K_n$ des Suffixes s definiert mit $q_b \in K_{j+1}$ und $q_f \in K_n$.

Die Spur $spur(p)$ verläuft von q_0 nach q_r und $spur(s)$ von q_b nach q_f und führt daher zur Bestätigungsanfrage

$$cls(spur(p) \cdot spur(s)) = k(g_0) \cdot e_{0,1} \cdot \ldots \cdot e_{j-1,j} \cdot k(g_j \cdot g_{j+1}) \cdot e_{j+1,j+2} \cdot \ldots \cdot k(g_n) \subseteq V_+^{Ziel}$$

mit den Kreisen $k(g_i)$, die durch die maximalen streng zusammenhängenden Komponenten $K(g_i)$ in A' induziert werden. Aufgrund von Lemma 6.7 gilt $K_0 \subseteq K(g_0)$, ..., $K_j, K_{j+1} \subseteq K(g_j \cdot g_{j+1})$, ..., $K_n \subseteq K(g_n)$. Da c weiterhin einen Pfad von $\{q_r, q_b\}$ nach $\{q_r, q_b\}$ in $K(g_j \cdot g_{j+1})$ beschreibt und die Anfrage nach Voraussetzung mit Ja beantwortet wurde, gilt

$$p \cdot c \cdot s = c_0 \cdot g_0 \cdot e_{0,1} \cdot \ldots e_{j-1,j} \cdot c_j \cdot g_j \cdot c \cdot g_{j+1} \cdot e_{j,j+1} \cdot \ldots c_n \cdot g_n \in cls(spur(p) \cdot spur(s))$$

mit den zyklischen Verhalten c_i des Szenarios S und daher $S \in V_+^{Ziel}$.

Die Verhinderung der Übergeneralisierung bezogen auf den Gesamtalgorithmus beweisen wir über Induktion. Wir nennen eine Partition, die durch die Vereinigung zweier Zustände entsteht, eine direkt abgeleitete Partition und sagen, dass diese unter der Kontrolle von Bestätigungsanfragen abgeleitet wurde, wenn alle Bestätigungsanfragen der Vereinigung durch einen Ingenieur mit Ja beantwortet wurden.

Satz 6.9. *Sei $V^{Ziel} = (V_+^{Ziel}, V_-^{Ziel})$ das Referenzverhalten und $S = (S_+, S_-)$ eine Szenariospezifikation, die dem Referenzverhalten mit $S_+ \subseteq V_+^{Ziel}$ und $S_- \subseteq V_-^{Ziel}$ entstammt. Ist $A_n = A_0/\pi_n$ ein ALTS, das durch eine Folge direkter Ableitungen A_0/π_i des APTA $A_0 = APTA(S_+)$ unter der Kontrolle der Merge-Validation-Technik entsteht, dann gilt $L(A_n) \subseteq V_+^{Ziel}$.*

Beweis. Da $S_+ \subseteq V_+^{Ziel}$, gilt per Konstruktion des APTA $L(A_0) \subseteq V_+^{Ziel}$. Für ein ALTS $A_i = A_0/\pi_i$ mit $L(A_i) \subseteq V_+^{Ziel}$ gilt weiterhin aufgrund von Satz 6.8, dass ein ALTS $A_{i+1} = A/_{q_r=q_b}$, das durch die Vereinigung zweier Zustände $q_r, q_b \in Q_i$ unter der Kontrolle von Bestätigungsanfragen entsteht, mit $L(A_{i+1}) \subseteq V_+^{Ziel}$ nicht übergeneralisiert ist. Wir folgern induktiv, dass $L(A_n) \subseteq V_+^{Ziel}$.

6.2.3 Das Problem der lokal optimalen Zustandsvereinigungen

Wir haben die Übergeneralisierung durch Bestätigungsanfragen ausgeschlossen und betrachten nun die Möglichkeit der Untergeneralisierung. Nach Theorem 6.1 ist aus dem APTA einer strukturell vollständigen Szenariospezifikation das gesuchte Transitionssystem durch eine Menge von Zustandsvereinigungen ableitbar. Der Blue-Fringe-EDSM-Algorithmus erschließt weiterhin bei der Eingabe eines charakteristischen Beispiels das Transitionssystem. Das charakteristische Beispiel beschreibt dabei durch positive Wörter die Transitionen des gesuchten Transitionssystems und grenzt durch negative Beispielwörter die Vereinigungen des Algorithmus soweit ein, dass keine ungültigen Zustandsvereinigungen durchgeführt werden können. Da die strukturelle Vollständigkeit die erste Bedingung der Definition charakteristischer Beispiele (s. Kapitel 2.13) an die positiven Wörter erfüllt, liegt die Vermutung nahe, dass eine interaktive Verhinderung der Übergeneralisierung des Lösungstransitionssystems die zweite Bedingung an die negativen Wörter der Definition ersetzt (vgl. [DLDL05]). Dieser Argumentation folgend würde der Blue-Fringe-EDSM-Algorithmus bei der Eingabe einer strukturell vollständigen Szenariospezifikation unter Kontrolle der Merge-Validation-Technik erfolgreich das Referenzverhalten erschließen. Wir zeigen durch die Angabe eines Gegenbeispiels, dass dem nicht so ist und führen auf Basis des Beispiels das Problem der lokal optimalen Zustandsvereinigungen ein.

Beispiel 6.10. Betrachte das Transitionssystem $A_2 = A_1/_{2=15}$ (s. Abbildung 6.7), das durch die Vereinigung des Zustandspaares (15,2) und die Determinisierung der Zustände (17,1) und (16,3) aus dem Transitionssystem A_1 (s. Abbildung 6.4) entstanden ist. Die Eingabespezifikation $\|S_{PSS}\|_{SV}$ ist strukturell vollständig bezüglich des Referenzsystems $A_{PSS'}$ und A_2 ist aufgrund von Satz 6.8 nicht übergeneralisiert, da es durch die Bestätigungsanfragen aus Tabelle 6.1 validiert wurde.

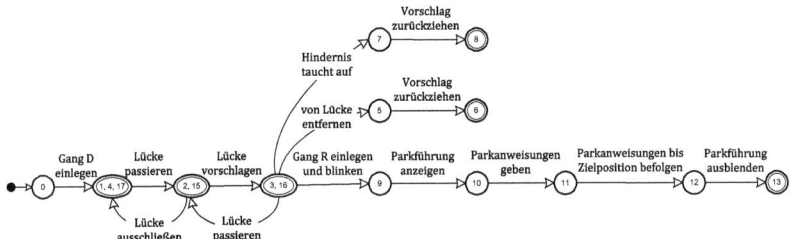

Abb. 6.7: Das durch die Vereinigung der Zustände (15,2) entstehende Transitionssystem A_2

Durch die Vereinigung der Zustände (15,2) sind in A_2 nur noch die Zustandspaare (7,5), (6,1) und (13,1) vereinbar, so dass das Transitionssystem $A_5 = A_2/_{7=5,6=1,13=1}$ (s. Abbildung 6.8) die Lösung mit maximalem Verhalten darstellt, die noch gebildet werden kann. Da das Transitionssystem jedoch das Szenario „Gang D einlegen · Lücke passieren · Lücke vorschlagen · Lücke passieren · Lücke ausschließen · Hindernis taucht auf · Vorschlag zurückziehen" nicht akzeptiert, schlägt der Parkassistent zwar noch gültige Parklücken vor und aktualisiert diese gemäß dem Referenzverhalten; fährt der Fahrer jedoch anschließend an einer zu kleinen Parklücke vorbei, reagiert das System

102 6 Funktionale Vervollständigung von Szenariospezifikationen

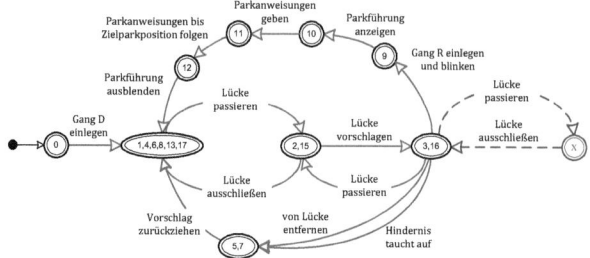

Abb. 6.8: Die lokal optimale Lösung nach der Vereinigung des Zustandspaares (15,2)

nicht mehr auf Hindernisse. Obwohl somit eine strukturell vollständig Eingabe vorlag und das Lösungstransitionssystem zu keinem Zeitpunkt übergeneralisiert wurde, ist der Zustand X und das in der Abbildung schraffierte Verhalten nicht mehr erschließbar. Die Lösung des Blue-Fringe-EDSM-Algorithmus ist somit untergeneralisiert und die Vereinigung von (15,2) stellt ein lokales Optimum dar.

Die PSS'-Spezifikation ist daher ein Gegenbeispiel für die oben formulierte These. Nach der zweiten Bedingung der Definition charakteristischer Beispiele muss der gesamte Kern der Sprache, d.h. *alle* aus dem Ereignisalphabet ableitbaren Transitionen, durch Beispielwörter in positive oder negative Transitionen eingeteilt sein. In unserem Beispiel hätte daher bei der Vereinigung des Zustandspaares (15,2) die Reaktion auf Hindernisse bezüglich der Vereinigung der Zustände (17,1) erfragt werden müssen. Weil jedoch weder der Zustand 17 noch 1 im ALTS A_1 trotz struktureller Vollständigkeit diesen Suffix definieren, konnte durch die Bestätigungsanfragen kein Widerspruch gefunden werden. Der entscheidende Suffix entsteht erst bei einer korrekten Generalisierung im Laufe des Algorithmus.

Zur exakten Definition von Zustandsvereinigungen, die wie bei dem Paar (15,2) durch noch unbekannte Suffixe im Generalisierungsprozess durch Bestätigungsanfragen nicht ausreichend validierbar sind, charakterisieren wir *lokal optimale Zustandsvereinigungen* durch Partitionen, die nicht übergeneralisiert sind, jedoch eine Erschließung der vollständigen Szenariokomposition verhindern.

Definition 6.11 (Lokal optimale Partition). *Sei $V^{Ziel} = (V_+^{Ziel}, V_-^{Ziel})$ das Referenzverhalten, $S = (S_+, S_-)$ eine strukturell vollständige Eingabe und $\Pi := \{\pi \mid L(APTA(S_+))/\pi = V_+^{Ziel}\}$ die Menge der Lösungspartitionen. Eine Partition π_0 heißt* lokal optimal, *wenn gilt $L(APTA(S_+))/\pi_0 \subset V_+^{Ziel}$ und $\forall \pi \geq \pi_0 : \pi \notin \Pi$.*

Beispiel 6.12. Beispiele lokal optimaler Partitionen sind durch die Zustände des ALTS A_2 und durch die Zustände der aus A_2 ableitbaren Transitionssysteme gegeben.

Als eine Konsequenz lokal optimaler Partitionen können sequentielle Generalisierungsalgorithmen wie der Blue-Fringe-EDSM-Algorithmus nicht garantieren, dass bei Eingabe eines strukturell vollständigen Beispiels eine exakte Lösung durch Teilmengenanfragen erschlossen werden kann. Aufgrund des hohen Interaktionsaufwands der zur Überprüfung jedes Suffixes notwendig wäre, stellen lokal optimale Zustandsvereinigungen daher nicht nur ein nicht-triviales Problem für das Anfragelernen unter Verwendung sequentieller Generalisierungsalgorithmen, sondern auch für die induktive Synthese von Zustandsautomaten dar.

6.2.4 Erkennung und Vermeidung lokaler Optima

Die allgemeine Ursache für lokal optimale Zustandsvereinigungen ist in Abbildung 6.9 veranschaulicht. Der illustrierte APTA auf der linken Seite der Abbildung enthält drei hervorgehobene Zustände x, y und z, die in unserem Beispiel den Zuständen $x_0 = 17$, $y_0 = 1$ und $z_0 = 3$ entsprechen. Das Referenzsystem ist auf der rechten Seite der Abbildung dargestellt und zeigt, dass die Zustände x und z vereinigt werden müssen, um das exakte Referenzverhalten zu erschließen. Die Reihenfolge der zur Generalisierung ausgewählten Zustandspaare ist jedoch (y, x) und anschließend erst das gesuchte Zustandspaar (z, x). Weil x und y auf Basis ihrer Suffixe zueinander kompatibel sind, wird das Lösungstransitionssystem durch eine Vereinigung der Zustände nicht übergeneralisiert und die Bestätigungsanfragen bejaht. Das nach der Überprüfung entstehende Transitionssystem ist in der Mitte der Abbildung dargestellt. In diesem sind die Zustände $\{x, y\}$ und z nicht mehr zusammenfassbar, da der Zustand y durch das Szenario $\mathsf{b} \cdot \mathsf{e} \in V_-^{Ziel}$ die Vereinigung von x und z ausschließt. Diese gesuchte Vereinigung wird daher auf Basis der folgenden Bestätigungsanfragen verworfen, so dass die verbleibenden Zustandsvereinigungen nicht mehr zum vollständigen Verhalten führen können. Die Vereinigung des Zustandspaares (y, x) war lokal optimal.

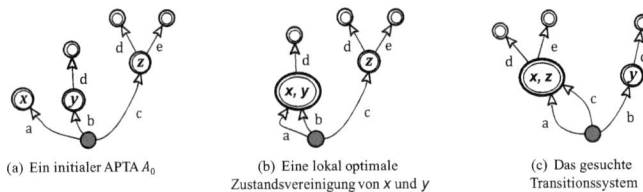

(a) Ein initialer APTA A_0
(b) Eine lokal optimale Zustandsvereinigung von x und y
(c) Das gesuchte Transitionssystem

Abb. 6.9: Die Ursache der Untergeneralisierung in sequentiellen Generalisierungsalgorithmen

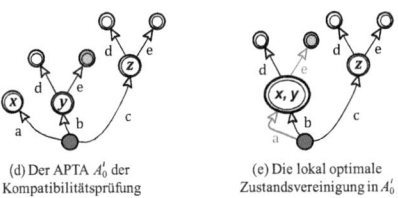

(d) Der APTA A_0' der Kompatibilitätsprüfung
(e) Die lokal optimale Zustandsvereinigung in A_0'

Abb. 6.10: Die durch Komplementärmengenanfragen überprüfte lokal optimale Zustandsvereinigung von (x, y) mit dem hervorgehobenen Gegenbeispiel $\mathsf{a} \cdot \mathsf{e} \in V_+^{Ziel}$

Zur Vermeidung lokaler Optima werden wir Komplementärmengenanfragen einsetzen, die die negativen Suffixe von Zuständen überprüfen. Die Grundidee hinter der Anwendung dieses Anfragetyps ist, dass Zustände vereinigt werden können, wenn sie äquivalente Suffixe besitzen. Die bislang in der Literatur und in dieser Arbeit interaktiv untersuchten Suffixe beschränken sich allerdings auf positives Verhalten. Bei einer lokal optimalen Zustandsvereinigung entsteht jedoch wie oben beschrieben stets ein Szenario $\mathsf{b} \cdot \mathsf{e} \in V_-^{Ziel}$, dass einen negativen Suffix e für den Zustand y bildet, der für x positiv ist (s. Abbildung 6.10 (d)). Finden wir daher den Suffix e für y, können die Zustände x und y nicht äquivalent sein, so dass die Vereinigung lokal optimal ist.

6 Funktionale Vervollständigung von Szenariospezifikationen

Wir überprüfen daher die Äquivalenz vereinigter Zustände in einer zusätzlich *Kompatibilitätsprüfung*, die nach der Merge-Validation-Technik ausgeführt wird (s. Auflistung 6.2). Die Kompatibilitätsprüfung besteht aus den folgenden drei Schritten, die in der Auflistung durch Kommentare hervorgehoben sind:

1. *Konstruiere den APTA* - Konstruiere den APTA der Merge-Validation-Technik und füge diesem die entdeckten negativen Szenarien hinzu.

2. *Vereinige Zustände der Merge-Validation-Technik* - Führe auf dem APTA in der gleichen Reihenfolge die Zustandsvereinigungen durch, die in der Merge-Validation-Technik bestätigt worden sind.

3. *Erkenne und verhindere lokale Optima* - Validiere die Zustandsvereinigungen über Komplementärmengenanfragen. Falls ein Gegenbeispiel gefunden wird, füge es den positiven Szenarien der Szenariospezifikation hinzu und verwerfe die Vereinigung.

```
1   // 1. Konstruiere den APTA
2   MergeValidation mergeValidation = new MergeValidation();
3   ScenarioSpecification SSpecFV = mergeValidation.completeComposition(SSpecSV);
4   ALTS Ai = APTA(SSpecFV);
5
6   // 2. Vereinige Zustände der Merge-Validation-Technik
7   for(StatePair mergedMVStates : mergeValidation.getMergedStates()) {
8       boolean accepted = true;
9
10      // 3. Erkenne und verhindere lokale Optima
11      if(accepted) {
12          List<MergeValidationQuery> djQueries = generateDisjointnessQueries(selectedStates);
13          for (MergeValidationQuery disjointnessQuery : djQueries) {
14              if(!oracle.query(disjointnessQuery)) {
15                  SSpecFV.addPositiveScenario(disjointnessQuery.getCounterexample());
16                  accepted = false;
17                  break;
18      } } }
19
20      if(accepted) {
21          Ai.merge(mergedMVStates);
22  } }
```

Auflistung 6.2: Die Kompatibilitätsprüfung des JigSCI-Verfahrens

Kommt es dann wie in Abbildung 6.9 trotz der Merge Validation zu einer lokal optimalen Zustandsvereinigung eines Zustandspaares (x, y), wird bei der Untersuchung der Zustände $\{x, y\}$ und z eine Bestätigungsanfrage gestellt, die das negative Szenario b · e $\in V_-^{Ziel}$ ergibt. Das Szenario wird in den APTA der Kompatibilitätsprüfung übernommen und während der Untersuchung des Zustandspaares (x, y) durch Komplementärmengenanfragen überprüft. Weil der Suffix e für x im Gegensatz zu y positiv ist, führt eine der Komplementärmengenanfragen zu dem Gegenbeispiel a · e $\in V_+^{Ziel}$, das der Szenariospezifikation hinzugefügt wird. Die Spezifikation enthält dann durch a · e $\in S_+$ und b · e $\in S_-$ einen Widerspruch zur lokal optimalen Vereinigung des Paares (x, y), welche dadurch eliminiert wird.

Im Folgenden werden wir die Komplementärmengenanfragen zur Überprüfung der negativen Suffixe einführen und zeigen, dass durch die iterative Ausführung der Merge-Validation-Technik und Komplementärprüfung eine Szenariospezifikation funktional vervollständigt wird.

Komplementärmengenanfragen

Zur Erkennung der lokalen Optima müssen die negativen Suffixe eines Zustands im Kontext jedes positiven Präfixes überprüft werden. Wir definieren daher die Komplementärmengenanfragen analog zu den Bestätigungsanfragen aus Abschnitt 6.2.1, verwenden Szenarien, die sich aus elementaren Präfixen und Suffixen zusammensetzen, und ergänzen diese durch das Verhalten angrenzender Zusammenhangskomponenten.

Definition 6.13 (Komplementärmengenanfrage). *Sei $V^{Ziel} = (V_+^{Ziel}, V_-^{Ziel})$ das Referenzverhalten und $A = (Q, \Sigma, \delta, q_0, F_+, F_-, F)$ ein ALTS mit zwei Zuständen $q_r, q_b \in Q$, den Spuren $p_r \in Pr(q_r)$ und $p_b \in Pr(q_b)$ sowie den Suffixen $s_r \in Pr(sn_r)$ und $s_b \in Pr(sn_b)$, die sich aus den Suffixen sn_r von q_r und sn_b von q_b, die in negativen Zuständen F_- enden, ergeben. Für zu überprüfende negative Szenarien $u = p_r \cdot s_b$ oder $u = p_b \cdot s_r$ sind die Klassifikationsszenarien $cls(u)$ wie in Definition 6.5 definiert.*

Eine Komplementärmengenanfrage (engl. disjointness queries) $DJQ(u)$ ist eine Anfrage der Form $DJQ(u) := \text{„}cls(u) \subseteq V_-^{Ziel}?\text{"}$.

Beispiel 6.14. Wir betrachten die lokal optimale Zustandsvereinigung, die durch die Zustände $x_0 = 15$, $y_0 = 1$ und $z_0 = 3$ im ALTS A_0 (s. Abbildung 6.2) entsteht. Die Merge-Validation-Technik untersucht das Paar (3,1) und stellt die in Tabelle 6.2 aufgelisteten Bestätigungsanfragen.

Bestätigungsanfragen	Antwort
Gang D einlegen • Hindernis taucht auf · Vorschlag zurückziehen $\subseteq V_+^{Ziel}$?	Nein
Gang D einlegen • von Lücke entfernen · Vorschlag zurückziehen $\subseteq V_+^{Ziel}$?	-
Gang D einlegen • Gang R einlegen und blinken · .... Parkführung ausblenden $\subseteq V_+^{Ziel}$?	-

Tabelle 6.2: Eine der verworfenen Bestätigungsanfragen des Zustandspaares (3,1)

Die erste Bestätigungsanfrage wird verneint und das Gegenbeispiel **Gang D einlegen · e** mit dem negativen Suffix **e = Hindernis taucht auf · Vorschlag zurückziehen** der Szenariospezifikation hinzugefügt. Die lokal optimale Zustandsvereinigung (15,2) wird darauffolgend analog zu Beispiel 6.10 durchgeführt, so dass das Ergebnis der Merge-Validation-Technik eine Szenariospezifikation ist, die das Transitionssystem A_5 ergibt (s. Abbildung 6.8).

Die Szenariospezifikation wird durch die Kompatibilitätsprüfung untersucht, welche den APTA A_{KP0} (s. Abbildung 6.11) erstellt. Der APTA enthält durch die verneinte Bestätigungsanfrage **e** als Suffix für den Zustand **1**. In der Reihenfolge der Merge-Validation-Technik wird das Paar (4,1) überprüft und vereinigt und dann die lokal optimale Zustandsvereinigung (15,2) durch die Komplementärmengenanfrage in Tabelle 6.3 untersucht.

Komplementärmengenanfrage	Antw.
Gang D einlegen · ((Lücke passieren · Lücke ausschließen)* · (Lücke vorschlagen · Lücke passieren)*)* · Lücke passieren • Lücke vorschlagen · Hindernis taucht auf · Vorschlag zurückziehen $\not\subseteq V_+^{Ziel}$?	Nein

Tabelle 6.3: Die Komplementärmengenanfrage zur Vermeidung des lokalen Optimums (15,2)

Da das Szenario „**Gang D einlegen · Lücke passieren · Lücke vorschlagen · Lücke passieren · Lücke ausschließen · Hindernis taucht auf · Vorschlag zurückziehen**" positiv ist, wird die Anfrage durch den Ingenieur verneint und dieses Szenario als Gegenbeispiel angegeben. Da das Transitionssystem A_5

106 6 Funktionale Vervollständigung von Szenariospezifikationen

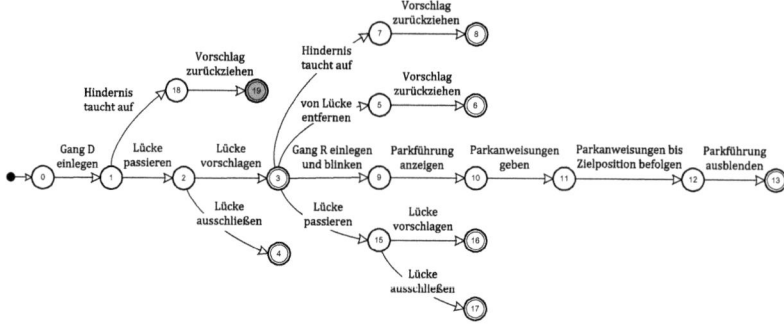

Abb. 6.11: Das um den negativen Suffix $e =$ Hindernis taucht auf · Vorschlag zurückziehen ergänzte ALTS A_{KP0}

das Szenario nicht akzeptiert, ist die Lösung der Merge-Validation-Technik untergeneralisiert. Das Szenario wird der Szenariospezifikation hinzugefügt und schließt in Kombination mit dem negativen Szenario Gang D einlegen · e der Bestätigungsanfrage aus Tabelle 6.2 das lokale Optimum aus. Eine erneute Anwendung der Merge-Validation-Technik führt dann zum gesuchten Transitionssystem.

6.2.5 Funktionale Vervollständigung

Um alle lokalen Optima einer Szenariospezifikation $S = (S_+, S_-)$ zu entfernen, setzen wir die Merge-Validation-Technik (MV) und Komplementärprüfung (KP) wie folgt iterativ ein:

1. Wende die MV auf S an. Wird eine Fehlkomposition durch Bestätigungsanfragen gefunden, ergänze S_- um das Gegenbeispiel der Anfrage.

2. Untersuche die entstehende Szenariospezifikation S' durch die KP. Wurde das LTS der MV durch ein lokales Optimum untergeneralisiert, wurde ein negativer Suffix durch die MV hinzugefügt. Decke das lokale Optimum durch Komplementärmengenanfragen auf und füge ein positives Szenario als Gegenbeispiel hinzu.

3. Starte den Prozess erneut mit der MV und S', um eine gültige Partition ohne lokales Optimum zu finden. Wird in der MV und anschließend der KP kein Gegenbeispiel erkannt, gib S' als Lösung des JigSCI-Verfahrens aus.

Die iterative Anwendung der Merge-Validation-Technik und Komplementärprüfung vervollständigt eine Szenariospezifikation funktional. Zum Beweis dieser These zeigen wir zunächst die Korrektheit der Merge-Validation-Technik und der Komplementärprüfung. Die Merge-Validation-Technik ist korrekt, wenn ein negatives Szenario gefunden wird gdw. ein übergeneralisiertes LTS aus einer Eingabespezifikation abgeleitet wird. Findet die Kompatibilitätsprüfung anschließend ein positives Szenario gdw. das aus der Eingabespezifikation abgeleitete LTS untergeneralisiert ist, ist diese korrekt. Wir zeigen die erste Eigenschaft auf Basis von Satz 6.8 und die Korrektheit der Kompatibilitätsprüfung, indem wir die Komplementärmengenanfrage, die ein lokales Optimum zweier Zustände aufdeckt, analog zu Abbildung 6.9 angeben.

6.2 Abgesicherte Erschließung der Szenariokomposition

Anschließend zeigen wir auf Basis der strukturellen Vollständigkeit, dass das erschlossene Transitionssystem exakt ist, da es weder über- noch untergeneralisiert ist. Die strukturelle Vollständigkeit der Eingabespezifikation garantiert dabei, dass für jedes Szenario $s \in V_+^{Ziel}$ eine Menge von Pfaden $s_0, \ldots, s_n$ zwischen Zuständen q_{2i} und q_{2i+1} im APTA der Eingabespezifikation existieren und durch die Vereinigung der Zustandspaare (q_{2i}, q_{2i-1}) komponiert werden, so dass s durch das entstehende LTS akzeptiert wird (s. Abbildung 6.12).

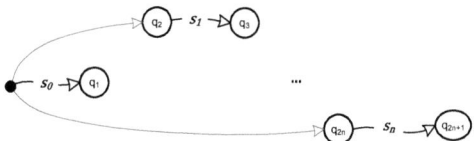

Abb. 6.12: Die Darstellung eines beliebigen Szenarios $s \in V_+^{Ziel}$, das stückweise durch die Pfade $s_0, \ldots, s_n$ in dem APTA einer strukturell vollständigen Szenariospezifikation existiert

Weiterhin wissen wir durch Theorem 6.1, dass eine global optimale Menge von Vereinigungen existiert, so dass die Pfade aller $s \in V_+^{Ziel}$ komponiert werden können, ohne dass ein negatives Szenario aus V_-^{Ziel} durch das entstehende LTS akzeptiert wird. Verhindern wir nun durch die Merge-Validation-Technik die Übergeneralisierung und durch die Komplementärprüfung die Untergeneralisierung des Lösungstransitionssystems, erschließen wir das Referenzverhalten.

Satz 6.15. *Sei $V^{Ziel} = (V_+^{Ziel}, V_-^{Ziel})$ das Referenzverhalten, A_{Ziel} das minimale LTS, das das Referenzverhalten akzeptiert, S eine bezüglich A_{Ziel} strukturell vollständige Szenariospezifikation, die durch die Merge-Validation-Technik (MV) und die Komplementärprüfung (KP) zur Szenariospezifikation $S' = (S_+, S_-)$ ergänzt wird. Dann gilt für das LTS $A = syn_{BF}(S)$, dass:*

1. *MV findet ein negatives Szenario $\Leftrightarrow L(A) \not\subseteq V_+^{Ziel}$,*
2. *Wenn MV kein negatives Szenario findet, dann gilt: KP findet ein positives Szenario $\Leftrightarrow$ in A existiert eine lokal optimale Partition,*
3. *MV findet kein negatives Szenario und KP kein positives Szenario $\Leftrightarrow A$ ist äquivalent zu A_{Ziel}.*

Beweis. 1. „$\Rightarrow$": Wenn MV ein Szenario $s \in V_-^{Ziel}$ findet, dann existiert eine Bestätigungsanfrage mit einem Klassifikationsszenario cls, so dass $s \in cls \not\subseteq V_+^{Ziel}$. Da $s \in L(A)$, wenn syn_{BF} ohne MV ausgeführt wird, folgt $L(A) \not\subseteq V_+^{Ziel}$.
„$\Leftarrow$": folgt aus Satz 6.8.

2. „$\Rightarrow$": Sei s das von KP gefundene positive Szenario. Dann existiert eine Komplementärmengenanfrage mit dem Klassifikationsszenario $s = pr(x) \cdot \overline{s}(y) \in V_+^{Ziel}$, wobei $\overline{s}(y)$ ein negativer Suffix von y ist. Angenommen, s wäre schon in $L(A)$, dann wäre `merge(x,y)` keine kompatible Vereinigung, weil es einen positiven Suffix $s(x)$ geben muss, so dass s ein Präfix von $pr(x) \cdot s(x)$ ist. Da die Vereinigung jedoch validiert wurde, muss gelten $s \notin L(A)$ und nach Definition 6.11 ist x Teil einer lokal optimalen Partition.
„$\Leftarrow$": Seien x und y zwei Zustände einer lokal optimalen Vereinigung, so dass ein Szenario $s = pr(x) \cdot e \in V_+^{Ziel}$, aber nicht in $L(A)$ ist. Dann gibt es einen negativen Suffix $\overline{s}(y)$ mit $e = \overline{s}(y) \cdot w$. Dann gibt es die Komplementärmengenanfrage bei der Validierung der Vereinigung der Zustände x und y mit dem Klassifikationsszenario cls und $s' = pr(x) \cdot \overline{s}(y) \in cls$. Aus der Präfixabgeschlossenheit folgt, dass auch $pr(x) \cdot \overline{s} \in V_+^{Ziel}$, also wird es als positives Szenario hinzugefügt.

3. „$\Rightarrow$": Da MV kein negatives Szenario findet, folgt aus 1., dass $L(A) \subseteq V_+^{Ziel}$. Wenn dann KP kein positives Szenario findet, existiert nach 2. keine lokal optimale Partition, d.h. $L(A) \supseteq V_+^{Ziel}$. Also folgt $L(A) = V_+^{Ziel}$.

„$\Leftarrow$": Wenn A äquivalent zu A_{Ziel} ist, gilt $L(A) = V_+^{Ziel}$, d.h. MV kann nach 1. kein negatives Szenario finden. Darüber hinaus kann keine lokal optimale Partition existieren, also findet nach 2. auch KP kein positives Szenario.

Da jede Übergeneralisierung anhand eines positiven Suffixes durch die Merge-Validation-Technik und jede Untergeneralisierung über die negativen Suffixe durch die Komplementärprüfung aufgedeckt wird, endet der iterative Prozess erst, wenn aus der vervollständigten Szenariospezifikation das gesuchte LTS durch den Blue-Fringe-EDSM-Algorithmus ableitbar ist. Durch Induktion über die iterativen Schritte folgt daher, dass, wenn das JigSCI-Verfahren kein Gegenbeispiel während der Interaktion findet, die Eingabeszenariospezifikation funktional vollständig ist.

Theorem 6.16. *Sei S eine strukturell vollständige Szenariospezifikation. Findet das JigSCI-Verfahren in S keine fehlenden Szenarien, dann ist die Ausgabespezifikation S' funktional vollständig.*

Beweis. Das Theorem folgt induktiv aus Satz 6.15.3.

6.3 Effiziente Erschließung der Szenariokomposition

Die Merge-Validation-Technik und die Kompatibilitätsprüfung des vorangegangenen Abschnitts stellen die maximale Interaktion des JigSCI-Verfahrens dar, die benötigt wird, um im Kontext des Blue-Fringe-EDSM-Algorithmus die Komposition einer Szenariospezifikation umfassend zu erschließen. Durch die Betrachtung aller Präfix- und Suffix-Kombinationen durch die Bestätigungs- und Komplementärmengenanfragen ist der zu betreibende Aufwand zur Herstellung der Vollständigkeit allerdings hoch. Er kann in Fällen sicherheitskritischer Systeme zwar gerechtfertigt sein. Eine effiziente Erschließung der Kompositionen ist allerdings nicht möglich.

Zur Reduktion des Interaktionsaufwandes beschränken wir die zu untersuchenden Zustandspaare über die Mustererkennung des Scenario Puzzlings in Kapitel 5.3.1. Die Über- und Untergeneralisierung wird dann zwar trotzdem bezogen auf diese Zustandspaare verhindert. Da jedoch nicht alle Zustandspaare untersucht werden, ist eine Untergeneralisierung ohne das Auftreten von lokalen Optima möglich. Weiterhin vereinfachen wir die Komplementärmengenanfragen auf komplementäre Elementanfragen und schränken die Interaktion auf kürzeste Präfixe ein. Wir zeigen auf Basis der formalen Ergebnisse des vorangegangenen Abschnitts, dass dadurch eine Übergeneralisierung bei einer stark reduzierten Interaktion verhindert werden kann, wenn durch die Komplementärelementanfragen lokale Optima vermieden werden.

6.3.1 Musterbasierte Induktion von Szenariokompositionen

Zur Steigerung der Effizienz in der Komposition von Szenariospezifikationen setzen wir die Delta-EDSM-Heuristik aus Kapitel 5.3.1 zur Auswahl von Zustandspaaren ein. Wir verwenden die selectStatePair-Funktion des Scenario Puzzlings aus Appendix A.3 und ersetzen die in Auflistung 6.1 verwendete Selektion des Blue-Fringe-EDSM-Algorithmus. Analog zum Scenario Puzzling entfällt dann durch die Erhöhung des EDSM-Minimalwerts die Validierung von heuristisch irrelevanten Zustandspaaren.

Die Selektion wird weiterhin um eine Ausnahme erweitert, die wir zur Berücksichtigung von Zuständen ohne ausgehende Transition benötigen. Wir nennen im Folgenden Zustände ohne ausgehende Transitionen Endzustände. Bei einem EDSM-Minimalwert von $\alpha > 0$ werden Endzustände durch den Blue-Fringe-Delta-EDSM-Algorithmus nicht selektiert, da sie keine Suffixe aufweisen und daher keine gemeinsamen Muster mit anderen Zuständen zur Anhebung der Bewertung erkannt werden können. Weil jedoch insbesondere Endzustände Deadlocks in reaktiven Systemen darstellen und es daher selten vorkommt, dass Zustände ohne ausgehende Transitionen nicht vereinigt werden müssen, führen wir für Endzustände eine Ausnahme in der Auswahl von Zustandspaaren ein. Wir selektieren in der Merge-Validation-Technik alle Zustandspaare (q_b, q_r) mit einer EDSM-Delta-Bewertung größer oder gleich dem EDSM-Minimalwert oder falls q_b ein Endzustand ist.

Beispiel 6.17. Betrachte den APTA der Spezifikation $S_{PSS'}$ ohne negative Szenarien (s. Abbildung 6.2). Bei einem EDSM-Minimalwert von $\alpha = 0$ sind die Zustände des ALTS zu 153 selektierbaren Zustandspaare permutierbar. Durch das Anheben des Minimalwerts auf $\alpha = 1$ müssen zur Vervollständigung der Szenariospezifikation alle Zustandspaare mit einem gemeinsamen Suffix, die akzeptierenden Zustandspaare sowie die Endzustände verglichen werden. Durch diese Einschränkung müssen maximal 28 akzeptierende Zustände untereinander, 66 Kombinationen um die Endzustände zu vereinigen und zwei Zustandspaare aufgrund der Ähnlichkeit validiert werden. Die Validierung führt zu den in Abbildung 6.13 markierten gültigen Zustandsvereinigungen, die ohne Einschränkung durch Bestätigungs- und Komplementärmengenanfragen auf Übergeneralisierung und lokale Optima überprüft werden.

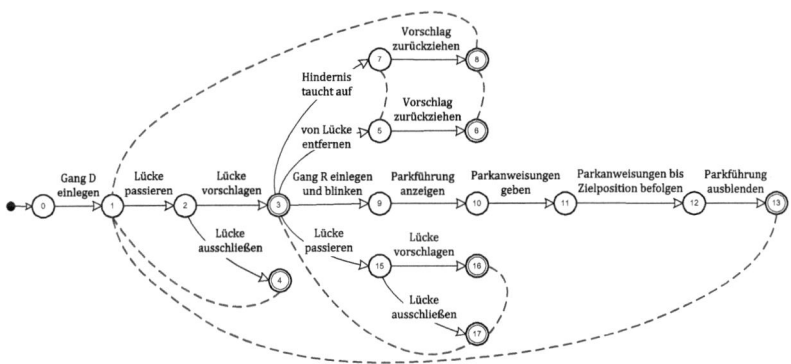

Abb. 6.13: Die bei einem EDSM-Minimalwert von $\alpha = 1$ durchgeführten Kompositionen

Die zu untersuchenden Zustandspaare werden durch das Anheben des EDSM-Minimalwerts im schlechtesten Fall von 153 auf 96 um circa ein Drittel reduziert und gewährleisten im Beispiel die Erschließung des gesuchten Transitionssystems $A_{PSS'}$ (vgl. Abbildung 6.8). Durch die Verwendung des EDSM-Minimalwerts $\alpha = 2$ entfallen weiterhin die Vergleiche der Zustandspaare, die nur einen gemeinsamen Suffix haben und die der akzeptierenden Zustände. Das Maximum sinkt dadurch auf die Erkennung der Vereinigung der Endzustände und somit auf 66 Anfragen. Das resultierende Transitionssystem ist dann zwar durch die durchgeführte Vereinigung der Zustände (7,5) nicht minimal, jedoch werden die restlichen Vereinigungen aus Abbildung 6.13 durchgeführt, so dass das erschlossene Transitionssystem trotz der Reduktion der betrachteten Zustandspaare äquivalent zu $A_{PSS'}$ ist.

6.3.2 Auswahl gestellter Merge-Validation-Anfragen

Die Zustände eines gesuchten Transitionssystems sind durch ihre kürzesten Präfixe identifizierbar. Erreichen wir es daher, die durch die kürzesten Präfixe beschriebenen Zustände korrekt zu vereinigen, ist das gesuchte Transitionssystem erschließbar. Zur weiteren Reduktion der Interaktion der Merge-Validation-Technik schränken wir daher die Bestätigungsanfragen auf die Untersuchung von kürzesten Präfixen ein und validieren ausschließlich deren Suffixerweiterungen.

Definition 6.18 (Bestätigungsanfragen bezüglich der kürzesten Präfixe). *Sei $V^{Ziel} = (V_+^{Ziel}, V_-^{Ziel})$ das Referenzverhalten und $A = (Q, \Sigma, \delta, q_0, F_+, F_-, F)$ ein ALTS mit zwei Zuständen $q_r, q_b \in Q$, den kürzesten Präfixen $sp(q_r) \in Pr(q_r)$ und $sp(p_b) \in Pr(q_b)$ sowie den Suffixen s_r von q_r und s_b von q_b, die in Zuständen F_+ enden. Für zu überprüfende Linearisierungen $u = sp(p_r) \cdot s_b$ oder $u = sp(p_b) \cdot s_r$ sind die Klassifikationsszenarien $cls(u)$ wie in Definition 6.5 definiert.*

Eine Bestätigungsanfrage bezüglich kürzester Präfixe $CFQ(u)$ ist eine Anfrage der Form $CFQ(u) := \text{„} cls(u) \subseteq V_+^{Ziel}? \text{"}$.

Beispiel 6.19. Die Bestätigungsanfragen für kürzeste Präfixe unterscheiden sich in dem Parksystem dieses Kapitels nicht von den Bestätigungsanfragen aller Präfixe. Die Bestätigungsanfragen bezüglich der kürzesten Präfixe des Zustandspaares (15,2) sind in Beispiel 6.6 gegeben.

Diese eingeschränkte Variante der Interaktion verhindert bereits eine Übergeneralisierung des Lösungstransitionssystems, wenn keine lokal optimalen Zustandsvereinigungen auftreten. Um diese These zu zeigen, nehmen wir an, dass zu jedem Zustand eines Blocks die Suffixe im Referenzverhalten die gleichen sind wie die des kürzesten Präfixes des Blocks (d.h., dass nur Zustände mit äquivalenten Suffixen vereinigt wurden und daher noch keine lokal optimalen Zustandsvereinigungen aufgetreten sind) und weisen nach, das eine Verhinderung der Übergeneralisierung dann unter der Kontrolle der Bestätigungsanfragen bezüglich der kürzesten Präfixe vom Blue-Fringe-EDSM-Algorithmus beibehalten wird.

Satz 6.20. *Sei $V^{Ziel} = (V_+^{Ziel}, V_-^{Ziel})$ das Referenzverhalten, A_0 ein APTA und π eine Partition des APTA, so dass für $A_i = A_0/\pi$ gilt $L(A_i) \subseteq V_+^{Ziel}$. Wenn für alle Blöcke $B \in \pi$ gilt $V_+^{Ziel}/p_i \subseteq V_+^{Ziel}/p_s$ mit $p_i, p_s \in Pr(B), p_i \geq p_s$ und alle Bestätigungsanfragen bezüglich der kürzesten Präfixe für ein Zustandspaar (q_b, q_r) in A_i mit Ja beantwortet werden, dann gilt $L(A_i/_{q_r=q_b}) \subseteq V_+^{Ziel}$.*

Beweis. Sei $x \in L(A_i/_{q_r=q_b})$. Ist $x \in L(A_i)$ gilt nach Voraussetzung $x \in V_+^{Ziel}$. Andernfalls ist x durch die Vereinigung von q_b und q_r entstanden und es gilt $x \in Pr(q_r) \cdot L(A_i)/q_b$ oder $x \in Pr(q_b) \cdot L(A_i)/q_r$. Da analog zu Satz 6.8 durch die Bestätigungsanfragen bezüglich der kürzesten Präfixe alle Suffixerweiterungen eingeschränkt auf die kürzesten Präfixe überprüft werden, gilt $sp(q_b) \cdot L(A_i)/q_r \subseteq V_+^{Ziel}$ und $sp(q_r) \cdot L(A_i)/q_b \subseteq V_+^{Ziel}$. Nach Voraussetzung gilt dann $L(A_i)/q_b \subseteq V_+^{Ziel}/q_r$ und $L(A_i)/q_r \subseteq V_+^{Ziel}/q_b$. Folglich gilt $p_r \cdot L(A_i)/q_b \subseteq p_r \cdot V_+^{Ziel}/p_r \subseteq V_+^{Ziel}$ und $p_b \cdot L(A_i)/q_r \subseteq p_b \cdot V_+^{Ziel}/p_b \subseteq V_+^{Ziel}$ und daher $x \in V_+^{Ziel}$.

6.3 Effiziente Erschließung der Szenariokomposition

Da der APTA einer Eingabespezifikation per Konstruktion nicht übergeneralisiert ist, folgt durch Induktion, dass das resultierende Lösungstransitionssystem des Blue-Fringe-Delta-EDSM-Algorithmus unter Kontrolle der reduzierten Merge-Validation-Technik und mit der Voraussetzung von $V_+^{Ziel}/p_i \subseteq V_+^{Ziel}/p_s$ nicht übergeneralisiert wird.

Beispiel 6.21. Da sich die Bestätigungsanfragen bezüglich der kürzesten Präfixe im PSS'-System nicht von den Bestätigungsanfragen aller Präfixe unterscheiden, wird eine Übergeneralisierung des PSS'-Systems analog verhindert, obwohl lokale Optima auftreten. Wird durch die Kompatibilitätsprüfung die Untergeneralisierung ausgeschlossen, ist die Verhinderung der Übergeneralisierung durch den Satz sogar unabhängig von der Gleichheit der Bestätigungsanfragen garantiert.

Trotz der Einschränkung der Bestätigungsanfragen auf die kürzesten Präfixe wird somit die Übergeneralisierung durch die entwickelten Bestätigungsanfragen erfolgreich verhindert, wenn keine lokal optimalen Zustandsvereinigungen auftreten. Die Interaktion wird durch die Einschränkung verringert und das Problem der Schlussfolgerung eines exakten Transitionssystems auf das Problem der Verhinderung lokaler Optima reduziert.

6.3.3 Verkürzung und Auswahl der Komplementärmengenanfragen

Die Verhinderung von lokalen Optima ist eine der wesentlichen Aufgaben in der Komposition von Szenarien. Lokale Optima sind in Äquivalenzanfragen aufgrund der Komplexität der Beurteilung der Vollständigkeit von Transitionssystemen für Ingenieure schwer zu erkennen. Die von uns vorgeschlagenen Komplementärmengenanfragen erleichtern die Entdeckung und Eliminierung lokaler Optima, allerdings sind sie trotzdem noch aufwändig und komplex. Auf Basis der Grundidee, dass lokale Optima anhand negativer Suffixe erkennbar sind, reduzieren wir weiter den Aufwand und die Komplexität der Anfragen, indem wir Elementanfragen stellen, die negatives Verhalten während einer Vereinigung untersuchen. Wir nennen diese eingeschränkte Form *Komplementärelementanfragen* und setzen sie ähnlich unseren positiven Elementanfragen aus kürzesten Präfixen und negativen Suffixen zusammen.

Definition 6.22. *Sei* $V^{Ziel} = (V_+^{Ziel}, V_-^{Ziel})$ *das Referenzverhalten,* $A_0 = (Q, \Sigma, \delta, q_0, F_+, F_-, F)$ *ein APTA,* π *eine Partition über* Q *und* A_i *ein ALTS mit* $A_i = A_0/\pi$ *sowie zwei Blöcken* B_r *und* B_b. *Seien kürzesten Präfixe* $sp(q_r)$ *und* $sp(q_b)$ *analog zu den kürzesten Präfixen der Kürzeste-Präfix-Anfragen definiert. Seien weiterhin* s_b *und* s_r *negative Szenario-Suffixe der Blöcke in* A_i, *die in negativen Zuständen* F_- *enden. Eine* Komplementärelementanfrage *ist eine Elementanfrage der Form* „$sp(q_r) \cdot s_b \in V_-^{Ziel}$?" *oder* „$sp(q_b) \cdot s_r \in V_-^{Ziel}$?".

Eine Komplementärelementanfrage ist eine Elementanfrage, die negatives Verhalten überprüft. Damit Ingenieure ihre Antworten nicht doppelt verneinen müssen, werden Komplementärelementanfragen vom JigSCI-Verfahren in positiver Form gestellt. Eine Komplementärelementanfrage ist dann durch „$sp(q_r) \cdot s_b \in V_+^{Ziel}$?" oder „$sp(q_b) \cdot s_r \in V_+^{Ziel}$?" gegeben und wird akzeptiert, wenn der Ingenieur die Anfrage mit Nein beantwortet.

Zur Steigerung der Effizienz des JigSCI-Verfahrens ersetzen die Komplementärelementanfragen die Kompatibilitätsprüfung des vorangegangenen Abschnitts und werden direkt nach den Kürzesten-Präfix-Anfragen in der Merge-Validation-Technik gestellt. Wir validieren jedes vereinigte oder deterministische Zustandspaar durch Komplementärelementanfragen. Ein Paar wird nur vereinigt,

6 Funktionale Vervollständigung von Szenariospezifikationen

wenn alle positiven Anfragen bejaht und die Komplementärelementanfragen verneint worden sind. Die Komplementärelementanfragen überprüfen somit stichprobenartig negative Suffixe vereinigter Zustände und vermeiden lokale Optima in einer effizienten Form, ohne dabei die Untergeneralisierung umfassend auszuschließen.

Beispiel 6.23. Betrachte das lokale Optimum, das durch die Vereinigung des Zustandspaares (15,2) im ALTS A_1 (s. Abbildung 6.4) entsteht. Sei „Hindernis taucht auf · Lücke vorschlagen" ein negativer Suffix des Zustands 2 und e = „Hindernis taucht auf · Vorschlag zurückziehen" ein negativer Suffix des Zustands 1. Durch die Vereinigung des Paares (15,2) werden die Zustände (16,3) und (17,1) determinisiert. Auf Basis der beiden negativen Suffixe wird die Vereinigung durch die Komplementärelementanfragen aus Tabelle 6.4 validiert.

Anfrage	Antwort
Gang D einlegen · Lücke passieren · Lücke vorschlagen · Lücke passieren • Hindernis taucht auf · Lücke vorschlagen $\in V_+^{Ziel}$?	Nein
Gang D einlegen · Lücke passieren · Lücke vorschlagen · Lücke passieren· Lücke ausschließen • Hindernis taucht auf · Vorschlag zurückziehen $\in V_+^{Ziel}$?	Ja

Tabelle 6.4: Die aus der Vereinigung des Zustandspaares (15,2) und Determinisierung des Paares (17,1) entstehenden Komplementärelementanfragen

Der Suffix der ersten Komplementärelementanfrage stellt im Kontext des Zustands 15 negatives Verhalten dar und wird vom Ingenieur durch ein Nein bestätigt. Die Komplementärelementanfrage „Gang D einlegen· Lücke passieren· Lücke vorschlagen· Lücke passieren • Lücke ausschließen· Hindernis taucht auf $\in V_+^{Ziel}$?" deckt hingegen analog zur Komplementärmengenanfrage aus Beispiel 6.14 den Suffix e im Kontext des Zustands 17 als positives Verhalten auf. Die Anfrage wird durch den Ingenieur bejaht und die lokal optimale Zustandsvereinigung dadurch verworfen. Wäre der Suffix e aufgrund des Wegfalls der iterativen Ausführung der Merge-Validation-Technik und der Kompatibilitätsprüfung nicht wie in diesem Beispiel gegeben oder im Kontext der kürzesten Präfixe und durch Szenario-Suffixe erkennbar, hätte die Untergeneralisierung hingegen nicht aufgedeckt werden können.

6.3.4 Anfragecaching

Analog zum Scenario Puzzling verwenden wir in der Merge-Validation-Technik einen Anfragespeicher zur Reduktion der Anfragen, welcher in das Orakel *oracle* in Auflistung 6.1 integriert wird. Der Anfragespeicher wird zum einen genutzt, um die zu einem Zustandspaar generierten Anfragen vorausschauend auf Gültigkeit zu überprüfen und, falls bereits eine verworfen wurde, die Vereinigung ohne Interaktion auszuschließen. Zum anderen müssen in ihm neben Elementanfragen auch Teil- und Komplementärmengenanfragen beurteilt werden. Wir erweitern den Anfragespeicher daher um einen Simulationsalgorithmus [HMU07], der prüft, ob eine Zustandsmaschine in eine anderen Zustandsmaschine ausgeführt werden kann. Wir transformieren dann die Teilmengen- und Komplementärmengenanfragen in Zustandsautomaten und simulieren unter Berücksichtigung der Präfixabgeschlossenheit, ob eine Anfrage bereits durch eine gestellte Anfrage beantwortbar ist. Ist dies der Fall, wird die Antwort auf die Anfrage durch den Anfragespeicher automatisch gegeben und der Interaktionsaufwand verringert.

6.3.5 Reduzierung der Interaktion durch Anfragebeschränkung

Ingenieuren steht somit im JigSCI-Verfahren eine Bandbreite von Anfragen zur Aufdeckung der Szenariokomposition zur Verfügung, die mit ansteigender Komplexität von elementaren Kürzeste-Präfix-Anfragen bis hin zu Bestätigungs- und Komplementärmengenanfragen reicht. Um die Komplexität der Anfragen und den zur Beantwortung notwendigen Aufwand steuern zu können, bieten wir Ingenieuren die Option die Anfragearten durch ein Maximum zu beschränken.

Die Ingenieure geben dafür im JigSCI-Verfahren eine Grenze für die Kürzeste-Präfix- (max_spq), Zyklische-Verhaltens- (max_rbq), Bestätigungs- (max_cfq) sowie für die Komplementärmengen- bzw. Komplementärelementanfragen (max_djq) pro Zustandsvereinigung an. Die Kürzeste-Präfix- und Komplementärelementanfragen werden dabei möglichst gleich bezüglich der kürzesten Präfixe der blauen und roten Zustände verteilt, wodurch eine ausgewogene Beurteilung beider Zustände stattfindet.

Die optionalen Grenzen geben den Ingenieuren die Möglichkeit, die Genauigkeit der Schlussfolgerung der Kompositionsinformationen zu steuern und darüber hinaus mit geringem Aufwand ein Transitionssystem zu erzeugen. Besonders aufwendig zu entdeckende Fehlkompositionen können dann durch die Begutachtung der Transitionssysteme durch die Ingenieure vorgenommen werden, ohne dass Randfälle mit aufwändigen Einzelszenarien untersucht werden müssen. Entdeckte Szenarien können im Anschluss der Szenariospezifikation manuell hinzugefügt und dadurch die Über- und Untergeneralisierungen verhindert werden.

6.4 Ergebnis der Merge Validation

In Kapitel 2.6.5 haben wir zwei Herausforderungen des Blue-Fringe-EDSM-Algorithmus bezüglich der interaktiven Komposition von Szenariospezifikationen auf Basis des QSM-Algorithmus erarbeitet. Die erste Herausforderung eingeschränkt auf die Komposition von Szenarien war, dass die Validierung der kürzesten Präfixe der roten und damit konsolidierten Zustände nicht genügt, um eine Übergeneralisierung zu verhindern. Die unkonsolidierten Zustände werden durch eine Vereinigung ebenfalls konsolidiert und deren Erweiterungen müssen daher überprüft werden. Durch die Verwendung von Kürzeste-Präfix- und Bestätigungsanfragen, die sich sowohl auf die kürzesten Präfixe der roten als auch der blauen Zustände beziehen, konnte dieses Problem verhindert werden. Die zweite Herausforderung war, dass die Suffixe der konsolidierten Zustände nicht schon zu Beginn der Generalisierung konsolidiert sind und sich während der Generalisierung noch ändern. Durch die noch unbekannten Suffixe können lokale Optima entstehen, die Transitionssysteme untergeneralisieren und bewirken, dass nicht nur die Suffixe der kürzesten Präfixe wie in Abschnitt 6.3.2 validiert werden müssen, sondern alle Präfix-Suffix-Kombinationen. Durch die Einführung von Komplementärmengenanfragen wurde eine Lösung für lokale Optima erarbeitet. Diese bewirkten, dass eine Untergeneralisierung verhindert werden kann, wenn alle negativen Suffixe einer Vereinigung validiert werden. In der eingeschränkten Form der Komplementärelementanfragen sind dann zwar noch Untergeneralisierungen möglich, aber wie wir in der Fallstudie zeigen werden, sind diese eingeschränkt. Zum anderen verändern sich die Suffixe der Zustände durch Zyklenbildungen, die Rückkopplungen zum konsolidierten Verhalten schaffen. Durch die Einführung von Zyklische-Verhaltens- und Bestätigungsanfragen wurde dieser Fall ebenfalls ausgeschlossen. Neben der funktionalen Vollständigkeit, die durch die volle Bandbreite der Interaktion des JigSCI-Verfahrens hergestellt werden kann, werden wir die Effektivität der Komposition mit reduzierter Interaktion durch automatische Experimente nachweisen.

114   6 Funktionale Vervollständigung von Szenariospezifikationen

Interaktionsaufwand

Durch die Interaktionsgrenzen lässt sich der Aufwand der eingeschränkte Form der Merge-Validation-Technik für die Menge der Ereignisse des Ereignisalphabets E und der maximalen Anzahl der Kürste-Präfix-Anfragen max_spq, Zyklische-Verhaltens-Anfragen max_rbq, Bestätigungsanfragen max_cfq sowie Komplementärmengen- und Komplementärelementanfragen max_djq für den EDSM-Minimalwert von $\alpha = 0$ im Maximum auf $\mathcal{O}(E) = (\frac{|E|\cdot|E|-1}{2}) \cdot (max\_spq + max\_rbq + max\_cfq + max\_djq)$ begrenzen.

6.4.1 Funktionale Vervollständigung des Parksystems

Zur Demonstration der Merge-Validation-Technik werden wir die Ausgabespezifikation des Scenario Puzzlings $\parallel S_{PSS'} \parallel_{SV}$ (s. Kapitel 5.4) zu einem Transitionssystem komponieren. Durch die negativen Szenarien der Szenariospezifikation werden alle Zustandsvereinigungen bezüglich des Blue-Fringe-Delta-EDSM-Algorithmus ausgeschlossen, die während der Interaktion des Scenario Puzzlings zu mindestens einer verneinten Anfrage geführt haben. Die verbleibenden Zustandsvereinigungen werden mit Hilfe der Merge-Validation-Technik über die Wahl des gleichen EDSM-Minimalwerts $\alpha = 1$ durch einen Ingenieur validiert. Er begrenzt auf Basis seiner Erfahrung die Interaktion auf sechs Kürzeste-Präfix-, sechs Komplementärelement-, fünf Zyklische-Verhaltens- und eine Bestätigungsanfrage pro Zustandsvereinigung, um mit den Elementanfragen mögliche Szenariokompositionen auf Basis einer einfachen Interaktion zu finden und diese über die Komplementärelement- und Teilmengenanfragen auf Unter- und Übergeneralisierungen zu untersuchen.

Der Blue-Fringe-Delta-EDSM-Algorithmus erzeugt als initiale Lösung den APTA A_0 aus Abbildung 6.14. Der APTA wird in der Abbildung nur durch seine positiven Zustände repräsentiert und das negative Verhalten in der Darstellung aus Gründen der Prägnanz ausgelassen.

Auf Basis der roten und blauen Menge werden analog zum Scenario Puzzling Zustandspaare ausgewählt. Die Paare (1,0), (2,0) und (3,0) scheiden aufgrund ihres zu geringen EDSM-Minimalwerts aus. Das Zustandspaar (3,1) wird aufgrund des negativen Szenarios „Gang D einlegen • Hindernis taucht auf" des Scenario Puzzlings ohne Interaktion verworfen.

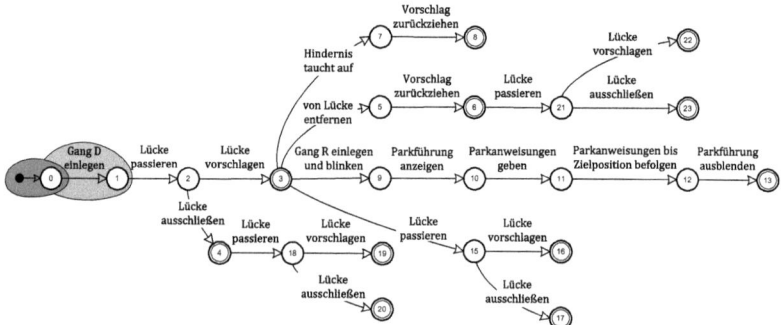

Abb. 6.14: Der aus dem Ergebnis des Scenario Puzzling abgeleitete APTA A_0

6.4 Ergebnis der Merge Validation

Typ	Anfrage	Antwort
DJQs	Gang D einlegen · Lücke passieren · Lücke ausschließen • Lücke passieren· Hindernis taucht auf · Lücke vorschlagen $\in V_+^{Ziel}$?	Nein
	Gang D einlegen · Lücke passieren · Lücke ausschließen • Lücke passieren· Gang D einlegen $\in V_+^{Ziel}$?	Nein
	Gang D einlegen · Lücke passieren · Lücke ausschließen • Lücke passieren· Lücke passieren $\in V_+^{Ziel}$?	Nein
RBQs	Gang D einlegen · (Lücke passieren · Lücke ausschließen)* • Lücke passieren· Lücke vorschlagen $\subseteq V_+^{Ziel}$?	Ja
	Gang D einlegen · (Lücke passieren · Lücke ausschließen)* • Lücke passieren· Lücke ausschließen $\subseteq V_+^{Ziel}$?	Ja

Tabelle 6.5: Die zur Validierung der Zustandsvereinigung (4,1) gestellten Anfragen

Das erste validierte Zustandspaar ist daher das Paar (4,1). Die Interaktion der Merge-Validation-Technik setzt sich aus Kürzeste-Präfix-, Komplementärelement-, Zyklische-Verhaltens- und Bestätigungsanfragen zusammen, welche in dieser Reihenfolge durch das JigSCI-Verfahren gestellt werden (s. Tabelle 6.5). Die Kürzeste-Präfix-Anfragen des Zustandspaares werden bereits durch das Transitionssystem A_0 akzeptiert und daher durch das Anfragecaching automatisch beantwortet. Die negativen Suffixe des Zustands 1 führen daraufhin zu drei Komplementärelementanfragen, welche durch den Ingenieur verneint werden. Die Antworten bestätigen das komplementäre Verhalten der Anfragen, so dass ein lokales Optimum in der Vereinigung ausgeschlossen wird. Die anschließenden Zyklische-Verhaltens-Anfragen der Zeilen 4 und 5 der Tabelle überprüfen den Zyklus Lücke passieren · Lücke ausschließen, der durch die Zustandsvereinigung gebildet wird. Die Anfragen werden durch den Ingenieur bejaht und der Zyklus dadurch akzeptiert. Da die verbleibende Bestätigungsanfrage äquivalent zur ersten Zyklische-Verhaltens-Anfrage ist, wird keine weitere Anfrage gestellt und die Vereinigung durchgeführt. Das resultierende Lösungstransitionssystem $A_1 = A_0/_{1=4}$ ist in Abbildung 6.15 dargestellt.

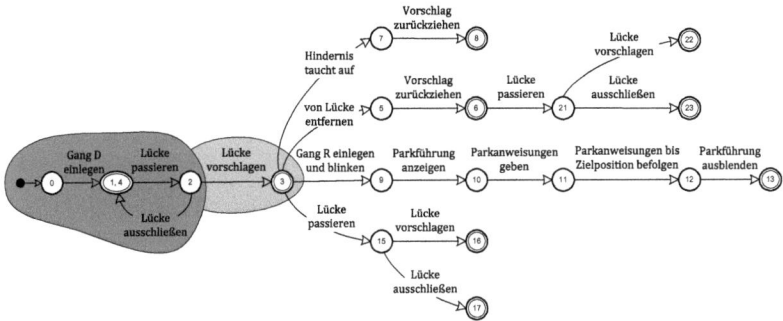

Abb. 6.15: Das durch die Vereinigung der Zustände (4,1) entstehende ALTS A_1

Das nächste zu validierende Zustandspaar ist das Paar (15,2), durch das das lokale Optimum aus Beispiel 6.10 entsteht. Die Kürzeste-Präfix-Anfragen wurden bereits im Scenario Puzzling beantwortet und entfallen daher auch bei diesem Zustandspaar. Anschließend decken die Komplementärelementanfragen analog zu Beispiel 6.23 das lokale Optimum durch die Überprüfung der deterministierten Zustände (17,1) mit der Anfrage „Gang D einlegen · Lücke passieren · Lücke vorschlagen·Lücke passieren•Lücke ausschließen·Hindernis taucht auf $\in V_+^{Ziel}$?" auf (s. Tabelle 6.6). Die Anfrage wird vom Ingenieur mit Ja beantwortet und das lokale Optimum verworfen.

Typ	Anfrage	Antwort
DJQs	Gang D einlegen · Lücke passieren · Lücke vorschlagen · Lücke passieren • Hindernis taucht auf · Lücke vorschlagen $\in V_+^{Ziel}$?	Nein
	Gang D einlegen · Lücke passieren · Lücke vorschlagen · Lücke passieren • Gang D einlegen $\in V_+^{Ziel}$?	Nein
	Gang D einlegen · Lücke passieren · Lücke vorschlagen · Lücke passieren • Lücke passieren $\in V_+^{Ziel}$?	Nein
	Gang D einlegen · Lücke passieren · Lücke vorschlagen · Lücke passieren • Vorschlag zurückziehen $\in V_+^{Ziel}$?	Nein
	Gang D einlegen · Lücke passieren · Lücke vorschlagen · Lücke passieren • Lücke ausschließen · Hindernis taucht auf $\in V_+^{Ziel}$?	Ja

Tabelle 6.6: Die zur Aufdeckung der lokal optimalen Vereinigung der Zustände (15,2) bzw. (17,1) führenden Komplementäranfragen

Das Zustandspaar (7,5) ist das darauffolgende Zustandspaar und stellt die bereits bekannte Reduktion des Transitionssystems bezüglich des Zurückziehens von Parklücken nach dem Entfernen oder dem Auftauchen eines Hindernisses dar. Die beiden Zustände haben im Scenario Puzzling weitere gemeinsame Suffixe erhalten, so dass eine sofortige Vereinigung der Zustände nicht stattfindet. Die Kürzeste-Präfix-Anfragen des Paares werden automatisch bejaht, eine Komplementärelement- und eine Bestätigungsanfrage werden jedoch trotzdem noch gestellt (s. Tabelle 6.7). Die Anfragen werden bestätigt, so dass das Transitionssystem $A_2 = A_1/5=7$ aus Abbildung 6.16 entsteht.

Typ	Anfrage	Antwort
DJQ	Gang D einlegen · Lücke passieren · Lücke vorschlagen · Hindernis taucht auf • Lücke passieren $\in V_+^{Ziel}$?	Nein
CFQ	Gang D einlegen · (Lücke passieren · Lücke ausschließen)* · Lücke passieren · Lücke vorschlagen · Hindernis taucht auf • Vorschlag zurückziehen · Lücke passieren · Lücke ausschließen $\subseteq V_+^{Ziel}$?	Ja

Tabelle 6.7: Die Validierung des Zustandspaares (7,5)

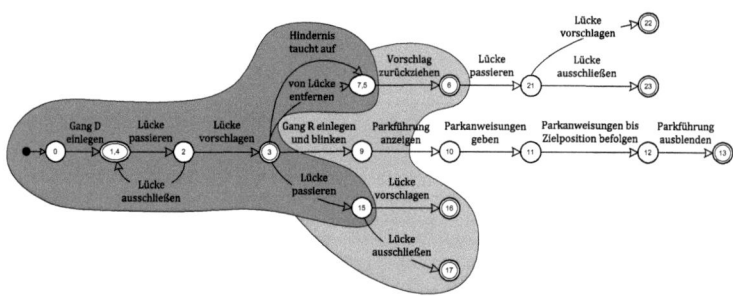

Abb. 6.16: Das ALTS A_2, das durch die Vereinigung der Zustände 7 und 5 entsteht

Zur Validierung der Vereinigung des Zustandspaares (6,1) werden die in Tabelle 6.8 aufgeführten Anfragen gestellt. Die Komplementärelementanfragen werden verneint und die entstehenden Zyklen durch die Zyklische-Verhaltens-Anfragen aus Zeile 4 und 5 validiert. Da diese korrekt sind, werden die beiden Anfragen durch den Ingenieur bestätigt und geben dadurch dem JigSCI-Verfahren ein starkes Indiz, dass die Vereinigung gültig ist. Durch die verbleibende Bestätigungsanfrage werden die beiden Zyklen in Kombination getestet. Der Ingenieur beantwortet auch diese Frage mit Ja,

6.4 Ergebnis der Merge Validation   117

Typ	Anfrage	Antwort
DJQ	Gang D einlegen · Lücke passieren · Lücke vorschlagen · von Lücke entfernen · Vorschlag zurückziehen • Lücke passieren · Hindernis taucht auf · Lücke vorschlagen $\in V_+^{Ziel}$?	Nein
	Gang D einlegen · Lücke passieren · Lücke vorschlagen · von Lücke entfernen · Vorschlag zurückziehen • Lücke passieren · Gang D einlegen $\in V_+^{Ziel}$?	Nein
	Gang D einlegen · Lücke passieren · Lücke vorschlagen · von Lücke entfernen · Vorschlag zurückziehen • Lücke passieren · Lücke passieren $\in V_+^{Ziel}$?	Nein
RBQ	Gang D einlegen · (Lücke passieren · Lücke vorschlagen · Hindernis taucht auf · Vorschlag zurückziehen)* • Lücke passieren · Lücke ausschließen $\subseteq V_+^{Ziel}$?	Ja
	Gang D einlegen · (Lücke passieren · Lücke vorschlagen · von Lücke entfernen · Vorschlag zurückziehen)* • Lücke passieren · Lücke ausschließen $\subseteq V_+^{Ziel}$?	Ja
CFQ	Gang D einlegen · ((Lücke passieren · Lücke ausschließen)* · Lücke passieren · Lücke vorschlagen · (Hindernis taucht auf | von Lücke entfernen) · Vorschlag zurückziehen)* $\subseteq V_+^{Ziel}$?	Ja

Tabelle 6.8: Die Validierung des Zustandspaares (6,1)

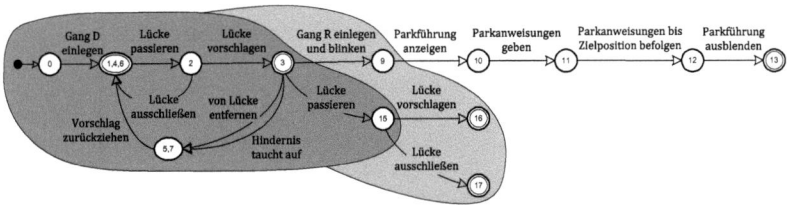

Abb. 6.17: Das ALTS A_3 nach der Vereinigung von (6,1)

was zur Vereinigung der Zustände im Lösungstransitionssystem $A_3 = A_2/_{1=6}$ führt (s. Abbildung 6.17).

Die Vereinigung der Zustandspaare (16,3) und (17,3) würde im Transitionssystem das Verhalten des PSS-Systems bereits erschließen. Jedoch sind die Zustände 16 und 17 Endzustände, so dass dem JigSCI-Verfahren keine Hinweise für die Vereinigung der Paare vorliegen. Durch die Ausnahmebedingung der Delta-EDSM-Heuristik, die wir in Abschnitt 6.3.1 eingeführt haben, werden die Zustände schrittweise mit der Menge der roten Zustände verglichen.

Das erste Zustandspaar, das auf Basis der Ausnahmebedingung untersucht wird, ist (16,1) und wird durch die Anfragen aus Tabelle 6.9 validiert. Die Kürzeste-Präfix-Anfragen werden zunächst bestätigt, weil das Transitionssystem durch die Vereinigung nicht übergeneralisiert wird. Im Anschluss wird dann die Komplementärelementanfrage „Gang D einlegen · Lücke passieren · Lücke vorschlagen · Lücke passieren · Lücke vorschlagen • Hindernis taucht auf $\in V_+^{Ziel}$?" gestellt. Die Anfrage wird bejaht und schließt dadurch das lokale Optimum aus.

Typ	Anfrage	Antwort
SPQ	Gang D einlegen · Lücke passieren · Lücke vorschlagen · Lücke passieren · Lücke vorschlagen • Lücke passieren · Lücke ausschließen $\in V_+^{Ziel}$?	Ja
	Gang D einlegen · Lücke passieren · Lücke vorschlagen · Lücke passieren · Lücke vorschlagen • Lücke passieren · Lücke vorschlagen $\in V_+^{Ziel}$?	Ja
DJQ	Gang D einlegen · Lücke passieren · Lücke vorschlagen · Lücke passieren · Lücke vorschlagen • Hindernis taucht auf $\in V_+^{Ziel}$?	Ja

Tabelle 6.9: Die Kürzeste-Präfix-Anfragen zum Zustandspaar (16,1) und die Verhinderung des lokalen Optimums durch eine Komplementäranfrage

118 6 Funktionale Vervollständigung von Szenariospezifikationen

Typ	Anfrage	Antwort
SPQ	Gang D einlegen · Lücke passieren · Lücke vorschlagen · Lücke passieren · Lücke vorschlagen • Gang R einlegen und blinken · Parkanweisungen geben · Parkanweisungen bis Zielposition befolgen · Parkführung ausblenden $\in V_+^{Ziel}$?	Ja
SPQ	Gang D einlegen · Lücke passieren · Lücke vorschlagen · Lücke passieren · Lücke vorschlagen • Hindernis taucht auf · Vorschlag zurückziehen $\in V_+^{Ziel}$?	Ja
	Gang D einlegen · Lücke passieren · Lücke vorschlagen · Lücke passieren · Lücke vorschlagen • von Lücke entfernen · Vorschlag zurückziehen $\in V_+^{Ziel}$?	Ja
DJQ	...	Nein
RBQ	Gang D einlegen · Lücke passieren · Lücke vorschlagen • (Lücke passieren · Lücke vorschlagen)$^* \subseteq V_+^{Ziel}$?	Ja
CFQ	Gang D einlegen · ((Lücke passieren · Lücke ausschließen)* · Lücke passieren · Lücke vorschlagen • (Lücke passieren · Lücke vorschlagen)* · (Hindernis taucht auf | von Lücke entfernen) · Vorschlag zurückziehen)$^* \subseteq V_+^{Ziel}$?	Ja

Tabelle 6.10: Die zur Validierung der Vereinigung von (16,3) gestellten Anfragen

Im Anschluss wird das Zustandspaar (16,3) selektiert und durch die Anfragen in Tabelle 6.10 validiert. Neben den drei Kürzeste-Präfix- und sechs Komplementäranfragen, die der Prägnanz halber in diesem Beispiel ausgespart wurden, wird der entstehende Zyklus durch eine Zyklische-Verhaltens-Anfrage und im Gesamtzusammenhang durch eine Bestätigungsanfrage geprüft. Die Komplementärelementanfragen werden verneint und die Teilmengenanfragen bejaht. Aus der Vereinigung resultiert das Transitionssystem $A_4 = A_3/_{3=16}$ (s. Abbildung 6.18)

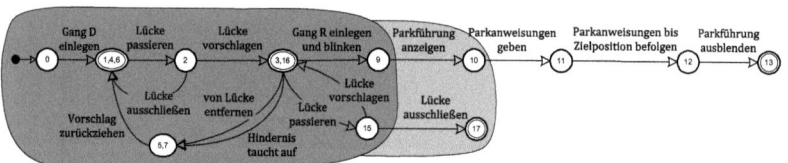

Abb. 6.18: Das nach der Verhinderung der lokalen Optima erkannte mehrmalige Passieren von Parklücken im Transitionssystem A_4

Analog zum Zustand 16 wird dann der Zustand 17 überprüft. Zuerst wird das Paar (17,1) gebildet. Das lokale Optimum würde durch die Komplementärelementanfrage „Gang D einlegen · Lücke passieren · Lücke vorschlagen · Lücke passieren · Lücke ausschließen • Hindernis taucht auf $\in V_+^{Ziel}$?" aufgedeckt werden. Da diese Anfrage bereits während der Validierung des Paares (15,2) gestellt wurde (s. Tabelle 6.6), wird das Zustandspaar automatisch durch die Antworten des Anfragespeichers verworfen.

Typ	Anfrage	Antwort
SPQ	wie in Tabelle 6.10 mit Lücke ausschließen anstatt Lücke vorschlagen	Ja
DJQ	"	Nein
RBQ	Gang D einlegen · Lücke passieren · vorschlagen • (Lücke passieren · Lücke ausschließen)$^* \subseteq V_+^{Ziel}$?	Ja
CFQ	Gang D einlegen · ((Lücke passieren · Lücke ausschließen)* · Lücke passieren · Lücke vorschlagen • (Lücke passieren · (Lücke vorschlagen | Lücke ausschließen))* · (Hindernis taucht auf | von Lücke entfernen) · Vorschlag zurückziehen)$^* \subseteq V_+^{Ziel}$?	Ja

Tabelle 6.11: Die zur Vereinigung des Zustandspaares (17,3) führenden Anfragen

6.4 Ergebnis der Merge Validation   119

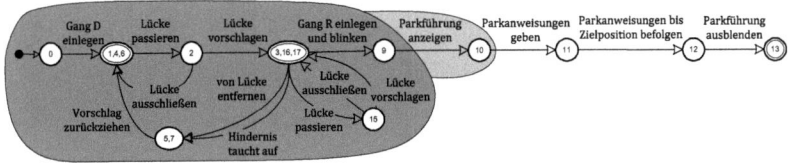

Abb. 6.19: Das ALTS A_5, das bereits das Verhalten des PSS-Systems vollständig umfasst

Für das darauffolgende Zustandspaar (17,3) ergeben sich die Anfragen aus Tabelle 6.11. Die Anfragen unterscheiden sich von denen des Paares (16,3) nur dadurch, dass das Ereignis Lücke ausschließen das Ereignis Lücke vorschlagen ersetzt und zusätzlich in der Bestätigungsanfrage der bereits geschlossene Zyklus zwischen den Zuständen 3 und 16 berücksichtigt wird. Die Anfragen führen zur Vereinigung der Zustände und damit zum Transitionssystem $A_5 = A_4/_{3=17}$.

Die verbleibenden Anfragen sind in Tabelle 6.12 dargestellt. Der Zustand 13 ist ein Endzustand und würde auf Basis der Ausnahme der Selektion und der Delta-EDSM-Heuristik zuerst mit den akzeptierenden Zuständen 1 und 3 verglichen werden. Im Scenario Puzzling wurde jedoch bereits die Anfrage „Gang D einlegen· Lücke passieren· Lücke vorschlagen· Gang R einlegen und blinken· Parkführung anzeigen· Parkanweisungen geben · Parkanweisungen bis Ziel befolgen· Parkführung ausblenden • Lücke passieren $\in V_+^{Ziel}$?" verneint, so dass die beiden Zustandspaare ausgeschlossen werden. Der Algorithmus selektiert daher als nächstes das Zustandspaar (13,0) und validiert dieses durch die Anfragen der Tabelle. Die Anfragen werden bejaht und das finale Transitionssystem $A_6 = A_5/_{0=13}$ aus Abbildung 6.20 erschlossen.

Typ	Anfrage	Antwort
SPQ	Gang D einlegen· ... · Parkführung ausblenden · Gang D einlegen $\in V_+^{Ziel}$?	Ja
DJQ	Lücke vorschlagen $\in V_+^{Ziel}$?	Nein
RBQ	(Gang D einlegen· ... · Parkführung ausblenden)* $\subseteq V_+^{Ziel}$?	Ja
	(Gang D einlegen · Lücke passieren · Lücke vorschlagen · Lücke passieren· Lücke vorschlagen · ... · Parkführung ausblenden)* $\subseteq V_+^{Ziel}$?	Ja
	(Gang D einlegen · Lücke passieren · Lücke vorschlagen · Lücke passieren· Lücke ausschließen · ... · Parkführung ausblenden)* $\subseteq V_+^{Ziel}$?	Ja
CFQ	Die durch das resultierende Transitionssystem A_6 induzierte Bestätigungsanfrage	Ja

Tabelle 6.12: Die verbleibenden Anfragen, die die Vereinigung der Zustände (13,0) bestätigen

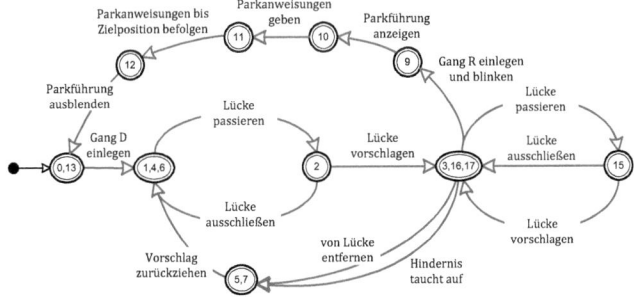

Abb. 6.20: Das durch das JigSCI-Verfahren erschlossene Transitionssystem A_6

Das Transitionssystem ist vollständig konsolidiert und stellt das resultierende Lösungstransitionssystem der Merge-Validation-Technik dar. Es kann durch die Eingabe der vervollständigten Szenariospezifikation durch den Blue-Fringe-Delta-EDSM-Algorithmus wiederhergestellt werden. Weil das Transitionssystem äquivalent zum Transitionssystem $A_{PSS'}$ ist, konnten wir daher die Szenariospezifikation erfolgreich funktional bezüglich des Blue-Fringe-Delta-EDSM-Algorithmus und des PSS'-Systems vervollständigen.

7

Realisierung und Methodik des Verfahrens

Die in den vorangegangenen Kapiteln entwickelten Scenario-Puzzling- und Merge-Validation-Techniken werden in diesem Kapitel zusammengeführt. Zunächst beschreiben wir in Abschnitt 7.1 einen Prototyp des JigSCI-Verfahrens, der die beiden Techniken und ihr Zusammenspiel realisiert. Die empfohlene Verwendungsweise des Prototyps wird im folgenden Abschnitt 7.2 in einer Methodik festgehalten.

7.1 Realisierung des Verfahrens

Zur Validierung der Umsetzbarkeit und zum Nachweis der Interaktionseffizienz des JigSCI-Verfahrens wurden die Scenario-Puzzling- und Merge-Validation-Techniken realisiert. Die maßgeblichen Realisierungsschritte sind die Implementation der Algorithmen aus Kapitel 5 und 6, die Darstellung von Anfragen in einer Benutzeroberfläche sowie die Modellierung von Eingabespezifikationen und ALTS. Wir stellen im Folgenden den Aufbau der Software vor und gehen auf die drei Schritte näher ein.

7.1.1 Aufbau und Umsetzung

Das JigSCI-Verfahren wurde auf Basis einer Drei-Schichten-Architektur entwickelt, die aus einer Datenhaltungs-, einer Logik- und einer Präsentationsschicht besteht (s. Abbildung 7.1).

In der Datenhaltungsschicht werden Funktionsstrukturen, Szenariospezifikationen und ALTS entsprechend ihrer mathematischen Definitionen aus Kapitel 2 und 5 in Java dargestellt. Hierzu wurden mit Hilfe des Eclipse Modeling Framework (EMF) [BBM03] aus den Definitionen Java-Repräsentationen generiert. Das Framework dient als Persistenzschicht der Repräsentationen und ermöglicht über seine EMF-Edit-Komponente eine zügige Entwicklung eines grafischen Editors für Funktionsstrukturen.

Die erstellten Datenstrukturen bilden die Grundlage der Logikschicht. Neben der Erreichbarkeitsanalyse (Reachability Analyzer), dem Scenario Puzzling (Scenario Puzzling Strategy) und der Merge Validation (Merge Validation Strategy) wurde in dieser Schicht der Blue-Fringe-EDSM-Algorithmus implementiert und durch die EDSM-Deltabewertung erweitert (Blue-Fringe-Delta-EDSM). Die Interaktion der Algorithmen wurde über einen gemeinsamen Anfragengenerator (Query Generator) und eine Orakel-Schnittstelle (JigSCI Oracle) unter dem Zugriff auf den Anfragespeicher (Query Cache) realisiert.

122   7 Realisierung und Methodik des Verfahrens

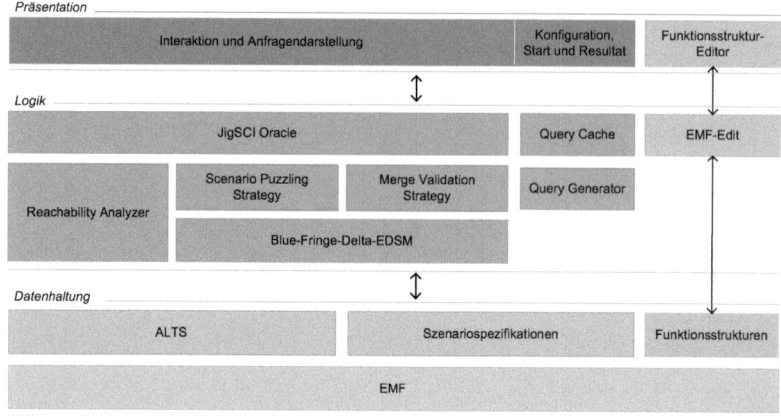

Abb. 7.1: Die Architektur des JigSCI-Werkzeugs

Auf der Benutzeroberfläche des JigSCI-Verfahrens werden Anfragen grafisch dargestellt und durch Ingenieure beantwortet. Die Präsentationsschicht besteht des Weiteren aus dem EMF-basierten Funktionsstruktur-Editor und einer Komponente zur Konfiguration des Verfahrens. Der Editor dient zur Bearbeitung von Eingabe- und Betrachtung von Ausgabespezifikationen des JigSCI-Verfahrens. Eine weitere Benutzeroberfläche wird zur Konfiguration der zu verwendenden Analysetechniken und zur Ergebnisdarstellung genutzt.

7.1.2 Modellierung von Szenariospezifikationen und Transitionssystemen

Zur Erstellung von Funktionsstrukturen konstruieren wir den Funktionsstruktur-Editor mit Hilfe von EMF. Das Framework bietet die Möglichkeit, die Datenstrukturen einer Software in Ecore-Modellen zu beschreiben und aus diesen modellbasiert Java-Klassen zu generieren. Die Ecore-Modelle für Funktionsstrukturen, Szenariospezifikationen und ALTS sind in Abbildung 7.2 und 7.3 dargestellt.

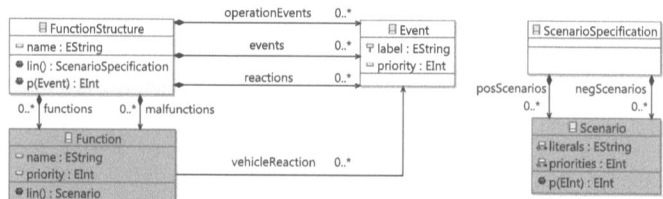

Abb. 7.2: Das Ecore-Modell für Funktionsstrukturen und Szenariospezifikationen

In den Diagrammen wird ähnlich zu UML-Klassendiagrammen die statische Struktur über Ecore-Klassen (EClassifier), ihre Referenzen und Attribute (EReference/EAttribute) sowie Operationssignaturen (EOperation) dargestellt. Das erste Diagramm beschreibt die priorisierte Funktions-

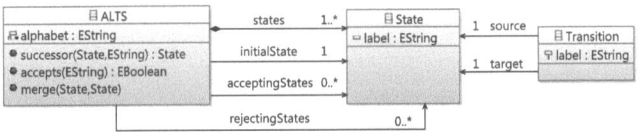

Abb. 7.3: Die Darstellung eines ALTS in Ecore

struktur (engl. function structure) auf Basis der Definition 5.18 als Komposition von Fahrzeugfunktionen und -fehlfunktionen. Die Funktionsstrukturen werden durch den Operanden p priorisiert und durch den Linearisierungsoperator lin zu Szenariospezifikationen (engl. scenario specification) linearisiert. Das zweite Diagramm stellt ein ALTS nach Definition 5.1 als Tupel bestehend aus einem Alphabet, Zuständen, einer Zustandsübergangsfunktion $successor$ und einem initialen Zustand dar. Die akzeptierenden, neutralen und verworfenen Zustände werden sinngemäß mit der Referenz $acceptingStates$, keiner Referenz und mit der Referenz $rejectingStates$ gekennzeichnet. Die Zustände sind über Transitionen verknüpft, um die Operation $successor$ physikalisch zu beschreiben.

Wir bilden Ecore-Klassen auf Java-Klassen, Ecore-Attribute und -Referenzen auf Java-Attribute und Ecore-Operationen auf Java-Methoden ab und generieren mit EMF Java-Code. Neben diesem erhalten wir durch das Framework einen Mechanismus, der das Speichern und Laden der erstellten Funktionsstrukturen über XMI [Obj07b] in Form von XML-Dateien ermöglicht. Die generierten Java-Klassen und ihre EMF-Serialisierungsmechanismen bilden die Datenhaltungsschicht des JigSCI-Verfahrens (vgl. Abbildung 7.1).

In einem zweiten Schritt zur Modellierung von Funktionsstrukturen erzeugen wir auf Basis der Datenstrukturen den in Abbildung 7.4 dargestellten Editor, mit dem Funktionsstruktur-Instanzen angelegt, gespeichert oder aus ihren XMI-Dateien geladen werden können. Die Funktionen, Ereignisse und Reaktionen einer Funktionsstruktur werden über den Explorer (s. Schaltfläche *Resource Set*, links) betrachtet und über dessen Kontext-Menu angelegt oder entfernt. Die Eigenschaften der im Explorer selektierten Elemente werden im Eigenschaftsfenster *Properties* festgelegt.

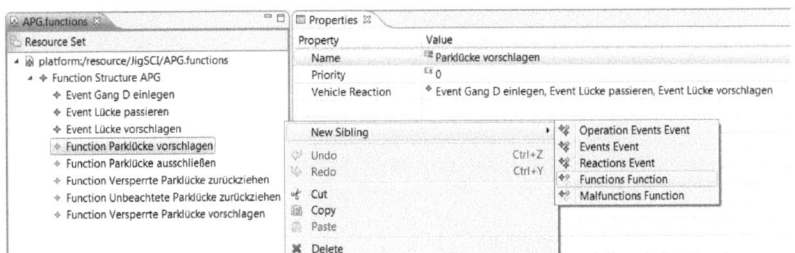

Abb. 7.4: Der Funktionsstrukturen-Editor des JigSCI-Verfahrens

Beispiel 7.1. In Abbildung 7.4 wird im Editor die APG-Funktionsstruktur für das JigSCI-Verfahren erstellt. Der Ingenieur gibt die Fahrzeugfunktion *Parklücke vorschlagen* an, in dem er über das Kontextmenu die Funktion erstellt und im Eigenschaftsfenster deren Namen und Fahrzeugreaktion (**Gang D einlegen, Lücke passieren, Lücke vorschlagen**) bestimmt. Nach Abschluss der Modellierung der restlichen Funktionen speichert er die Funktionsstruktur, welche dann zur Vervollständigung durch das JigSCI-Verfahren zur Verfügung steht.

7.1.3 Konfiguration und Realisierung der Algorithmen

Das JigSCI-Verfahren wird über die grafische Oberfläche in Abbildung 7.5 durchgeführt. Ingenieure bestimmen zunächst eine Eingabefunktionsstruktur und konfigurieren die Verarbeitungskomponenten des JigSCI-Verfahrens. Sie entscheiden sich für oder gegen eine Erreichbarkeitsanalyse und stellen über das Feld *Merge Tolerance* die zu verwendende Vervollständigungstechnik ein. Den Ingenieuren stehen dabei die Techniken *Explorative*, *Sound* oder *Sequentiell* zur Verfügung, die folgende Bedeutungen haben:

- Explorative: Durchführung des Scenario Puzzlings
- Sound: Durchführung der Merge Validation
- Sequentiell: Durchführung des Scenario Puzzlings gefolgt von der Merge Validation.

Danach geben die Ingenieure den EDSM-Minimalwert α und die Prioritätsgrenze P ein und starten den Vervollständigungsprozess.

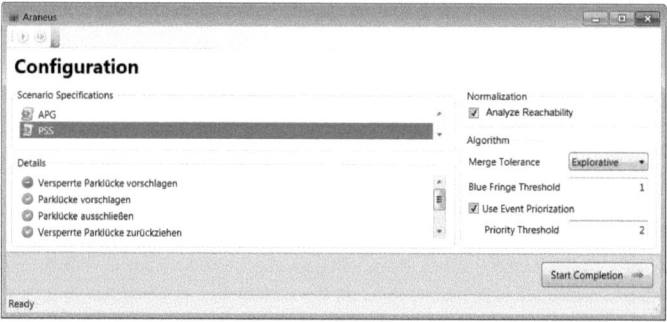

Abb. 7.5: Die Konfigurations- und Startbenutzeroberfläche des JigSCI-Verfahrens

Der Prozess beginnt mit der Linearisierung der Funktionsstrukturen, deren Szenariospezifikationen über die in Abbildung 7.6 dargestellte Pipes-und-Filter-Architektur vervollständigt werden. Die erste Verarbeitungskomponente der Pipeline ist die Erreichbarkeitsanalyse, die die Vorbedingungen der Szenarien auf Vollständigkeit prüft und die Eingabespezifikation normalisiert. Als zweite Komponente verarbeitet das Scenario Puzzling die normalisierte Spezifikation und ergänzt Verhalten durch das Hinzufügen strukturell fehlender, positiver Szenarien. Darauf folgt die Merge-Validation-Technik, die abschließend die Szenarien komponiert und die Kompositionsinformationen in Form von negativen Szenarien der Eingabespezifikation hinzufügt. Da die Ein- und Ausgabe der Vervollständigungstechniken jeweils eine Szenariospezifikation ist, sind die drei Verarbeitungskomponenten auf Basis der gewählten Architektur voneinander unabhängig. Je nach Konfiguration des Ingenieurs werden daher die Komponenten der Pipes-Und-Filter-Architektur hinzugefügt oder entfernt und dadurch der konfigurierbare Vervollständigungsprozess des JigSCI-Verfahrens realisiert.

Zur Umsetzung der Komponenten der Pipeline verwenden wir die in Kapitel 5 und 6 erläuterten Algorithmen. Wir implementieren den Blue-Fringe-EDSM-Algorithmus gemäß seiner Beschreibung

7.1 Realisierung des Verfahrens   125

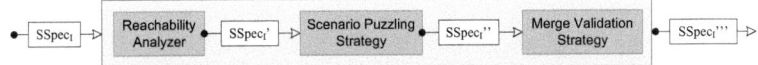

Abb. 7.6: Die konfigurierbaren Verarbeitungsschritte der JigSCI-Pipeline

aus Kapitel 2.6.2 und ersetzen dessen EDSM-Heuristik durch die EDSM-Deltabewertung aus Kapitel 5.3.1. Der Algorithmus erstellt aus den Eingabespezifikationen sowohl für das Scenario Puzzling als auch für die Merge Validation jeweils einen APTA und selektiert Zustandspaare auf Basis der Delta-EDSM-Heuristik. Zur Verarbeitung der Zustandspaare durch die spezifischen Interaktionssteuerungen der Techniken wird der Basisalgorithmus mit Hilfe des Strategy Design Pattern [GHJV95] erweitert. Der Algorithmus ruft für jedes Zustandspaar die Methode $validateMerge()$ der Strategy-Schnittstelle auf (s. Abbildung 7.7), die durch die Scenario Puzzling bzw. Merge Validation Strategy implementiert werden. Die konkreten Strategien generieren die Anfragen ihrer Techniken mit Hilfe des Anfragen-Generators und untersuchen das Zustandspaar mit der in Kapitel 5.3 und 6 angegebenen Interaktion auf fehlendes Verhalten bzw. gültige Szenariokompositionen.

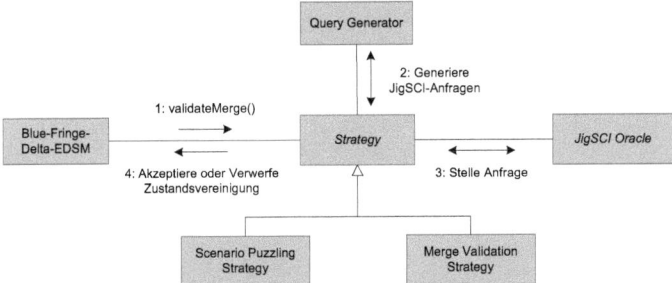

Abb. 7.7: Das Zusammenspiel der Komponenten der Logikschicht

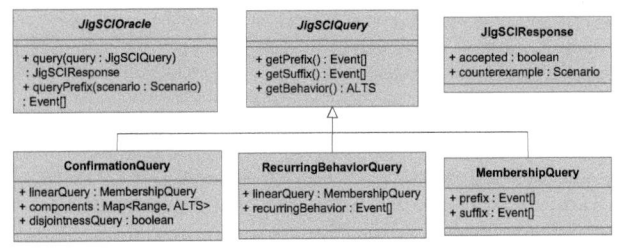

Abb. 7.8: Die Orakel-Schnittstelle des JigSCI-Verfahrens

Die Interaktion wird anschließend über die in Abbildung 7.8 dargestellte Orakel-Schnittstelle durchgeführt. Die Schnittstelle definiert Repräsentationen für Präfix-, Kürzeste-Präfix-, Zyklische-Verhaltens-, Bestätigungs-, Komplementärelement- und Komplementärmengenanfragen. Die Anfragen bestehen jeweils aus Präfixen und Suffixen eines elementaren Szenarios, die im Fall von Submengen- und Komplementärmengenanfragen durch einen oder mehrere Zyklen erweitert werden. Basierend auf dieser Darstellung werden über die Orakel-Schnittstelle JigSCI-Anfragen abgesendet oder Präfixe unerreichbarer Szenarien erfragt. Die Schnittstelle gleicht eine Anfrage zunächst mit dem Anfragenspeicher ab. Der Speicher stellt die gestellten Anfragen als ein ALTS dar, das die Antworten der Ingenieure enthält. Akzeptiert oder verwirft das gespeicherte ALTS oder das ALTS des Blue-Fringe-Delta-EDSM-Algorithmus eine Anfrage, wird diese automatisch durch die Orakel-Schnittstelle akzeptiert bzw. verworfen. Ansonsten werden die Anfragen an die Benutzeroberfläche des JigSCI-Verfahrens weitergeleitet und zur Beantwortung dem Ingenieur darstellt.

Die Antworten der Ingenieure werden im letzten Validierungsschritt durch die Technik-Strategien ausgewertet. Wird die Vereinigung des Zustandspaares durch die jeweilige Strategie akzeptiert, wird das Paar durch den Blue-Fringe-Delta-EDSM-Algorithmus in dessen Lösung zusammengefasst und durch den Algorithmus das nächste Paar zur Validierung selektiert.

7.1.4 Automatisches Layout szenariobasierter Anfragen

Die grafische Darstellung der Anfragen basiert auf einer ALTS-Repräsentation der zu klassifizierenden Szenarien. Das elementare Szenario einer Anfrage wird mit dessen angrenzenden Zyklen komponiert und das dadurch gewonnene Transitionssystem in einen gerichteten Graphen transformiert. Zur Visualisierung und Berechnung eines geeigneten Layouts der Graphen verwenden wir die Microsoft Automatic Graph Layout (MSAGL)-Bibliothek [Mic10].

Die Bibliothek basiert auf dem Sugiyama-Framework [STT81], welches die Knoten eines Graphen in Level einteilt, so dass eine möglichst geringe Anzahl an Kantenüberschneidungen existiert [NRL08]. Im Layout werden zur einfachen Orientierung dieselben Darstellungselemente wie in den Linearisierungen verwendet, die wir in Kapitel 2.1.3 eingeführt haben.

Beispiele des Layouts von Element-, Zyklischen-Verhaltens- und Bestätigungsanfragen sind in den Anfragedialogen der Abbildungen 7.9, 7.10 und 7.11 dargestellt. In den Anfragen sind jeweils der Präfix, die durch Zustandsvereinigungen geschlossen Zyklen und der zu begutachtende Suffix farblich hervorgehoben. Der Präfix und dessen angrenzende Komponenten stellen stets korrektes Verhalten dar und werden daher in grün angezeigt. Damit die Ingenieure sich auf den zu validieren Anteil einer Anfrage konzentrieren können, wird dieser farblich vom korrekten Verhalten unterschieden. Die geschlossenen Zyklen sind in violett und die Suffixe in Blau gehalten. Die verbleibenden Zyklen, die an den Präfixen und Suffixen angrenzen, werden durch die Farbe Grau in den Hintergrund gestellt.

In den Anfragedialogen können Ingenieure des Weiteren die überprüften Szenarien als Favoriten markieren, ein Gegenbeispiel angeben und als positiv oder negativ klassifizieren. Das Favorisieren der Szenarien dient einer manuellen Kontrolle der Vervollständigung. Das Verfahren fügt der Eingabespezifikation nur Szenarien hinzu, die als Favoriten markiert und damit als wichtig ausgewiesen wurden. Nicht-favorisierte Szenarien werden im Anfragespeicher hinterlegt, so dass diese den Ingenieuren weiterhin zur Verfügung stehen. Diese Vorgehensweise gewährleistet eine Vervollständigung unter Kontrolle des Ingenieurs, während unnötiger Aufwand durch mehrfach gestellte Anfragen vermieden wird.

Die Angabe eines Gegenbeispiels geschieht über die Auswahl von Kanten des Szenario-Graphen. Der Ingenieur selektiert nacheinander Kanten und stellt so die Abfolge der Ereignisse des Gegenbeispiels zusammen. Abschließend wird eine Anfrage mit Ja oder Nein beantwortet und das Ergebnis der Interaktion an den Algorithmus zurückgesandt.

7.1 Realisierung des Verfahrens   127

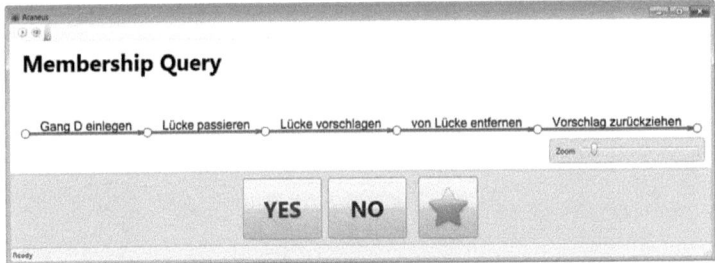

Abb. 7.9: Die Darstellung einer Elementanfrage im JigSCI-Werkzeug

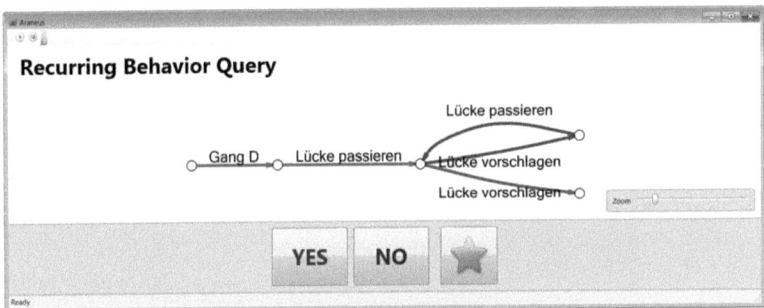

Abb. 7.10: Das Layout einer Zyklischen-Verhaltensanfrage

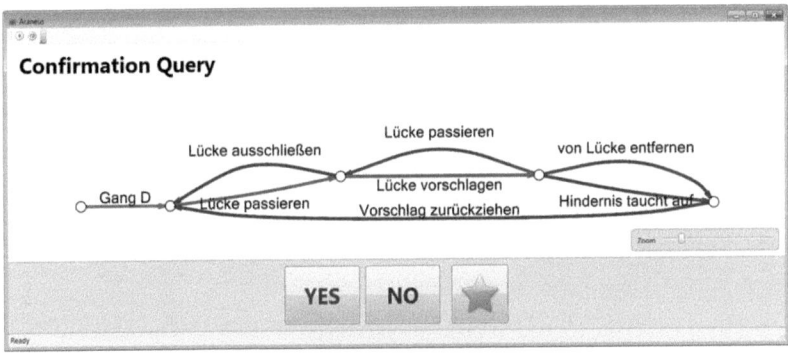

Abb. 7.11: Eine Bestätigungsanfrage des JigSCI-Verfahrens

128   7 Realisierung und Methodik des Verfahrens

Beispiel 7.2. Die in den Grafiken dargestellten Anfragen sind Teil der Vervollständigung der PSS-Spezifikation der Fallstudie. In der ersten Abbildung ist die Elementanfrage dargestellt, die während der Erreichbarkeitsanalyse zur Identifikation der Überdeckung der Szenarien „Gang D einlegen · Lücke passieren · Lücke vorschlagen" und „Lücke vorschlagen · von Lücke entfernen · Vorschlag zurückziehen" führt. Die anderen beiden Anfragen beschreiben Teilmengenanfragen, die während der Komposition des Systems entstanden sind. Mit der Zyklische-Verhaltensanfrage aus Abbildung 7.10 wurde das zyklische mehrmalige Vorschlagen gültiger Parklücken erkannt. Die Bestätigungsanfrage ist die letzte Anfrage der Merge-Validation-Technik und stellt das erschlossene PSS-Lösungstransitonssystem des JigSCI-Verfahrens dar.

7.2 Methodik

Das JigSCI-Verfahren sollte angewendet werden, wenn die Anforderungen eines Projekts maßgeblich durch Szenarien erfasst werden und das Ziel des Projekts ist, sowohl durch die Erkennung von fehlendem Verhalten als auch durch eine modellgetriebene Generierung von Zustandsautomaten den notwendigen Aufwand zur Vervollständigung zu amortisieren. Stärken des Verfahrens sind dabei, dass durch die Rekombination des Verhaltens die Kreativität von Anforderungsanalysten anregt wird sowie dass eine iterative Anwendung zu einem abfallendem Interaktionsaufwand führt. Darüber hinaus kann das Verfahren auch stichprobenartig verwendet werden, um fehlendes Verhalten zu entdecken oder Transitionssysteme zu synthetisieren.

Anforderungsanalysten und Gutachter von Szenariospezifikationen sollten die Vervollständigungstechniken des JigSCI-Verfahrens in der in Abbildung 7.12 dargestellten Reihenfolge einsetzen. Die Abbildung zeigt auf der linken Seite die Aktivitäten der Ingenieure und auf der rechten Seite den zugrundeliegenden technischen Prozess.

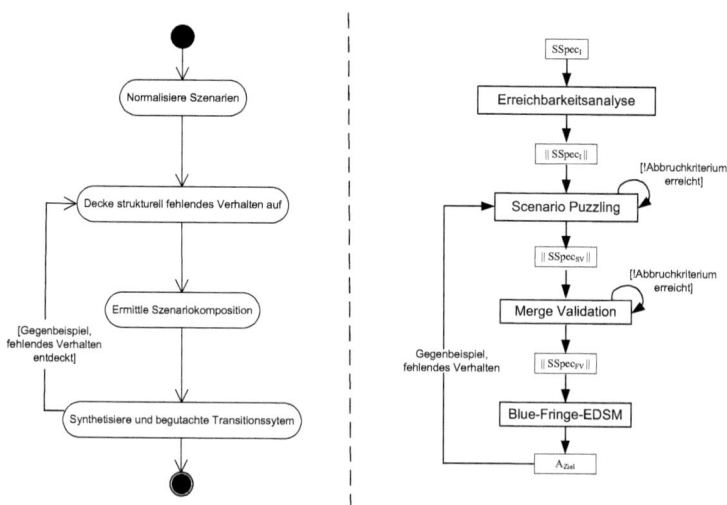

Abb. 7.12: Der Vervollständigungsprozess des JigSCI-Verfahrens

Normalisierung der Szenarien

Sowohl die Scenario-Puzzling- als auch die Merge-Validation-Technik benötigen als Erweiterungen des Blue-Fringe-EDSM-Algorithmus eine Eingabespezifikation, deren Szenarien normalisiert sind. Hierfür untersuchen die Ingenieure im ersten Schritt des Prozesses eine Eingabespezifikation mit Hilfe der Erreichbarkeitsanalyse und finden auf Basis unerreichbarer Szenarien strukturell fehlendes Verhalten. Ein Nebeneffekt der Untersuchung ist die Normalisierung der Szenariospezifikation.

Aufdeckung von fehlendem Verhalten

Aufbauend auf der Normalisierung der Szenarien kann sowohl die Scenario-Puzzling- als auch die Merge-Validation-Technik eingesetzt werden. Wir empfehlen zunächst, die strukturelle Vollständigkeit der Spezifikation durch Anwendung des Scenario Puzzlings zu erhöhen und bereits die ersten negativen Szenarien zur Einschränkung der Kompositionsmöglichkeiten für die Merge-Validation-Technik zu ermitteln. Vor dem Einsatz der Scenario-Puzzling-Technik sollte ein Abbruchkriterium definiert werden, das eine minimale Anzahl an positiv beantworteten Anfragen und eine maximale Anzahl an Iterationen definiert. Bei einer stichprobenartigen Untersuchung kann das Kriterium auch die einmalige Ausführung sein. Die Technik sollte auf Basis des Kriteriums solange durchgeführt werden, bis das Kriterium erfüllt ist.

Ermittlung der Szenariokomposition

Die um strukturell fehlendes Verhalten erweiterte Szenariospezifikation wird als Eingabe für die Merge-Validation-Technik verwendet. Die Technik sieht mehrere Iterationen vor, um lokal optimale Zustandsvereinigungen auszuschließen. Zu Gunsten der Effektivität empfehlen wir eine begleitende Synthese und Begutachtung des Transitionssystems. Durch die Begutachtung sollen offensichtliche Fehlvereinigungen mit wenig Aufwand aufgedeckt und frühzeitig ergänzende Techniken zur Aufdeckung weiterer Mängel wie Inkonsistenzen eingesetzt werden. Die Anzahl der Iterationen sollte durch ein Maximum oder durch die Anzahl gefundener positiver Szenarien im Abbruchkriterium begrenzt werden.

7.2.1 Begutachtung synthetisierter Zustandsautomaten

Die durch die Merge-Validation-Technik produzierte Szenariospezifikation enthält die positiven Szenarien des Scenario Puzzling und die negativen Szenarien, die während der Komposition der Merge-Validation-Technik ermittelt wurden. Durch die Eingabe der Szenarien in den Blue-Fringe-EDSM-Algorithmus wird ein LTS abgeleitet, das das Verhalten der Szenariospezifikation im Zusammenhang widerspiegelt. Um weiteres fehlendes Verhalten zu finden, schlagen wir vor, dass Ingenieure im Anschluss an die JigSCI-Vervollständigung das LTS begutachten. Die Ingenieure sollten ergänzende Methoden und Analysewerkzeuge wie die in Kapitel 3 beschriebenen verwenden, um zum Beispiel implizierte Szenarien oder durch Model Checking Life- und Deadlocks als Indikatoren für fehlendes Verhalten zu finden. Weiterhin sollte das generierte Modell genutzt werden, um möglichst früh die Konsistenz und die Sicherheitseigenschaften der Szenarien im Gesamtkontext sicherzustellen. Durch die Angabe von weiteren positiven und negativen Szenarien können die Ingenieure die Ergebnisse der Analysen verfeinern und die Szenariospezifikation weiter vervollständigen. Anschließend sollte der JigSCI-Prozess erneut durchgeführt werden und ein neues LTS unter der Berücksichtigung des aufgedeckten Verhaltens erschlossen werden.

7.2.2 Iterative Anwendung der Vervollständigung

Das JigSCI-Verfahren speichert die aus der Interaktion gewonnenen Szenarien in der Szenariospezifikation. Zusätzlich werden Anfragen in dem Anfragespeicher hinterlegt. Die erkannten Szenarien ersetzen die Interaktion des JigSCI-Verfahrens, so dass in einem vorhergehenden Vervollständigungslauf betrachtete Zustandsvereinigungen akzeptiert oder verworfen werden. Liegen bereits beantwortete Szenarien vor, werden demzufolge Zustandspaare ohne Interaktion verarbeitet und die Interaktion zwischen den Iterationen stark reduziert. Das Verfahren eignet sich daher zur begleitenden Entwicklung und profitiert stark von einer iterativen Anwendung.

7.2.3 Übergang zum Design

Das JigSCI-Verfahren verfügt über die Möglichkeit, durch den Blue-Fringe-EDSM-Algorithmus Transitionssysteme zu erschließen. Die durch den Algorithmus abgeleiteten Zustandsautomaten sind allerdings beschränkt, da sie weder Zustandshierarchien noch Parallelität beschreiben und die Lesbarkeit der Modelle eine geringe Priorität in dieser Arbeit einnimmt. Wir klassifizieren daher das JigSCI-Verfahren als ein vorbereitendes Werkzeug, mit dem Ingenieure, automatisch unterstützt, fehlendes Verhalten erschließen und die zur Komposition benötigten negativen Szenarien vervollständigen. Durch die Transformation der negativen Szenarien in Kompositionsinformationen, wie sie zum Beispiel durch deduktive Syntheseverfahren wie [UKM01, NM05, DLRL09] verarbeitet werden, ist ein vollständiger Lösungszustandsautomat eindeutig ableitbar. Wir empfehlen die Auswahl einer spezialisierten Synthese, die die Anforderungen der Ingenieure an die Lesbarkeit und die Ausdrucksmächtigkeit der generierten Modelle erfüllt. Durch diese Dissertation wird dann die Lücke zwischen partiell beschriebenen Szenariospezifikationen, wie sie meist in der Praxis vorliegen, und Szenariospezifikationen mit vollständigen Kompositionsinformationen, wie sie von deduktiven Syntheseverfahren erwartet werden (vgl. Kapitel 3.1), geschlossen. Die Synthese verwendet die vervollständigten Szenariospezifikationen und generiert Zustandsautomaten, die während der Begutachtung der Szenariospezifikationen verwendet werden können, jedoch insbesondere den automatischen Übergang zum Design ermöglichen.

7.2.4 Einsatz durch Autoren und Gutachter

Der größte Unterschied in der Verwendung des JigSCI-Verfahrens zwischen Autoren und Gutachter liegt darin, dass Gutachter weniger Iterationen in kurzer Zeit durchführen und nicht zwingend jede Frage beantworten können. Autoren von Szenariospezifikationen sollten daher das JigSCI-Verfahren begleitend zur Entwicklung einsetzen und eine Vervollständigung nach jeder größeren Erweiterung einer Szenariospezifikationen durchführen. Sie sollten das Verfahren insbesondere verwenden, wenn ein Designmodell generiert wird. Gutachter profitieren hingegen stark von der stichprobenartigen Untersuchung der Szenariospezifikationen und der automatischen Führung des JigSCI-Verfahrens, welche zur Durchführung eines Reviews genutzt werden kann. Da in unvollständigen Szenariospezifikationen nicht jede Anfrage durch die Gutachter (oder auch neutrale Probanden) beantwortet werden kann, sollten diese sich insbesondere die schwer oder nicht eindeutig zu beantwortenden Anfragen notieren. Zu empfehlen ist hier außerdem, dass die Gutachter bei Interpretationsspielräumen eine Worst-Case- und eine Best-Case-Beantwortung simulieren, um den Prozess auch bei unklaren Antworten durchführen zu können. Das Ergebnis der Vervollständigung sollte nach Abschluss des Verfahrens verworfen und die problematischen Anfragen als Inspektionsergebnis festgehalten werden.

8

Validierung und Evaluierung

Anhand einer Fallstudie und automatisierten Experimenten werden wir in diesem Kapitel die Effektivität des JigSCI-Verfahrens zeigen. In Abschnitt 8.1 führen wir dazu Maße zur Bestimmung der Steigerung der strukturellen und funktionalen Vollständigkeit ein. Im folgenden Abschnitt 8.2 wenden wir das JigSCI-Verfahren iterativ auf die Szenariospezifikationen des Parksystems an und belegen, dass das Verfahren im Kontext nicht-trivialer, industrieller Szenariospezifikationen eine hohe Vollständigkeit produziert. Anschließend messen wir in Abschnitt 8.3 die Effektivität des Verfahrens auf Basis einer statistisch relevanten Anzahl an synthetisierten Eingabespezifikationen und vergleichen das Ergebnis mit dem des QSM-Algorithmus. In Abschnitt 8.4 werten wir abschließend die Messungen aus und zeigen, dass das JigSCI-Verfahren mit angemessenem Aufwand fehlendes Verhalten und eine hochwertige Komposition von Szenariospezifikationen aufdeckt und es damit die Ziele dieser Arbeit erfüllt.

8.1 Messung relativer Vollständigkeit

In Kapitel 4 wurde die strukturelle und funktionale Vollständigkeit einer Szenariospezifikation als Ziel dieser Arbeit definiert. Zur Bestimmung der Qualität des JigSCI-Verfahrens bezüglich der Teilziele definieren wir Maße, mit denen eine Annäherung der strukturellen und funktionalen Vollständigkeit ermittelt und dadurch eine Steigerung der Güte der Szenariospezifikation gemessen werden kann.

Die strukturelle Vollständigkeit einer Szenariospezifikation wird verbessert, wenn fehlendes Verhalten gefunden wird, das über noch unbekannte Transitionen eines gesuchten Transitionssystems verläuft. Wir messen die strukturelle Vollständigkeit einer Szenariospezifikation über das Verhältnis der Anzahl der durch die Spezifikation abgedeckten Transitionen zur Gesamtzahl der Transitionen und nennen dieses Maß die relative strukturelle Vollständigkeit der Spezifikation.

Definition 8.1 (Relative strukturelle Vollständigkeit). *Sei* $S = (S_+, S_-)$ *eine Szenariospezifikation und* $A = (Q, \Sigma, \delta, q_0)$ *ein LTS. Die relative strukturelle Vollständigkeit von S bezüglich A ist die Funktion* $SV_A : \mathcal{SSPEC} \to \mathbb{R}$,

$$SV_A(S) = \frac{|\{(q,q') \in Q \times Q \mid \exists uvw \in S_+, u, w \in \Sigma^*, v \in \Sigma : \hat{\delta}(q_0, u) = q \land \delta(q, v) = q'\}|}{|\delta|}.$$

Beispiel 8.2. Das Transitionssystem A_{PSS} besitzt zehn Transitionen, von denen die Szenariospezifikation S_{PSS} vier Transitionen abgedeckt (vgl. Kapitel 2.1.3). Die relative strukturelle Vollständigkeit der Spezifikation ist daher $SV_{A_{PSS}}(S_{PSS}) = 0,4$.

8 Validierung und Evaluierung

Die relative funktionale Vollständigkeit einer Szenariospezifikation wird auf Basis der Ähnlichkeit des aus der Spezifikation ableitbaren Transitionssystems und des gesuchten Transitionssystems bestimmt. Analog zu einem Standardverfahren zur Bestimmung der Qualität eines Grammatik-Inferenz-Algorithmus [LPP98] werden wir die Ähnlichkeit der Transitionssysteme über generierte Testszenarien messen. Eine Testspezifikation bezüglich einem gesuchten Transitionssystem und einer Eingabespezifikation ist eine Szenariospezifikation, zu der das Transitionssystem kompatibel ist und die keine Szenarien der Eingabe enthält.

Definition 8.3 (Testspezifikation). *Eine Szenariospezifikation $S_{Test} = (S_{T+}, S_{T-})$ ist eine Testspezifikation bezüglich einem LTS A und einer Szenariospezifikation $S = (S_+, S_-)$, wenn A kompatibel zu S_{Test} ist und $S_{T+} \cap S_+ = \varnothing$ und $S_{T-} \cap S_- = \varnothing$.*

Beispiel 8.4. Zur Messung der funktionalen Vollständigkeit werden wir zufällige Testspezifikationen mit $6n$ Szenarien generieren, wobei n die Anzahl der Zustände des gesuchten Transitionssystems ist. Zur Angabe eines prägnanten Beispiels reduzieren wir diese Zahl und erzeugen für das Referenz-LTS A_{PSS} und die Eingabespezifikation S_{PSS} eine Testspezifikation mit 6 Szenarien. Die Testspezifikation $S_{T_{PSS}}$ ist gegeben durch die positiven Szenarien $ST0$ bis $ST2$

$ST0$ = Gang D einlegen · Lücke passieren · Lücke ausschließen · Lücke passieren · Lücke vorschlagen · Lücke passieren · Lücke vorschlagen,

$ST1$ = Gang D einlegen · Lücke passieren · Lücke ausschließen · Lücke passieren · Lücke vorschlagen · Lücke passieren · Lücke ausschließen · Hindernis taucht auf,

$ST2$ = Gang D einlegen · Lücke passieren · Lücke vorschlagen · Hindernis taucht auf · Vorschlag zurückziehen · Lücke passieren · Lücke vorschlagen · von Lücke entfernen · Vorschlag zurückziehen

sowie die negativen Szenarien $STN0$ bis $STN2$

$STN0$ = Gang D einlegen · Lücke passieren · Lücke vorschlagen · Vorschlag zurückziehen,
$STN1$ = Gang D einlegen · Lücke passieren · Lücke ausschließen · Lücke passieren · von Lücke entfernen,
$STN2$ = Lücke passieren · Lücke vorschlagen.

Die relative funktionale Vollständigkeit der Szenariospezifikation ist dann das Verhältnis der gültigen Szenarien zur Gesamtzahl der Szenarien der Testspezifikation.

Definition 8.5 (Relative funktionale Vollständigkeit). *Sei S eine Szenariospezifikation, $syn : SSPEC \to LTS$ eine Kompositionsabbildung, A ein LTS und $S_{Test} = (S_{T+}, S_{T-})$ eine Testspezifikation bezüglich A und S. Die relative funktionale Vollständigkeit von S ist die Funktion $FV_{S_{Test}} : SSPEC \to \mathbb{R}$,*

$$FV_{S_{Test}}(S) = \frac{|\{S_p \in S_{T+} | S_p \in L(syn(S))\}| + |\{S_n \in S_{T-} | S_n \notin L(syn(S))\}|}{|S_{T+}| + |S_{T-}|}.$$

Beispiel 8.6. Wir wählen als Kompositionsabbildung den Blue-Fringe-Delta-EDSM-Algorithmus und leiten aus einer Szenariospezifikation vor und nach einer Vervollständigung jeweils ein LTS A_0 und A'_0 ab, die wir mit einer Testspezifikation prüfen. Das in Abbildung 8.1 (a) dargestellte LTS $A_0 = A_{S_{PSS}} = syn_{BFD0}(S_{PSS})$ ist das LTS, das aus der Szenariospezifikation S_{PSS} durch den Blue-Fringe-Delta-EDSM-Algorithmus mit dem EDSM-Minimalwert $\alpha = 0$ vor der Vervollständigung der Spezifikation abgeleitet wird.

8.2 Empirische Vervollständigung des Parksystems 133

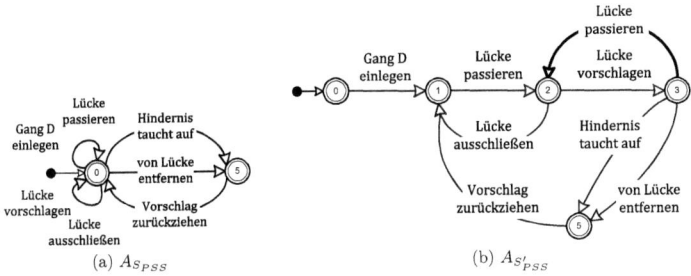

Abb. 8.1: Die vor und nach einer beispielhaften Vervollständigung der PSS-Spezifikation abgeleiteten LTS

Das LTS akzeptiert alle positiven Szenarien der Testspezifikation und verwirft aufgrund seiner starken Übergeneralisierung nur das negative Testszenario *STN0*. Die relative funktionale Vollständigkeit der Eingabespezifikation ist daher $FV_{S_{T_{PSS}}}(A_{S_{PSS}}) = \frac{2}{3}, \approx 66,6\%$. Das in Abbildung 8.1 (b) dargestellte LTS $A'_0 = A_{S'_{PSS}}$ wurde aus der durch das JigSCI-Verfahren vervollständigten Ausgabespezifikation S'_{PSS} abgeleitet. Das LTS ist aufgrund des lokalen Optimums aus Kapitel 6.2.3 untergeneralisiert und verwirft dadurch das positive Testszenario *ST1*. Die relative funktionale Vollständigkeit des LTS ist daher $FV_{S_{T_{PSS}}}(A_{S'_{PSS}}) = \frac{5}{6} \approx 83,3\%$. Damit wurde die relative funktionale Vollständigkeit bezüglich der Testspezifikation $S_{T_{PSS}}$ für das PSS-System um 16,7% durch das JigSCI-Verfahren gesteigert.

8.2 Empirische Vervollständigung des Parksystems

Zur Erprobung des JigSCI-Verfahrens vervollständigen wir die Szenariospezifikation S_{PSS} zum Gesamtparksystem APG. Wir wenden die Scenario-Puzzling- und Merge-Validation-Technik iterativ auf die Spezifikation an und ergänzen nacheinander die Szenarien des PSS'- und APG-Systems. Durch die Darstellung der Ergebnisse der Vervollständigung und der Angabe der relativen strukturellen und funktionalen Vollständigkeit werden wir zum einen die abstrakten Maße des vorangegangenen Abschnitts am Parksystem veranschaulichen. Zum anderen demonstrieren wir, dass das JigSCI-Verfahren auf industrielle Szenariospezifikationen anwendbar ist und belegen an dem Beispiel, dass sich durch die iterative Vervollständigung und die Aufteilung von Gesamtsystem- in Komponentenspezifikationen der Interaktionsaufwand des JigSCI-Verfahrens pro Iteration deutlich reduziert, so dass der benötigte Aufwand für größere und komplexe Systeme beherrschbar bleibt.

Aufbau der Fallstudie

Die Fallstudie besteht aus den Szenariospezifikationen S_{PSS}, $S_{PSS'}$ und S_{APG}, die aus ihren gleichnamigen Funktionsstrukturen abgeleitet wurden sowie den Transitionssystemen A_{PSS}, $A_{PSS'}$ und A_{APG} (s. Abbildung 8.2), welche das Referenzverhalten des Parksystems beschreiben. Die Systeme wurden in der Fallstudie in vier Iterationen durch einen Ingenieur mit Hilfe des JigSCI-Verfahrens untersucht. In den ersten drei Iterationen wurden jeweils die PSS-, PSS'- und APG-Spezifikationen aufeinander aufbauend um fehlendes Verhalten vervollständigt und als Teilsysteme komponiert. Aus

134 8 Validierung und Evaluierung

der resultierenden Szenariospezifikation wurden in der letzten Iteration die lokalen Optima entfernt. Im Folgendem stellen wir das Vorgehen und die erzielten Ergebnisse der Vervollständigung vor.

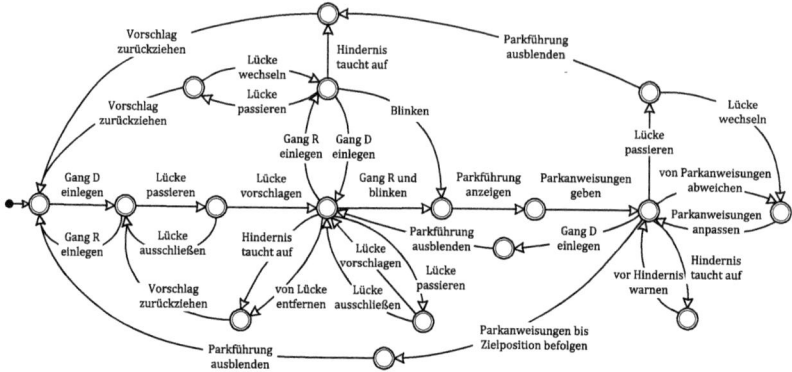

Abb. 8.2: Das zur Verfügung gestellte Parksystem A_{APG}

Der Ingenieur hat zur Bedingung des JigSCI-Verfahrens die in Kapitel 7.1 entwickelte Oberfläche genutzt und die Anfragen des Verfahrens anhand des LTS aus Abbildung 8.2 beantwortet. In dem Transitionssystem wurden die Ereignisse Lücke beibehalten und Lücke wechseln analog zu Kapitel 5.3.2 im Kontext des mehrmaligen Passierens von Parklücken mit den Ereignissen Lücke ausschließen und Lücke vorschlagen gleichgesetzt und zusätzlich das Ereignis Lücke rückwärts passieren mit dem Ereignis Lücke passieren assoziiert, wenn der Rückwärtsgang „R" eingelegt ist.

Während der Vervollständigung wurden die Antworten des Ingenieurs durch die Oberfläche aufgezeichnet und die relative strukturelle und funktionale Vollständigkeit bezüglich der einzelnen Subsysteme durch zufällig generierte Testspezifikationen im Verhältnis zum Interaktionsaufwand gemessen.

Fortan werden wir die ermittelte strukturelle und funktionale Vollständigkeit bezüglich der generierten Testspezifikationen $S_{T_{PSS/PSS'/APG}}$ durch die Maße $SV_{PSS/PSS'/APG} := SV_{A_{PSS/PSS'/APG}}$ bzw. $FV_{PSS/PSS'/APG} := FV_{S_{T_{PSS/PSS'/APG}}}$ in Prozent angegeben und auf die erste Nachkommastelle abrunden.

1. Iteration: Vervollständigung des PSS-Systems

Das JigSCI-Verfahren wurde mit dem EDSM-Minimalwert $\alpha = 1$ und der Prioritätsgrenze $P = 2$ angewendet und die Interaktion durch sechs Kürzeste-Präfix-, fünf Zyklische-Verhaltens- und eine Bestätigungsanfrage pro Zustandsvereinigung begrenzt. Die Prioritäten der PSS-Spezifikation wurden des Weiteren analog zu Kapitel 5.3.4 auf die Prioritäten $p_{PSS}(\text{„Lücke passieren"}) \mapsto 2$, $p_{PSS}(\text{„Hindernis taucht auf} \cdot \text{Vorschlag zurückziehen"}) \mapsto 1$ festgelegt.

Zu Beginn der Fallstudie betrug die funktionale Vollständigkeit der Eingabespezifikation $FV_{PSS} = 55,1\%$ bezüglich des PSS-Systems und $FV_{APG} = 50,7\%$ im Kontext des Gesamtsystems APG. Die Szenarien der Spezifikation haben weiterhin vier der 34 Transitionen des gesuchten LTS A_{APG} abgedeckt. Die strukturelle Vollständigkeit war daher $SV_{PSS} = 40\%$ bzw. $SV_{APG} = 12,5\%$.

8.2 Empirische Vervollständigung des Parksystems 135

Zur Vervollständigung der Spezifikation wurde im ersten Schritt der Fallstudie die Scenario-Puzzling-Technik auf die PSS-Spezifikation angewendet. Der Ingenieur antwortete auf sechs Element- und eine Präfixanfrage zur Normalisierung der Spezifikation und 19 Kürzeste-Präfix-Anfragen zur Aufdeckung fehlenden Verhaltens (s. Tabelle 8.1). Die insgesamt 26 Antworten des Ingenieurs führten zur Aufdeckung der Szenarien $S11$ und $S12$ aus Kapitel 5.3.2 und vervollständigten dadurch das Verhalten bezüglich des mehrmaligen Passierens von Parklücken (vgl. Kapitel 5.3.2). Die Spezifikation war mit $SV_{PSS} = 100\%$ strukturell vollständig, während die Vollständigkeit bezüglich des Gesamtsystems um 18,7 Prozentpunkte auf $SV_{APG} = 31,2\%$ gestiegen ist (vgl. Abbildung 8.3).

Elementanfragen	Präfixanfragen	Kürzeste-Präfix-Anfragen	Σ	SV_{PSS}	SV_{APG}
6	1	19	26	100%	31,2%

Tabelle 8.1: Der Interaktionsaufwand zur strukturellen Vervollständigung der PSS-Spezifikation

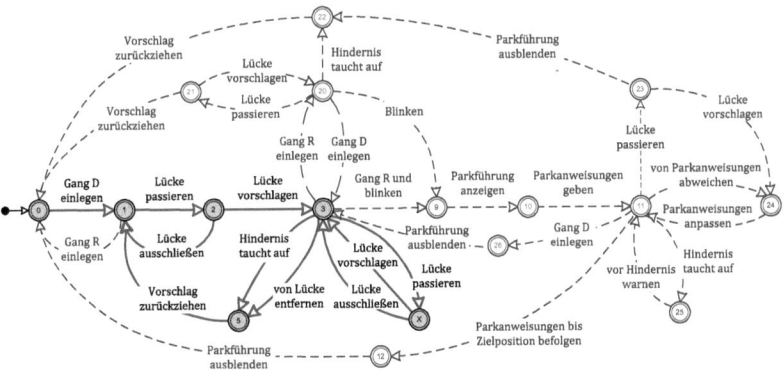

Abb. 8.3: Die strukturelle Vollständigkeit nach der Vervollständigung der PSS-Spezifikation, dargestellt durch die hervorgehobenen, aus der Spezifikation ableitbaren und die schraffierten, nicht ableitbaren Transitionen des APG-Systems

Kürzeste-Präfix-Anfragen	Zyklische-Verhaltens-Anfragen	Bestätigungsanfragen	Σ	FV_{PSS}	FV_{APG}
1	7	3	11	94,4%	53,5%

Tabelle 8.2: Der Interaktionsaufwand zur funktionalen Vervollständigung der PSS-Spezifikation

Die Ergebnisse der darauffolgenden funktionalen Vervollständigung sind in Tabelle 8.2 dargestellt. Die Merge-Validation-Technik benötigte aufbauend auf den bereits festgestellten negativen Szenarien des Scenario Puzzlings eine Kürzeste-Präfix-Anfrage, sieben Zyklische-Verhaltens-Anfragen und drei Bestätigungsanfragen zur Ermittlung der Szenariokomposition. In der Summe führten die elf Anfragen zu einer Szenariospezifikation, aus der der Blue-Fringe-Delta-EDSM-Algorithmus das Transitionssystem aus Abbildung 8.1 (b) ableitete. Da keine Komplementärmengenanfragen in der angewendeten Konfiguration gestellt wurden, wurde das LTS durch die in der Abbildung hervorgehobene Transition Lücke passieren untergeneralisiert. Die funktionale Vollständigkeit des Transitionssystems betrug durch die Untergeneralisierung $FV_{PSS} = 94,4\%$ bezüglich des PSS- und $FV_{APG} = 53,5\%$ bezüglich des Gesamtsystems. Insgesamt wurde daher durch 37 Anfragen die strukturelle Vollständigkeit des Subsystems um 60 Prozentpunkte verbessert, während die funktionale Vollständigkeit um 43,7 Prozentpunkte gesteigert werden konnte.

2. Iteration: Vervollständigung des PSS'-Systems

In der zweiten Iteration wurde der vervollständigten Szenariospezifikation das Szenario „S6 = Parkanweisungen geben · Parkanweisungen bis Zielposition befolgen · Parkführung ausblenden" hinzugefügt und die Spezifikation dadurch um das Verhalten der PSS'-Szenariospezifikation erweitert. Die strukturelle Vollständigkeit dieser Spezifikation war vor der Ausführung des JigSCI-Verfahrens $SV_{PSS'} = 66,6\%$ und blieb bezüglich des APG-Systems unverändert. Zur Steigerung der strukturellen Vollständigkeit wurde in der Fallstudie eine Priorisierung gewählt, die insbesondere alle Eingabeereignisse im Kontext des neuen Szenarios untersucht. Die Priorisierung wurde auf $p_{PSS'}$(„Lücke passieren") $\mapsto 2$, $p_{PSS'}$(„Hindernis taucht auf") $\mapsto 2$, $p_{PSS'}$(„Gang D einlegen") $\mapsto 2$, $p_{PSS'}$(„Gang R einlegen") $\mapsto 2$, $p_{PSS'}$(„von Lücke entfernen") $\mapsto 1$ und $p_{PSS'}$(„blinken") $\mapsto 1$ festgelegt, wobei auf eine Prioritätsgrenze durch den Wert $P = \infty$ verzichtet wurde.

Die Ergebnisse der strukturellen Vervollständigung des PSS'-Systems sind in Tabelle 8.3 dargestellt. Während der Erreichbarkeitsanalyse wurden zwei Anfragen gestellt, welche analog zu Kapitel 5.2 die Unerreichbarkeit des Szenarios S6, das Szenario S5 sowie den Präfix „Gang D einlegen · Lücke passieren · Lücke vorschlagen · Gang R einlegen · Blinken" des Szenarios S6 aufdeckten. Inklusive der Szenarien S11 und S12 wurde die Spezifikation dadurch bezüglich des PSS'-Systems strukturell vervollständigt. Hinsichtlich des APG-Systems führten 22 Anfragen zur Entdeckung von sieben weiteren fehlenden Szenarien. Insgesamt stieg die strukturelle Vollständigkeit in dieser Iteration dadurch um 45,2 Prozentpunkte auf $SV_{APG} = 76,4\%$ (s. Abbildung 8.4). Wie wir in den automatisierten Messungen im folgenden Abschnitt erkennen werden, liegt dieses Ergebnis über dem Durchschnitt (bei einer Abdeckung von 40-50% der Transitionen beträgt die strukturelle Vollständigkeit dort mit einer vergleichbaren Konfiguration 53,2%). Dies demonstriert, dass durch den menschlichen Einfluss in der Priorisierung und in der Assoziation ähnlicher Szenarien das Ergebnis des Scenario Puzzlings der automatisierten Messungen gesteigert werden kann. Im Vergleich zur Durchführung des Scenario Puzzlings in Kapitel 5.4 war das Ergebnis der Fallstudie ebenfalls erhöht. Die Faktoren dafür sind, dass in dem Kapitel eine zur Erklärung der Konzepte günstige Priorisierung gewählt wurde, anstatt eine auf das Gesamtsystem bezogene Priorisierungsfunktion zu verwenden. Zusätzlich wurde das Ereignis Gang R einlegen und blinken durch den oben angegebenen Präfix des Szenarios S6 in zwei Teilereignisse Gang R einlegen und Blinken getrennt, so dass eine Untersuchung der Einzelereignisse in der Fallstudie möglich war.

Elementanfragen	Präfixanfragen	Kürzeste-Präfix-Anfragen	Σ	$SV_{PSS'}$	SV_{APG}
1	1	22	24	100%	76,4%

Tabelle 8.3: Der Interaktionsaufwand zur strukturellen Vervollständigung der PSS'-Spezifikation

Das durch die Merge-Validation-Technik erschlossene Parksystem ist in Abbildung 8.5 dargestellt. Hervorgehoben sind die vom Referenztransitionssystem abweichenden Zustände und Transitionen. An ihnen ist zu erkennen, dass die strukturelle Vollständigkeit einen hohen Einfluss auf die Komposition der Szenarien hat. Liegt eine hohe strukturelle Abdeckung wie im linken und unteren Teil des Transitionssystems vor, findet das JigSCI-Verfahren die existierenden Szenariokompositionen. Fehlt strukturell notwendiges Verhalten wie in dem hervorgehobenen oberen rechten Teil des Transitionssystems, ist die Qualität der Komposition durch die vorhandenen Szenarien begrenzt. Mit der Vereinigung der Zustände 21 und 26 (vgl. Abbildung 8.4) entstand ein lokales Optimum, so

8.2 Empirische Vervollständigung des Parksystems   137

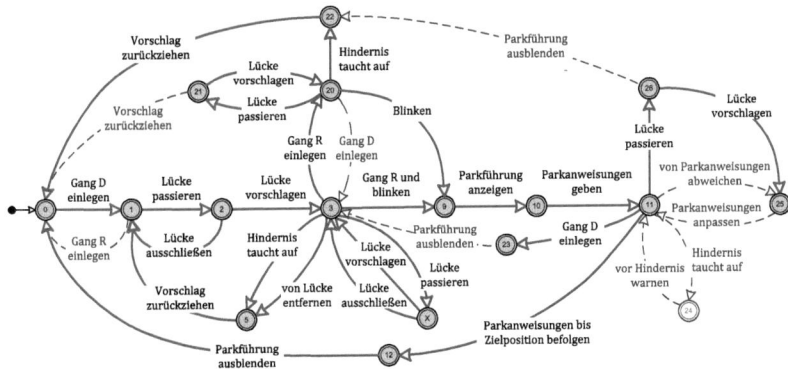

Abb. 8.4: Die strukturelle Vollständigkeit nach dem Scenario Puzzling der PSS'-Spezifikation

dass im resultierenden Zustand 30 die beiden angrenzenden Transitionen Lücke passieren endeten. Dies führte dazu, dass die Zustände 31 und 20 ohne Übergeneralisierung nicht vereinigt werden konnten. Der Zyklus zwischen den Zuständen 20 und 21 blieb daher unter der Kontrolle der Merge-Validation-Technik unentdeckt, so dass das Transitionssystem nicht übergeneralisiert wurde, dafür jedoch eine Untergeneralisierung auftrat.

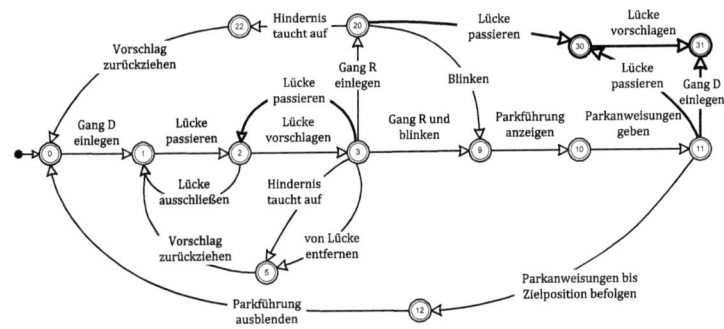

Abb. 8.5: Das nach der Merge Validation ableitbare Transitionssystem der PSS'-Spezifikation

Kürzeste-Präfix-Anfragen	Zyklische-Verhaltens-Anfragen	Bestätigungsanfragen	Σ	$FV_{PSS'}$	FV_{APG}
33	13	7	53	96,5%	55,4%

Tabelle 8.4: Der Interaktionsaufwand zur funktionalen Vervollständigung der PSS'-Spezifikation

Zur Erschließung des Transitionssystems wurden 53 Anfragen benötigt (s. Tabelle 8.4). Durch die Anfragen erreicht die Merge-Validation-Technik eine Genauigkeit von $FV_{PSS'} = 96,5\%$. Die Vollständigkeit wurde damit im Vergleich zum zuvor erschlossenem LTS des PSS-Systems (s. Abbildung 8.1 (b)) von 86% um 13,5 Prozentpunkte bezüglich des PSS'-Systems gesteigert. Bezüglich des Gesamtsystems stieg die funktionale Vollständigkeit um 1,9 Prozentpunkte. Da aus dem Zustand 1, als einzigem direkten Nachfolger des initialen Zustands, nur zwei Transitionen im Referenztransitionssystem ausgehen und die Transition Gang R einlegen nicht entdeckt wurde, verläuft

138 8 Validierung und Evaluierung

statistisch die Hälfte der positiven Szenarien der Testspezifikation über diese Transition. Obwohl die Ähnlichkeit des Transitionssystems augenscheinlich stärker als 1,9% zugenommen hat, bleibt die Steigerung der relativen funktionalen Vollständigkeit daher gering. Messen wir die funktionale Vollständigkeit bezüglich des Gesamtsystems ohne die fehlende Transition zu betrachten, erhalten wir eine Genauigkeit von $FV_{APG\backslash R} = 77,7\%$.

Insgesamt wurden in dieser Iteration somit 77 Anfragen durch das JigSCI-Verfahren gestellt. Die Anfragen führten zu einer Verbesserung der strukturellen Vollständigkeit um 22,9 Prozentpunkte und erhöhten die funktionale Vollständigkeit um 1,9 Prozentpunkte bezüglich des Gesamtsystems. Wird weiterhin die nicht entdeckte Transition Gang R einlegen vernachlässigt, konnte die funktionale Vollständigkeit in dieser Iteration sogar um 24,2 Prozentpunkte im Kontext des $A_{APG\backslash R}$-Systems verbessert werden.

3. Iteration: Vervollständigung des APG-Systems

In der dritten Iteration wurden der Szenariospezifikation die Szenarien der verbleibenden APG-Spezifikation hinzugefügt. Die Szenarien $S5 = lin(F5)$, $S8 = lin(F8)$ und $S9 = lin(F9)$ wurden bereits während der vorangegangenen Iterationen entdeckt und brauchten daher nicht ergänzt werden. Die übrigen Szenarien $S7 = lin(F7)$ und $S10 = lin(F10)$ wurden der Spezifikation hinzugefügt und das JigSCI-Verfahren erneut angewendet.

Die nach der strukturellen Vervollständigung abgedeckte Struktur des gesuchten Transitionssystems ist in Abbildung 8.6 dargestellt. Bis auf die gestrichelten Transitionen Gang R einlegen und Vorschlag zurückziehen wurden alle Transitionen des APG-Systems durch mindestens ein Szenario beschrieben. Die strukturelle Vollständigkeit wurde daher durch die Scenario-Puzzling-Technik und den sieben vom Ingenieur hinzugefügten Szenarien auf $SV_{APG} = 94,1\%$ gesteigert (s. Tabelle 8.5). Der Interaktionsaufwand betrug dabei in der letzten Iteration 28 Anfragen.

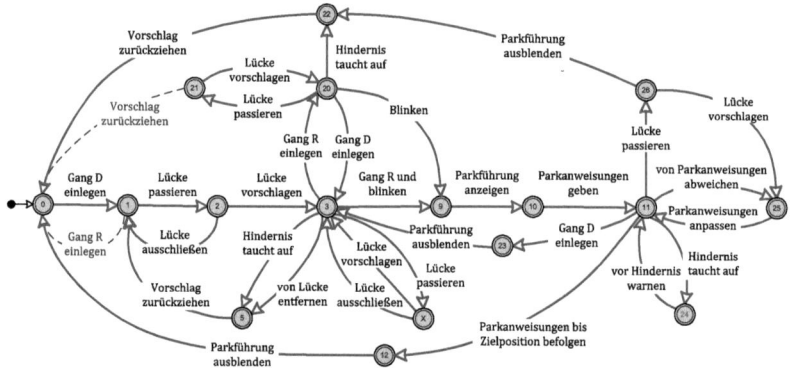

Abb. 8.6: Die nach der Untersuchung der APG-Spezifikation erreichte strukturelle Vollständigkeit

Normalisierungsanfragen	Präfixanfragen	Kürzeste-Präfix-Anfragen	Σ	SV_{APG}
6	0	22	28	94,1%

Tabelle 8.5: Der Interaktionsaufwand zur strukturellen Vervollständigung der APG-Spezifikation

8.2 Empirische Vervollständigung des Parksystems

Die Merge-Validation-Technik benötigte 81 Anfragen (s. Tabelle 8.5) und erschloss das in Abbildung 8.7 dargestellt Transitionssystem. In dem LTS liegt wie in dem Transitionssystem zuvor das lokale Optimum durch die Transition **Lücke passieren** zwischen den Zuständen 3 und 2 vor. Zusätzlich wurde durch die Transition **Gang D einlegen** zwischen den Zuständen 11 und 12 eine lokal optimale Zustandsvereinigung vorgenommen. Diese führte dazu, dass das Transitionssystem über die zweite Transition **Gang D einlegen** zwischen den Zuständen 30 und 1 übergeneralisiert wurde. Diese Übergeneralisierung konnte aufgrund der Beschränkung der Zyklischen-Verhaltens- und Bestätigungsanfragen nicht verhindert werden. Weiterhin endet durch eine weitere lokal optimale Zustandsvereinigung die Transition **Gang D einlegen** des Zustands 20 im Zustand 1 anstatt in Zustand 3.

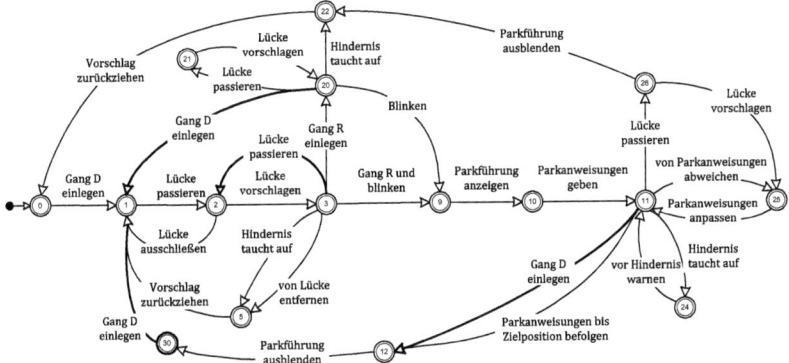

Abb. 8.7: Das erschlossene Transitionssystem nach der dritten Iteration der Fallstudie

Kürzeste-Präfix-Anfragen	Zyklische-Verhaltens-Anfragen	Bestätigungsanfragen	Σ	$FV_{APG \backslash R}$	FV_{APG}
35	33	13	81	85,6%	57%

Tabelle 8.6: Der Interaktionsaufwand zur funktionalen Vervollständigung der APG-Spezifikation

Die funktionale Vollständigkeit des erschlossenen Transitionssystems liegt bezüglich des Gesamtsystems bei 57% und wurde um 1,6 Prozentpunkte gesteigert. Wird die Transition **Gang R einlegen** vernachlässigt wurde die Genauigkeit des Transitionssystems durch diese Iteration von 77,7% um weitere 7,9 Prozentpunkte auf 85,6% erhöht.

4. Iteration: Vermeidung lokaler Optima

Zum Abschluss der Fallstudie wurde die Szenariospezifikation auf lokale Optima durch den Einsatz von Komplementärmengenanfragen untersucht. Begrenzt auf jeweils sechs Anfragen pro Zustandsvereinigung wurde die Merge-Validation-Technik mit Komplementärelement- und Kürzeste-Präfix-Anfragen angewendet. Aufgrund der hohen strukturellen Vollständigkeit und der ausreichenden Prüfung von Zyklen in den Iterationen zuvor wurde dabei auf das Scenario Puzzling sowie Zyklische-Verhaltens- und Bestätigungsanfragen verzichtet.

Während der Überprüfung auf lokale Optima wurden 36 Komplementärelement- und 20 Kürzeste-Präfix-Anfragen gestellt (s. Tabelle 8.7). Die Komplementäranfragen

- „Gang D einlegen · Lücke passieren · Lücke vorschlagen · Gang R einlegen · Lücke passieren· Lücke vorschlagen · Gang D einlegen · Hindernis taucht auf $\notin L(A_{APG})$?" und
- „Gang D einlegen · Lücke passieren · Lücke vorschlagen · Gang R einlegen · Blinken· Parkführung anzeigen · Parkanweisungen geben · Gang D einlegen · Parkführung ausblenden· Hindernis taucht auf $\notin L(A_{APG})$"

deckten die lokalen Optima bezüglich der Transition Gang D einlegen zwischen den Zuständen 20 und 1 bzw. 11 und 12 auf und verhinderten diese (s. Abbildung 8.8). Das lokale Optimum bezüglich des mehrmaligen Passierens der Parklücke konnte aufgrund der begrenzten Interaktion nicht gefunden werden.

Kürzeste-Präfix-Anfragen	Komplementärmengenanfragen	Σ	$FV_{APG\backslash R}$	FV_{APG}
20	36	56	92,1%	58,7%

Tabelle 8.7: Der Interaktionsaufwand zur Vermeidung lokaler Optima in der APG-Spezifikation

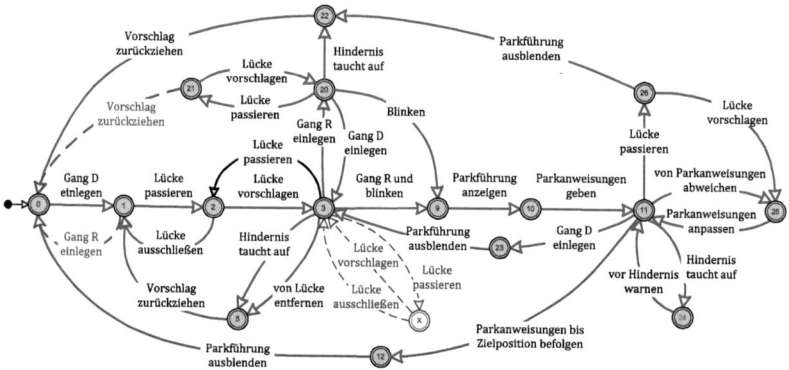

Abb. 8.8: Das durch das JigSCI-Verfahren erschlossene Parksystem

Durch die insgesamt 56 Anfragen dieser Iteration wurden zwei der drei lokalen Optima aufgedeckt. Dies führt zu einer Steigerung der funktionalen Vollständigkeit von 85,6% auf 92,1% bezüglich des APG-Systems unter Vernachlässigung der Transition Gang R einlegen und zu einer Steigerung von 57% auf 58,7% bezüglich des Gesamtsystems.

Analyse des Ergebnis

Die Vollständigkeit der resultierenden Szenariospezifikation ist durch das Transitionssystem in Abbildung 8.8 kenntlichgemacht. Während der strukturellen Vervollständigung wurden in den vier Iterationen des Scenario Puzzlings im Durchschnitt 26 Anfragen gestellt, um die Spezifikation auf fehlendes Verhalten zu untersuchen (s. Tabelle 8.8). Die insgesamt 78 gestellten Anfragen und die zu Beginn jeder Iteration hinzugefügten Szenarien steigerten die strukturelle Vollständigkeit der PSS-Spezifikation insgesamt von 12,5% auf 94,1% um 81,6 Prozentpunkte bezüglich des APG-Systems (s. Tabelle 8.9). Von 34 Transitionen wurden lediglich die hervorgehobenen Transitionen Vorschlag zurückziehen und Gang R einlegen nicht erkannt.

	Iteration 1	Iteration 2	Iteration 3	Iteration 4	Σ
SP-Anfragen	26	24	28	0	78
MV-Anfragen	11	53	81	56	201

Tabelle 8.8: Der Interaktionsaufwand der Fallstudie für das Scenario-Puzzling- (SP) und die Merge-Validation-Technik (MV)

	S_{PSS}	Iteration 1	Iteration 2	Iteration 3	Iteration 4	Δ(Iteration 4, S_{PSS})
SV_{APG}	12,5%	31,2%	76,4%	94,1%	94,1%	81,6%
$FV_{APG \setminus R}$	50,7%	68,6%	77,7%	85,6%	92,1%	41,4%
FV_{APG}	50,7%	53,5%	55,4%	57%	58,7%	8%

Tabelle 8.9: Die Güte der Vervollständigung der Fallstudie

Die Merge-Validation-Technik benötigte im Schnitt etwa 50 Anfragen pro Iteration um die Szenariokompositionen der Subsysteme bzw. des APG-Systems zu ermitteln. Die Technik vervollständigte dabei die resultierende Szenariospezifikation soweit, das aus dieser ein Transitionssystem eindeutig abgeleitet werden kann, das nicht übergeneralisiert ist und nur noch eine lokal optimale Zustandsvereinigung aufweist. Die funktionale Vollständigkeit wurde dabei insgesamt von 50,7% auf 58,7% bezüglich des APG-Systems gesteigert (s. Tabelle 8.9). Diese geringe Anhebung des Vollständigkeitsmaßes wurde auf die fehlende Transition `Gang R einlegen` zurückgeführt, über die im statistischen Mittel die Hälfte aller positiven Szenarien einer zufälligen Testspezifikation verlaufen. Vernachlässigen wir diese Transition, wurde die funktionale Vollständigkeit der Spezifikation um 41,4 Prozentpunkte auf 92,1% gesteigert. Die starke Ähnlichkeit mit dem Referenzsystem ist deutlich zu erkennen.

Durch die Begutachtung des Transitionssystems fielen dem Ingenieur im Anschluss an die Fallstudie die Mängel der Szenariospezifikation auf. Der Ingenieur fügte der Szenariospezifikation das Szenario „Lücke vorschlagen · Gang R einlegen · Lücke passieren · Vorschlag zurückziehen" und „Gang D einlegen · Gang R einlegen · Gang D einlegen" hinzu und vervollständigte dadurch die Spezifikation strukturell. Durch die Angabe des Szenarios $ST1$ aus Beispiel 8.4 wurde weiterhin das lokale Optimum bezüglich des mehrmaligen Passierens von Parklücken verhindert. Die resultierende Szenariospezifikation wurde dadurch funktional bezüglich des APG-Systems vervollständigt. Insgesamt benötigte der Ingenieur für die Vervollständigung etwa zweieinhalb Stunden.

Das JigSCI-Verfahren ist folglich im Kontext industrieller Szenariospezifikation mit einem angemessenem Aufwand einsetzbar. Es produzierte für die Fallstudie eine qualitativ hochwertige Szenariospezifikation und konnte begleitend mit der komponentenweisen Entwicklung des Parksystems iterativ eingesetzt werden. Aus der resultierenden Spezifikation ist anschließend ein eindeutiges Transitionssystem synthetisierbar. Das Transitionssystem erlaubt nicht nur einen Übergang von der Anforderungsanalyse zum Design, sondern auch die Begutachtung der Spezifikation anhand eines Gesamtverhaltensmodells. Die Begutachtung kann zur Aufdeckung weiterer Mängel der Szenariospezifikation führen, welche durch das Hinzufügen von positiven oder negativen Szenarien verhindert werden können.

8.3 Experimente auf generierten Szenariospezifikationen

Der Vorbereitungs- und Auswertungsaufwand der manuellen Fallstudie war bereits bei dem verwendeten Parksystem hoch. Zur fortlaufenden Verbesserung des JigSCI-Verfahrens sowie zum Nachweis dessen Effektivität wird eine Methode benötigt, durch die das Verfahren automatisiert vermessen werden kann. Im Bereich der Grammatik-Inferenz wurde hierfür der Abbedingo One Wettbewerb [LPP98] entwickelt, in dem Grammatik-Inferenz-Algorithmen eine Menge von positiven und negativen Beispielwörtern als Eingabe erhalten und aus den Wörtern einen generierten deterministischen Automaten erlernen müssen. Weil in dem Wettbewerb jedoch keine Interaktion unterstützt wird, ausschließlich normalisierte Eingabewörter generiert werden und die Dichte der Eingabedaten sehr viel höher ist als bei realistischen Szenariospezifikationen, werden wir auf Basis des Aufbaus des Wettbewerbs automatisierte Experimente bezüglich der Vervollständigung von Szenariospezifikationen entwerfen, anstatt dessen Testverfahren zu verwenden. Wir werden das JigSCI-Verfahren auf die Experimente anwenden und die Ergebnisse mit denen der Komposition des QSM-Algorithmus vergleichen.

8.3.1 Automatisierung und Experimentaufbau

Der Experimentaufbau zum Test des JigSCI-Verfahrens ist in Abbildung 8.9 dargestellt. Ein Experiment besteht aus einer Eingabeszenariospezifikation $SSpec_I$, einem Referenz-Transitionssystem $A = (Q, \Sigma, \delta, q_0)$ und einer Testspezifikation $S_{Test} = (S_{T+}, S_{T-})$. Die Experimente werden von einem Experiment-Generator erzeugt, welcher zunächst mit dem LTS A das Referenzverhalten generiert und aus diesem die Eingabe- bzw. Testspezifikation ableitet.

Die Szenariospezifikation $SSpec_I$ wird in das Verfahren eingegeben und durch die Scenario-Puzzling- und Merge-Validation-Technik in Interaktion mit einem automatisierten Orakel vervollständigt. Das Orakel erhält das Referenzsystem A und simuliert in diesem die Szenarien der Element-, Teilmengen- sowie Komplementärmengenanfragen, um die Anfragen zu beantworten und den Interaktionsaufwand auf Basis der Anzahl der gestellten Anfragen $|Q|$ zu bestimmen.

Die resultierende Szenariospezifikation wird jeweils nach den beiden Techniken vermessen. Die Güte der Vervollständigung ergibt sich dann im Vergleich zum generierten LTS. Die relative strukturelle Vollständigkeit wird auf Basis der durch die Szenariospezifikation abgedeckten Transitionen des LTS direkt festgestellt. Die relative funktionale Vollständigkeit ergibt sich, indem wir durch den Blue-Fringe-Delta-EDSM-Algorithmus das LTS A' aus der Szenariospezifikation ableiten und dessen Genauigkeit durch die Testspezifikation S_{Test} bestimmen.

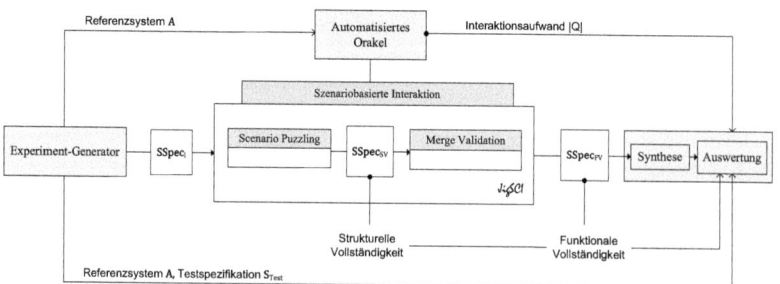

Abb. 8.9: Der Aufbau der automatisierten Experimente

Erzeugung des Referenzverhaltens

Zur Erzeugung des Referenzverhaltens generieren wir Transitionssysteme mit einer aufsteigenden Größe und Komplexität von $n = 30, 50, 70$ und 100 Zuständen. Die Komplexität des LTS wird über $k = t - n - 1$ mit t der Anzahl der Transitionen des LTS in Form der McCabe-Metrik [McC76] bestimmt. Sie wird auf $k = n$ festgelegt und entspricht damit in etwa der Komplexität des Parksystems. Zusätzlich legen wir eine Wahrscheinlichkeit z fest, auf deren Basis Zyklen in dem Transitionssystem gebildet werden, und geben eine Wahrscheinlichkeit d an, die die Relation von gleichbenannten Transitionen bestimmt, damit das JigSCI-Verfahren realitätsnah durch seine Mustererkennung Fehlschlüsse zieht. Der Generierungsalgorithmus erzeugt die Referenzsysteme wie folgt:

1. *Erzeuge Zustände* - Erzeuge ein LTS $A = (Q, \Sigma, \delta, q_0)$ mit n Zuständen und wähle einen initialen Zustand aus.

2. *Verknüpfe Zustände* - Wähle jeweils einen erreichbaren Zustand aus Q aus und füge eine Transition zu einem unerreichbaren Zustand hinzu bis alle Zustände des LTS erreichbar sind.

3. *Erhöhe Komplexität* - Wähle jeweils zwei Zustände $q, q' \in Q$ aus, so dass mit der Wahrscheinlichkeit der Zyklenpreferenz z von q nach q' ein Pfad existiert und erstelle eine Transition von q' nach q. Dieser Schritt wird solange ausgeführt, bis die Komplexität von A der gewünschten Komplexität k entspricht

4. *Beschrifte Transitionen* - Erzeuge $(n + k + 1) \cdot d$ (abgerundet) verschiedene Symbole in Σ und weise die Symbole zufällig, jedoch so, dass das A deterministisch bleibt, den bestehenden Transitionen zu.

Beispiel 8.7. Generiere ein Referenzsystem mit der Automatengröße $n = 8$, der Komplexität $k = n$, der Zyklenpreferenz $z = 0, 5$ und der Alphabetsdichte $d = 0, 75$. Der Algorithmus erzeugt zunächst n Zustände 0 bis 7, legt als initialen Zustand den Zustand 0 fest und verknüpft die Zustände durch die Transitionen T0 bis T6 (s. Abbildung 8.10). Das LTS hat zu diesem Zeitpunkt die Komplexität $k_0 = 0$.

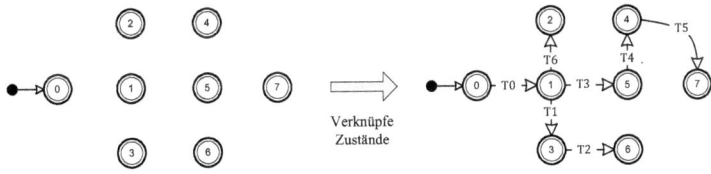

Abb. 8.10: Die Erzeugung von Zuständen und deren initiale Verknüpfung von Referenzsystemen

Der Algorithmus steigert die Komplexität des LTS auf 8, indem er die Transitionen T7 bis T16 aus Abbildung 8.11 dem LTS hinzufügt. Er bildet dabei aufgrund der Wahrscheinlich $z = 0, 5$ durch die Transitionen T7, T10, T11, T14 und T16 jeweils einen Zyklus. Zur Beschriftung der Transitionen werden abschließend für die 17 Transitionen aufgrund der Alphabetsdichte von $0, 75$ die zwölf Symbole A bis L generiert. Durch die Zuweisung der Symbole auf die Transitionen entsteht dann das zu bestimmende Referenzsystem (s. Abbildung 8.11 auf der rechten Seite).

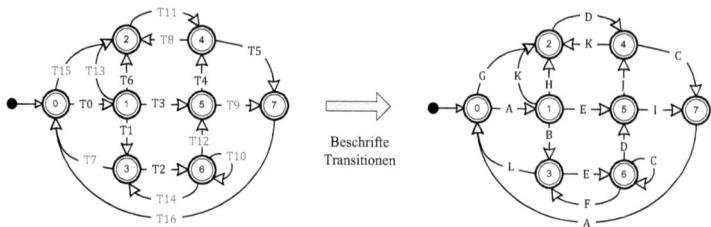

Abb. 8.11: Die Erhöhung der Komplexität der Systeme und Benennung der Transitionen

Generierung von Eingabe- und Testspezifikationen

Aus dem generierten LTS werden die Eingabe- und die Testspezifikation eines Experiments generiert. Der wesentliche Parameter c (engl. coverage) des Algorithmus bestimmt den relativen Anteil der durch die positiven Szenarien abgedeckten Transitionen der Spezifikation. Eine Transition gilt dabei als abgedeckt, wenn ein positives Szenario existiert, das in einem beliebigen Zustand startet und über die Transition verläuft. Zusätzlich kann das Verhältnis der positiven und negativen Szenarien über den Parameter p und die Mindestlänge eines Szenarios m angegeben werden sowie festgelegt werden, ob die Szenariospezifikation in Normalform generiert werden soll. Der Algorithmus erstellt eine Szenariospezifikation $S_{gen} = (S_+, S_-)$ und fügt der Spezifikation wie folgt Szenarien hinzu, bis die Anzahl der abgedeckten Transition in Relation zur Gesamtzahl die Zielabdeckung c übersteigt.

1. *Bestimme Startzustand* - Wähle im Referenztransitionssystem A zufällig einen Zustand $q \in Q$ als Anfangszustand des generierten Szenarios aus.

2. *Bestimme Szenariotyp und Länge* - Wähle eine Länge l für das Szenario, indem zunächst $l = m$ gesetzt wird. Steigere dann die Länge sukzessiv und prüfe mit einer exponentiell steigenden Wahrscheinlichkeit ob eine Ende erreicht ist. Lege anschließend mit der Wahrscheinlichkeit p fest, ob das Szenario positiv oder negativ ist. Ist das Szenario negativ, bestimme zufällig eine Länge $l_p < l$, bis zu der das negative Szenario positives Verhalten enthalten soll.

3. *Traversiere zufälligen Pfad* - Traversiere von q einen Pfad p in A bis die Länge l bei einem positiven Szenario, oder, im Fall eines negativen Szenarios, ein Endzustand oder l_p erreicht ist. Ist das Szenario negativ, füge zusätzlich $l - l_p$ zufällige Symbole an den Pfad an.

4. *Erstelle Szenario* - Falls die Szenarien in Normalform erstellt werden sollen, konkateniere einen beliebigen Präfix von q mit p. Beschreibt p dann in A einen gültigen Pfad für einen beliebigen Zustand $q' \in Q$, füge das erstellte Szenario S_+ hinzu und markiere die Transitionen der Pfade als abgedeckt. Wird kein Pfad gefunden, füge das Szenario S_- hinzu.

Mit diesem Algorithmus generieren wir zum Test des JigSCI-Verfahrens Eingabespezifikationen mit einer aufsteigenden Abdeckung von $c = 20, 40, \ldots, 100\%$ sowie normalisierte Testspezifikationen mit einer Größe von $6n$ Szenarien. Das Verhältnis der positiven und negativen Szenarien wird bei den Eingabespezifikationen auf $4 : 1$ festgelegt, da nach Erfahrungen die Anzahl der positiven Szenarien die Anzahl der negativen Szenarien in realen Szenariospezifikationen um das vierfache übersteigt. Die Testspezifikationen enthalten hingegen eine gleichverteilte Anzahl an positiven und negativen Szenarien, um die Bewertung der Über- bzw. Untergeneralisierung gleich zu gewichten.

Beispiel 8.8. Erstelle eine Eingabeszenariospezifikation mit $c = 0, 2$, $m = 2$ und $p = 0, 8$ für das generierte LTS aus Beispiel 8.7 (s. Abbildung 8.11). Das Transitionssystem hat 17 Transitionen, d.h. bei einer Abdeckung von vier Transitionen ist die Grenze c erreicht. Wähle als Startzustand des ersten Szenarios den Zustand 4 und lege fest, dass ein negatives Szenario generiert werden soll. Sei die Länge des Szenarios $l = 3$ mit $l_p = 2$. Traversiere den Pfad K · D und füge zufällig das Symbol A an den Pfad an. Da der Pfad in dem LTS nicht gültig ist, ergänze das Szenario in den negativen Szenarien der Spezifikation. Wähle anschließend den Startzustand 1 und lege $l = 5$ für ein positives Szenario fest. Traversiere vom Zustand 1 bis zum Zustand 5 den Pfad E · I · A · A · E. Da der Pfad per Konstruktion im Transitionssystem existiert, wird das Szenario den positiven Szenarien hinzugefügt und dadurch eine Szenariospezifikation gebildet, die das Abbruchkriterium im Vergleich zu c erfüllt.

Experimentkonfigurationen

Das JigSCI-Verfahren hat vielfältige Konfigurationsmöglichkeiten. Den größten Einfluss auf die Effektivität hat der EDSM-Minimalwert α und die Schranken der Interaktion. Zur Untersuchung des Verfahrens betrachten wir vier Konfigurationen, die mit aufsteigender Komplexität von einem Minimalwert $\alpha = 2$ und einer stark beschränkten Interaktion bis hin zum Einsatz der vollständigen Bandbreite der Teilmengen- und Komplementärmengenanfragen bei einem EDSM-Minimalwert $\alpha = 0$ Szenariospezifikationen auf Vollständigkeit untersuchen.

→ *Konfiguration 1: Untersuchung hochbewerteter Zustandspaare unter Vermeidung der Übergeneralisierung*

Die einfachste Konfiguration verwendet einen EDSM-Minimalwert von $\alpha = 2$ und setzt während der Merge-Validation-Technik sechs Kürzeste-Präfix- (SPQs), fünf Zyklische-Verhaltens- (RBQs) und eine Bestätigungsanfrage (CFQ) pro Zustandsvereinigung ein (s. Tabelle 8.10). Die Aufgabe der Konfiguration ist es, hochbewertete Szenariokompositionen zu ermitteln und diese mit geringem Interaktionsaufwand auf Übergeneralisierung zu überprüfen. Mit den Kürzeste-Präfix-Anfragen werden dabei gültige Vereinigungen aufgespürt, durch die Zyklische-Verhaltens-Anfragen stichprobenartig Zyklen getestet und die Gesamtauswirkung einer Zustandsvereinigung im Transitionssystem am Beispiel eines Prä- und Suffixes durch die Zusammenhangskomponenten der gestellten Bestätigungsanfrage überprüft.

	α	SPQs	RBQs	CFQs	DJQs
SP ($\alpha = 2$)	2	∞	-	-	-
MV-1	2	6	5	1	-

Tabelle 8.10: Die für den EDSM-Minimalwert $\alpha = 2$ vorgeschlagenen Konfiguration

→ *Konfiguration 2: Untersuchung bewerteter Zustandspaare unter Vermeidung der Über- und Untergeneralisierung*

Die im geringem Maße aufwändigere, aber in der Komplexität der Anfragen gleichbleibende zweite Konfiguration wird im Kontext des Scenario Puzzlings *SP($\alpha = 1$)* und für die Merge-Validation-Technik *MV-1* genannt (s. Tabelle 8.11). Die Aufgabe der Konfiguration ist es, bei geringem Aufwand und geringer Komplexität der Anfragen eine Über- und Untergeneralisierung zu vermeiden.

Es wird dazu der EDSM-Minimalwert $\alpha = 1$ verwendet und zur Erkennung von lokalen Optima werden Komplementärelementanfragen eingesetzt.

	α	SPQs	RBQs	CFQs	DJQs
SP ($\alpha = 1$)	1	∞	-	-	-
MV-2	1	6	5	1	6

Tabelle 8.11: Die für den EDSM-Minimalwert $\alpha = 1$ vorgeschlagene Konfiguration mit einer reduzierten Komplexität der Anfragen

→ *Konfiguration 3: Untersuchung bewerteter Zustandspaare mit annähernder Verhinderung der Über- und Vermeidung der Untergeneralisierung*

Die ersten beiden Konfigurationen zeichnen sich insbesondere durch ihre geringe Komplexität der Anfragen aus. Es werden weder Komplementärmengenanfragen eingesetzt noch die Übergeneralisierung stichprobenartig durch Zyklische-Verhaltens-Anfragen vermieden. In der dritten Konfiguration werden wir die Komplexität der Anfragen steigern und einen EDSM-Minimalwert von $\alpha = 1$ verwenden, um eine qualitativ hochwertige Lösung bei gesteigertem Interaktionsaufwand zu erschließen (s. Tabelle 8.12). Wir heben dazu die Schranken der Zyklische-Verhaltens- und Bestätigungsanfragen auf und setzen diese ein, um die kürzesten Präfixe zu validieren. Wie in Satz 6.20 in Kapitel 6.3.2 gezeigt, wird dadurch die Übergeneralisierung verhindert, wenn kein lokales Optimum auftritt. Die Untergeneralisierung versuchen wir durch den Einsatz von sechs Komplementärelementanfragen und sieben zusätzlichen Komplementärmengenanfragen zu vermeiden. Die Aufgabe der Konfiguration ist somit eine annähernde Verhinderung der Übergeneralisierung bei einer stichprobenartigen Vermeidung der Untergeneralisierung.

	α	SPQs	RBQs	CFQs	DJQs
SP ($\alpha = 1$)	1	∞	-	-	-
MV-2	1	∞	∞	∞	(3+3) + 7

Tabelle 8.12: Die für den EDSM-Minimalwert $\alpha = 1$ vorgeschlagene Konfiguration mit erhöhter Komplexität der Anfragen

→ *Konfiguration 4: Abgesicherte Vervollständigung aller Szenariokompositionen*

In der vierten Konfiguration werden wir die durch das Theorem 6.16 in Kapitel 6.2.5 abgesicherte Vervollständigung der Szenariospezifikationen testen. Wir heben die Anfragegrenzen der vorangegangenen Konfigurationen auf und verwenden einen EDSM-Minimalwert von $\alpha = 0$ (s. Tabelle 8.13). Durch die gestellten Teilmengenanfragen wird dadurch die Übergeneralisierung verhindert und eine Kompatibilitätsprüfung durch die Komplementärmengenanfragen durchgeführt. In mehreren Iterationen der Konfiguration ist somit eine exakte Erschließung aller Szenariokompositionen möglich.

	α	SPQs	RBQs	CFQs	DJQs
SP ($\alpha = 1$)	0	∞	-	-	-
MV-2	0	∞	∞	∞	∞

Tabelle 8.13: Die maximale Vervollständigung des JigSCI-Verfahrens unter Verwendung des EDSM-Minimalwerts $\alpha = 0$ und des vollen Spektrums der Interaktion

8.3.2 Steigerung der strukturellen Vollständigkeit

Zur Untersuchung der Effizienz des JigSCI-Verfahrens werden wir Experimente erzeugen und diese in einer Iteration des Verfahrens in den definierten Konfigurationen untersuchen. Wir betrachten dabei Eingabespezifikationen, die bis zu 400 Eingabeereignisse enthalten, was in etwa 150 Szenarien entspricht, und die nicht normalisiert oder priorisiert sind.

Die Effizienz wird durch die erreichte strukturelle und funktionale Vollständigkeit und den benötigten Interaktionsaufwand angegeben. Der wesentliche Faktor, der die erreichte Vollständigkeit bestimmt ist der Parameter c, welcher die Abdeckung der Transitionen des Referenzsystems einer Eingabespezifikation beschreibt. Wir stellen die durchschnittliche strukturelle und funktionale Vollständigkeit der durchgeführten Experimente als Funktion über dem Parameter $c = 0, 2(20\%), 0, 3(30\%), \ldots, 1(100\%)$ graphisch dar. Den Interaktionsaufwand geben wir als Abbildung über der Anzahl der Eingabeereignisse an. Wir mitteln dabei die Anzahl der Anfragen, die in den Bereichen $[0, 50],]50, 100], \ldots,]350, 400]$ der Anzahl der Eingabeereignisse durchschnittlich gestellt wurden.

Das Ergebnis der strukturellen Vervollständigung des Scenario Puzzling in den Konfigurationen SP ($\alpha = 0, 1, 2$) ist in Abbildung 8.12 im Vergleich zum QSM-Algorithmus dargestellt. Die Graphen des JigSCI-Verfahrens zeigen eine annähernde lineare Entwicklung der strukturellen Vollständigkeit, die sich unabhängig von der Konfiguration und der Größe der Transitionssysteme von 30% bei einer 20% Abdeckung der Transitionen bis zu 99,2% bei einer Abdeckung aller Transitionen bewegt.

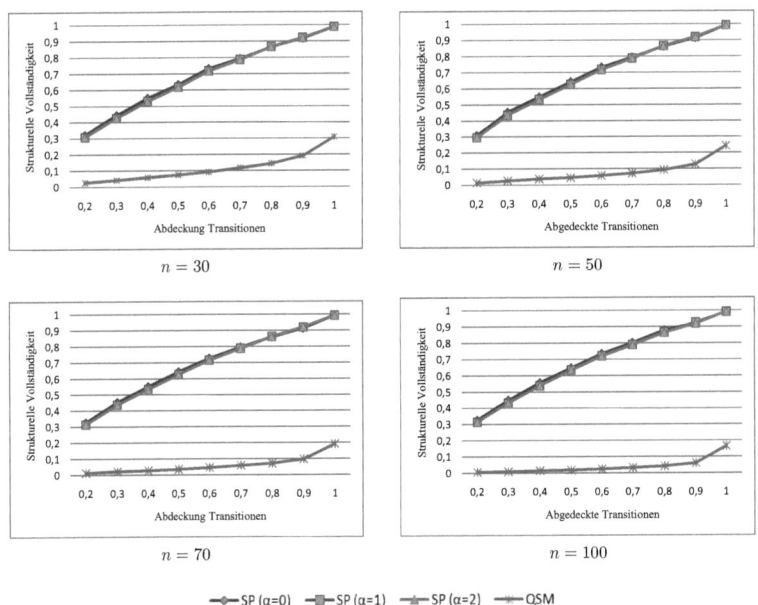

Abb. 8.12: Die strukturelle Vollständigkeit des JigSCI-Verfahrens im Vergleich zum QSM-Algorithmus

8 Validierung und Evaluierung

Die nahezu gleiche Entwicklung der strukturellen Vollständigkeit der einzelnen Konfigurationen des Scenario Puzzlings ist dabei durch die in Abbildung 8.13 dargestellten Ergebnisse der Erreichbarkeitsanalyse zu erklären. Die Erreichbarkeitsanalyse komponiert zunächst einen APTA aus den Eingabeszenarien und erfragt gültige Präfixe für potentiell unerreichbare Szenarien. In der Abbildung wird deutlich, dass die Komposition mit einem EDSM-Minimalwert von $\alpha = 0$ ab einer sechzigprozentigen Abdeckung der Transitionen zu einem parabelförmigen Anstieg der strukturellen Vollständigkeit bis zu einem annähernden Wert von 100% führt. Im Vergleich liegt die strukturelle Vollständigkeit nach Aufbau des APTA bei einem EDSM-Minimalwert von $\alpha = 1$ bei einem in etwa 20-30% reduzierten Wert, während die Komposition der Erreichbarkeitsanalyse bei einem EDSM-Minimalwert von $\alpha = 2$ maximal eine dreißigprozentige strukturelle Vollständigkeit erreicht. Die anschließenden Präfixanfragen steigern die strukturelle Vollständigkeit der einzelnen Konfigurationen, so dass im Endergebnis wie in Kapitel 5.2 beschrieben eine annähernd gleiche strukturelle Vollständigkeit bei einer erhöhten Anzahl an Präfixanfragen erzielt wird.

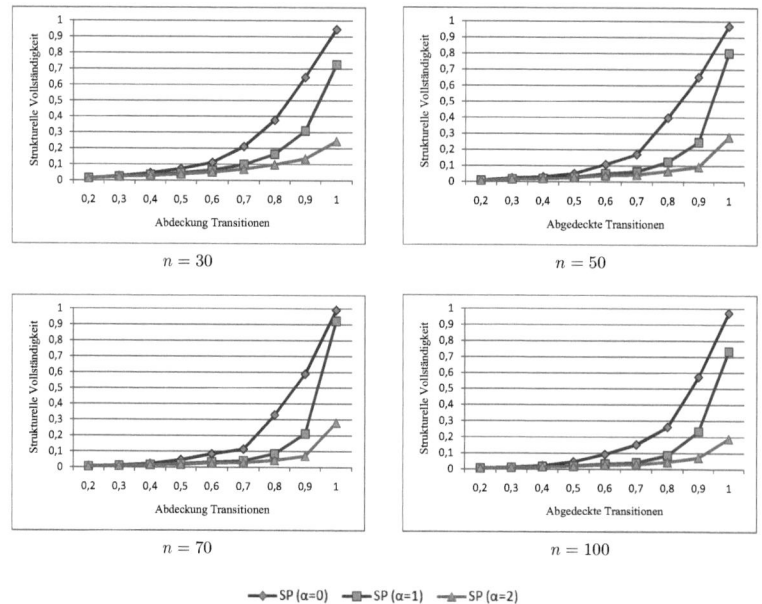

Abb. 8.13: Die relative strukturelle Vollständigkeit nach der Komposition der Erreichbarkeitsanalyse

Die Vollständigkeit des JigSCI-Verfahrens ist somit durch die Erreichbarkeitsanalyse sehr konstant und kann, wie anhand des Parksystems verdeutlicht, durch die Priorisierung von Ereignissen weiter gesteigert werden. Der QSM-Algorithmus erzielt hingegen in allen Transitionssystemen eine maximale durchschnittliche strukturelle Vollständigkeit von 30,6%. Sie liegt damit unabhängig von der Größe der Transitionssysteme bei etwa 25% bei geringer Abdeckung bis nahezu 70% bei hoher Abdeckung unterhalb der durchschnittlichen strukturellen Vollständigkeit des JigSCI-Verfahrens. Dies unterstreicht die Bedeutung des Verfahrens als Vollständigkeitsanalyse im Gegensatz zu dem reinen Synthesealgorithmus.

8.3 Experimente auf generierten Szenariospezifikationen

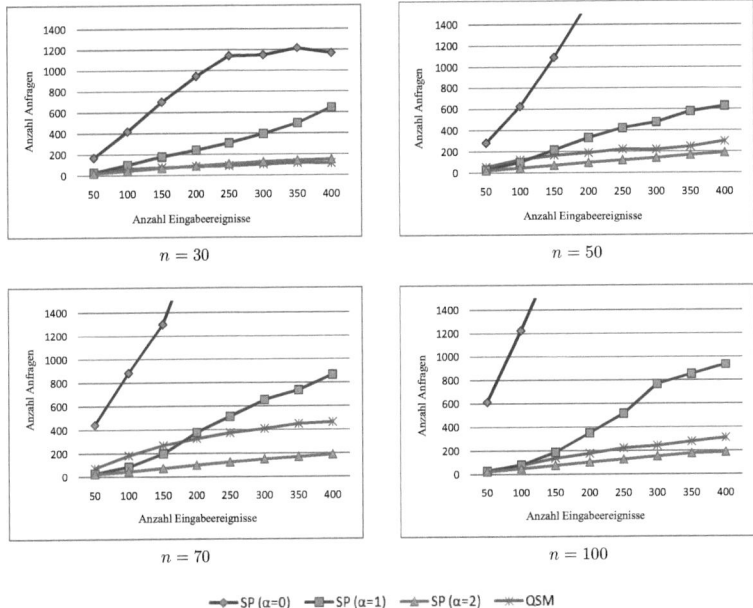

Abb. 8.14: Die Interaktion des Scenario Puzzlings und des QSM-Algorithmus zur Entdeckung fehlenden Verhaltens

Die benötigte Interaktion der strukturellen Vervollständigung ist in Abbildung 8.14 dargestellt. Bereits ab der Transitionssystemgröße von $n = 30$ Zuständen ist erkennbar, dass die Konfiguration SP($\alpha = 0$) mit über 1.000 Anfragen bei einer Eingabe von 250 Ereignissen und somit in etwa 80 positiven und 20 negativen Szenarien die Grenze einer annehmbaren Vervollständigung überschreitet. Dieser Trend setzt sich in den Transitionssystemgrößen mit $n = 50, 70, 100$ Zuständen fort, so dass die Konfiguration nicht zu empfehlen ist. Durch die Einführung der EDSM-Delta-Heuristik wurde der Aufwand über die EDSM-Minimalwerte $\alpha = 1$ und $\alpha = 2$ deutlich in dieser Arbeit reduziert. Während die Anzahl der gestellten Anfragen bei dem Minimalwert $\alpha = 1$ im Maximum bei 645 Anfragen für Transitionssystemgrößen bis zu $n = 50$ Zuständen und bei 934 Anfragen für $n = 100$ liegt, kann er für den Minimalwert $\alpha = 2$ weiter reduziert werden. Die maximale durchschnittliche Anzahl an Anfragen liegt dann bei unter 200 Anfragen unabhängig von der Eingabespezifikationsgröße. Der Interaktionsaufwand des QSM-Algorithmus beträgt im Vergleich im Maximum zwischen 113 und 463 Anfragen in Abhängigkeit von der Transitionssystemgröße. Der Aufwand des Scenario Puzzlings mit einem EDSM-Minimalwert von $\alpha = 1$ übersteigt daher den Aufwand des QSM-Algorithmus in etwa um das zwei- bis vierfache (s. Abbildung 8.13, $n = 70$). Er wird jedoch bei einem EDSM-Minimalewert von $\alpha = 2$ erkennbar unterschritten.

8.3.3 Steigerung der funktionalen Vollständigkeit

Die funktionale Vollständigkeit wird analog zur strukturellen Vollständigkeit ausgewertet. Wir betrachten zunächst das Ergebnis der abgesicherten Konfiguration 4 für die Transitionssystemgröße

150   8 Validierung und Evaluierung

$n = 30$, welches in Abbildung 8.15 dargestellt ist. Die funktionale Vervollständigung der Eingabespezifikationen ist sehr hoch. Sie steigt fast linear mit der Abdeckung der Transitionen von 72% bis auf 95,4% an und kommt damit dem Optimum bereits in der ersten Iteration sehr nahe. Wie bereits in Theorem 6.16 gezeigt worden ist, ist die Vollständigkeit durch weitere Iterationen um die restlichen 5 Prozentpunkte auf die absolute funktionale Vollständigkeit der Spezifikation steigerbar. Bereits bei einer geringen Größe der Referenzsysteme steigt der Interaktionsaufwand allerdings auf über 1.000 Anfragen im Durchschnitt und ist daher nicht bzw. nur für sicherheitskritische Systeme verwendbar.

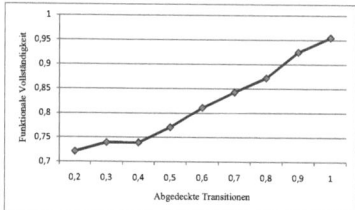 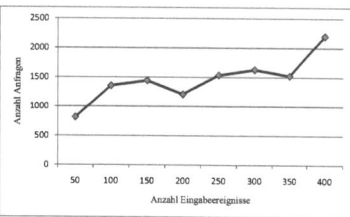

Abb. 8.15: Der zur abgesicherten Vervollständigung im Maximum benötigte Aufwand

Zur Reduktion der Anfragen wurden die Konfigurationen MV-0 bis MV-2 vorgeschlagen. Ihre Ergebnisse sind in Abbildung 8.16 im Vergleich zum QSM-Algorithmus dargestellt, der zur Synthese mit einer normalisierten Szenariospezifikation ausgeführt wurde. Wir betrachten die erzielten Ergebnisse in den Abdeckungsbereichen von 20-70%, von 70-90% und für über 90%.

Die drei Konfigurationen der Merge-Validation-Technik unterscheiden sich insbesondere im *Abdeckungsbereich von 20-70%* der Transitionen des gesuchten Transitionssystems. Während die beiden Konfigurationen MV-0 und MV-1 unabhängig von der Transitionssystemgröße im Maximum 4 Prozentpunkte unter der Leistung des QSM-Algorithmus bleiben, übersteigt die MV-2-Konfiguration mit vier Prozentpunkten im Durchschnitt und sechs im Maximum durchgängig den QSM-Algorithmus und erreicht dabei eine funktionale Vollständigkeit von 79-85%. Mit diesem Ergebnis liegt das JigSCI-Verfahren in der MV-2-Konfiguration, bis auf die Transitionssystemgröße $n = 30$, über dem Gesamtergebnis des QSM-Algorithmus, selbst wenn dieser eine strukturell vollständige Eingabe erhält.

Im *Abdeckungsbereich von 70-90%* der Transitionen des Referenzsystems steigt die funktionale Vollständigkeit der MV-0- und MV-1-Konfiguration parabelförmig an, was der Erfahrungen in der Vervollständigung des Parksystems entspricht. Die funktionale Vollständigkeit der MV-1-Konfiguration übersteigt ab einer Abdeckung von 80% zwischen einem und drei Prozentpunkten die Leistung des QSM-Algorithmus und übersteigt bis zu einer Abdeckung von 90% die der MV-0-Konfiguration.

Ab einer Abdeckung von 90% werden die MV-1- und MV-2-Konfigurationen sowie der QSM-Algorithmus durch die MV-0-Konfiguration überstiegen. Die funktionale Vollständigkeit der MV-0-Konfiguration liegt in Abhängigkeit der Transitionssystemgröße mit 95-98% am höchsten, gefolgt von der MV-1-Konfiguration mit 93-95%, der MV-2-Konfiguration mit 87-91% sowie dem QSM-Algorithmus mit 82-84%. Das JigSCI-Verfahren übertrifft damit mit der MV-0-Konfiguration bei einer annähernden Abdeckung aller Transitionen um zwei bis dreizehn Prozentpunkte das Ergebnis des QSM-Algorithmus und schlägt dessen Leistung deutlich.

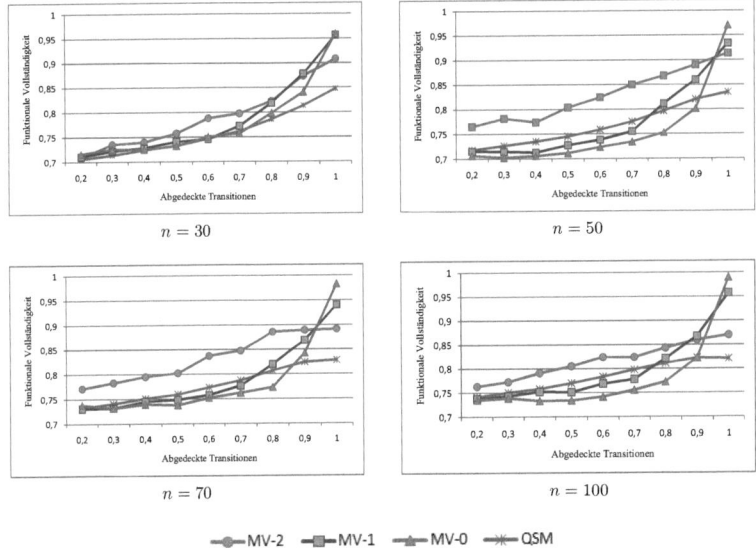

Abb. 8.16: Der Grad der funktionalen Vollständigkeit der Merge-Validation-Technik in den Konfigurationen MV-0, MV-1 und MV-2 im Vergleich zur Komposition des QSM-Algorithmus

Die zur Vervollständigung benötigte Interaktion der Konfigurationen und des QSM-Algorithmus ist in Abbildung 8.17 dargestellt. Der Aufwand der Konfiguration MV-0 und MV-1 ist vergleichbar mit dem Aufwand des QSM-Algorithmus. Die Interaktion steigt in Abhängigkeit von den Eingabeereignissen von 20-45 in etwa linear bis auf 200 Anfragen bei Transitionssystemgrößen von $n = 30$ Zuständen, 400 bei $n = 50$, 600 bei $n = 600$ und bis auf 800 Anfragen bei Transitionssystemen mit $n = 100$ Zuständen, wobei der durchschnittliche Aufwand der MV-0- und MV-1-Konfiguration im Maximum von der des QSM-Algorithmus um 19% abweichen.

Der Interaktionsaufwand der MV-2-Konfiguration variiert hingegen im Durchschnitt deutlich zwischen den Transitionssystemen. Er steigt bei allen Größen zunächst bis 250 Ereignissen linear an und liegt im Bereich des 2,2-fachen Aufwands des QSM-Algorithmus. Nach 250 Ereignissen steigt der durchschnittliche Aufwand bei den Transitionssystemen der Größen $n = 30, 50$ und 100 Zuständen rapide an und überschreitet das Fünffache des Aufwands des Vergleichsalgorithmus.

8.4 Evaluierung der Ergebnisse

Zur Optimierung des JigSCI-Verfahrens werden wir in Abhängigkeit von der Eingabe unterschiedliche Konfigurationen verwenden (s. Abbildung 8.18). Auf Basis der gesammelten Daten wird Ingenieuren empfohlen, die Scenario-Puzzling-Technik mit einer Konfiguration von $\alpha = 1$ zu verwenden, wenn sie eine verstärkte Unterstützung im Aufbau des APTA der Erreichbarkeitsanalyse benötigen. Der Interaktionsaufwand liegt dann im Durchschnitt bei $2 \cdot |E|$ Anfragen mit einer maximalen gemittelten Abweichung von 30%. Ist jedoch eine möglichst geringe Interaktion erwünscht,

152   8 Validierung und Evaluierung

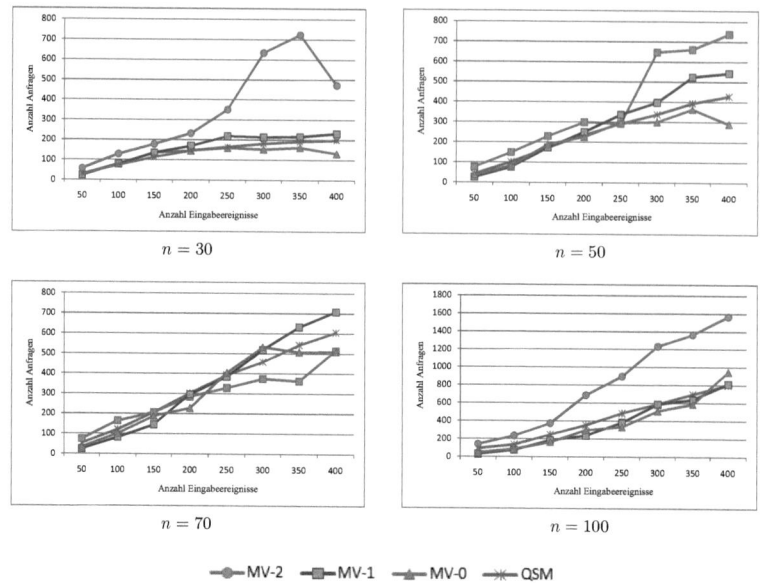

Abb. 8.17: Die Interaktion der Merge-Validation-Technik und des QSM-Algorithmus zur Komposition der Szenarien

sollte die Konfiguration SP($\alpha = 2$) angewendet und eine erhöhte Anzahl an Präfixanfragen beantwortet werden. Der Interaktionsaufwand ist in dieser Konfiguration im Durchschnitt $0,5 \cdot |E|$ und damit um das Vierfache geringer. Unabhängig von der Wahl der Konfiguration ist die strukturelle Vollständigkeit im Ergebnis hoch. Des Weiteren kann sie, wie im vorangegangenen Abschnitt anhand des Parksystems gezeigt wurde, durch die Assoziation ähnlicher Szenarien der Ingenieure und eine Priorisierung der Ereignisse von Ingenieuren weiter gesteigert werden.

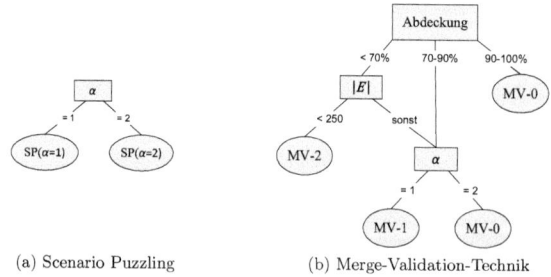

(a) Scenario Puzzling   (b) Merge-Validation-Technik

Abb. 8.18: Der Entscheidungsbaum zur Konfiguration des JigSCI-Verfahrens

Aufgrund des Interaktionsaufwands und den verschiedenen Stärken in den Abdeckungsbereichen wird eine Konfiguration der Merge Validation in Abhängigkeit von der Ereignisanzahl und einer

8.4 Evaluierung der Ergebnisse   153

abzuschätzenden Abdeckung empfohlen (s. Abbildung 8.18 (b)). Bei einer Eingabe von bis zu 250 Ereignissen und einer Abdeckung von 70% der Transitionen eines gesuchten Systems sollte die MV-2-Konfiguration verwendet werden. Überschreitet die Größe der Eingabespezifikation 250 Ereignisse oder wird die Abdeckung der Szenariospezifikation vom Ingenieur auf über 70% geschätzt, ist die MV-0- oder MV-1-Konfiguration zu verwenden. Beide sind nicht nur in der Beantwortung einfacher als die MV-2-Konfiguration, sondern erlauben auch eine genauere Erschließung der Transitionssysteme. Wurde bereits im Scenario Puzzling ein EDSM-Minimalwert von $\alpha = 2$ gewählt, sollte dabei die MV-0-Konfiguration verwenden werden, um die gleichen Zustandsvereinigungen wie das Scenario Puzzling zu untersuchen. Wurde hingegen ein EDSM-Minimalwert von $\alpha = 1$ im Scenario Puzzling gewählt, sollte die MV-1-Konfiguration im Bereich von 70-90% und die MV-0-Konfiguration bei einer annähernd vollständigen Abdeckung verwendet werden.

Bei einem EDSM-Minimalwert von $\alpha = 1$ ergeben sich dann die in Abbildung 8.19 und 8.20 dargestellten Aufteilungen der JigSCI-Konfigurationen der Merge-Validation-Technik. In Kombination liegt das Ergebnis des JigSCI-Verfahrens in den verschiedenen Konfigurationen im Durchschnitt mit fünf Prozentpunkten und stetig über der durch den QSM-Algorithmus erreichten funktionalen Vollständigkeit. Insbesondere im Bereich von über 80% der Abdeckung der Transitionen des gesuchten Systems übertrifft das Verfahren den QSM-Algorithmus deutlich und erschließt Transitionssysteme mit einer durchschnittlichen Vollständigkeit von 95-98% unabhängig von der gewählten Transitionssystemgröße und erreicht somit eine sehr hohe Qualität.

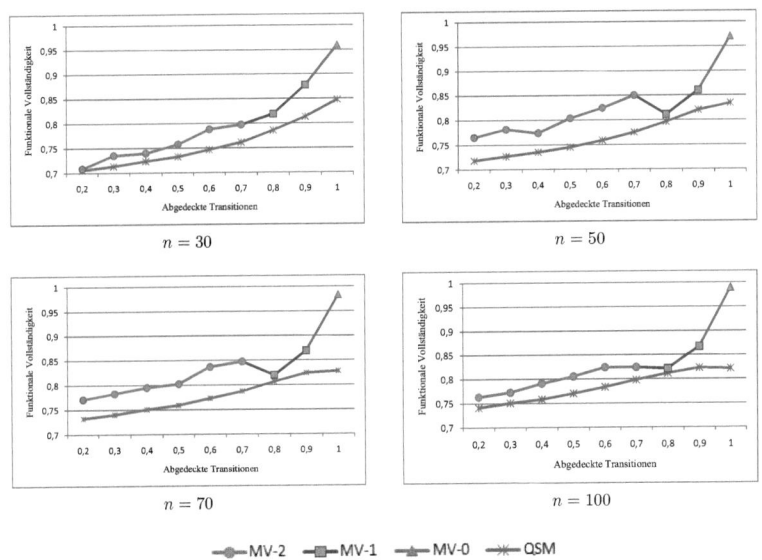

Abb. 8.19: Der Grad der funktionalen Vollständigkeit der Merge-Validation-Technik in den Konfigurationen MV-0, MV-1 und MV-2 im Vergleich zur Komposition des QSM-Algorithmus

Im Vergleich zum QSM-Algorithmus liegt der Interaktionsaufwand des JigSCI-Verfahrens maximal im 2,2-fachen Bereich über dem Interaktionsaufwands des QSM-Algorithmus. Der Interaktionsaufwand bleibt dabei für Transitionssysteme mit $n = 100$ Zuständen im Durchschnitt stets unter

154   8 Validierung und Evaluierung

1.000 Anfragen. Empirische Untersuchungen mit zehn ungeübten Ingenieuren, die eine Variante des Parksystems mit einer frühen Version des JigSCI-Verfahrens untersucht haben, haben gezeigt, dass im Durchschnitt eine Anfrage in einer halben Minute beantwortet wird. Die Konstruktion eines 100 Zustände umfassenden Transitionssystem, das bei der gewählten Komplexität 200 Transitionen umfasst, ist somit in etwa achteinhalb Stunden möglich, so dass der Interaktionsaufwand mit circa einem Arbeitstagen angemessen ist. Weiterhin kann der Aufwand durch das Zuschneiden der Szenariospezifikationen und die iterative Untersuchung, wie in Abschnitt 8.2 demonstriert, aufgeteilt und dadurch pro Iteration reduziert werden.

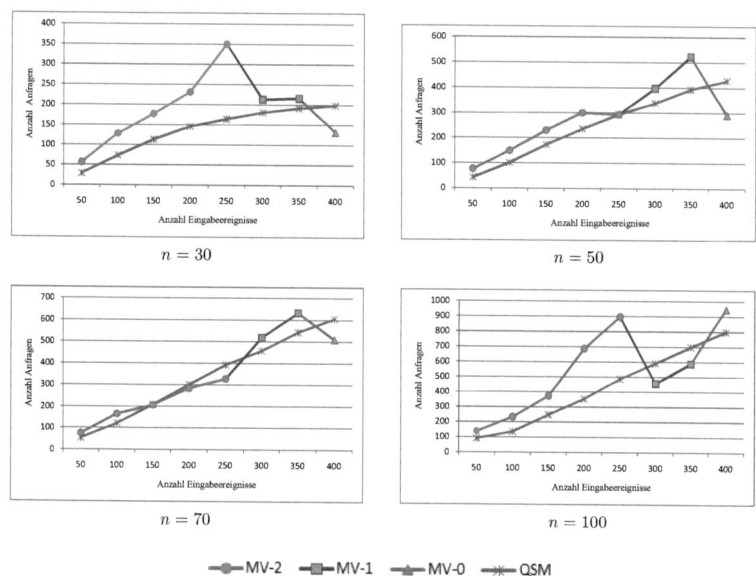

Abb. 8.20: Die Interaktion der Merge-Validation-Technik und des QSM-Algorithmus zur Komposition der Szenarien.

Auf Basis dieser Daten schlussfolgern wir, dass das JigSCI-Verfahren mit einem angemessenen Aufwand von aufgerundet durchschnittlich 1.000 Anfragen während des Scenario Puzzlings und 1.000 Anfragen während der Merge-Validation-Technik eine hohe Qualität in der Vervollständigung fehlenden Verhaltens sowie eine sehr hohen Grad der funktionalen Vollständigkeit in der Szenariokomposition erreicht und damit das Ziel der Dissertation erfüllt wird.

9

Zusammenfassung und Ausblick

In diesem Kapitel fassen wir die im Rahmen dieser Dissertation entstandenen Ergebnisse zusammen. Wir beurteilen in Abschnitt 9.1, ob die Zielsetzung erfüllt werden konnte. Abschließend werden wir in Abschnitt 9.2 offene Fragen und noch zu behandelnde Problemstellungen beleuchten.

9.1 Ergebnisse

Das Ziel dieser Arbeit war es, eine automatisierte Vollständigkeitsanalyse für Szenariospezifikationen zu entwickeln, die Autoren und Gutachter in der Vervollständigung von fehlenden Verhalten und Szenariokompositionen unterstützt. Mit angemessenem Aufwand sollen fehlendes Verhalten und unbeschriebene Kompositionsinformationen nicht-trivialer Szenariospezifikationen zu einem hohen Grad vervollständigt und dadurch Mehraufwände von Nachbesserungen vermieden sowie ein nahtloser Übergang zum Design geschaffen werden.

Um dieses Ziel zu erreichen, haben wir Funktionsstrukturen als eine Repräsentation von Szenariospezifikationen in der Automobilindustrie über Linearisierungen als Wörter dargestellt und diese in den Grammatik-Inferenz-Algorithmus Blue-Fringe-EDSM eingegeben. Der Algorithmus rekombiniert während seiner Induktion das Verhalten der Szenarien auf Basis derer Ähnlichkeit und erschließt dadurch neues, fehlendes Verhalten und Szenariokompositionen. Wir haben das erschlossene Verhalten des Algorithmus in szenariobasierten Anfragen dargestellt und die Szenariospezifikationen durch die Antworten von Autoren und Gutachtern um fehlende Szenarien ergänzt.

Konkret wurde das Verfahren realisiert, indem wir als ersten Beitrag der Dissertation die Vollständigkeit von Szenariospezifikationen auf die von Transitionssystemen zurückgeführt haben. Wir haben die strukturelle und funktionale Vollständigkeit von Szenariospezifikationen als Teilziele der Dissertation definiert.

Die strukturelle Vollständigkeit legt ein Maß für Szenariospezifikationen fest, dass entscheidet, ob Verhalten in einer Spezifikation fehlt. Zur Herstellung der strukturellen Vollständigkeit haben wir als zweiten Beitrag die Scenario-Puzzling-Technik eingeführt, die aus einer Erreichbarkeitsanalyse und der interaktiven Erweiterung des Blue-Fringe-EDSM-Algorithmus besteht. Die Erreichbarkeitsanalyse komponierte die Szenarien einer Eingabespezifikation und überprüfte dadurch, ob diese erreichbar sind. Unerreichbare Szenarien werden genutzt, um fehlendes Verhalten der Spezifikation zu ergänzen und die Szenariospezifikation zu normalisieren. Im Rahmen des JigSCI-Verfahrens haben wir anschließend den Blue-Fringe-EDSM-Algorithmus erweitert, um strukturell fehlendes Verhalten aufzudecken. Wir haben die Delta-EDSM-Heuristik und eine Priorisierung von Ereignisfolgen eingeführt, um über eine Mustererkennung insbesondere kritisches und potentiell unvollständiges Verhalten zu erschließen. Das durch den Algorithmus induzierte Verhalten wird über szenariobasierte Elementanfragen auf strukturell fehlendes Verhalten untersucht. Auf Basis der Antworten der Ingenieure werden Spezifikationslücken erkannt und durch die Intensivierung der Interaktion sowie der Überapproximation des Lösungstransitionssystems umfangreich beleuchtet.

Die funktionale Vollständigkeit stellt sicher, dass eine Szenariospezifikation zu einem vollständigen Transitionssystem komponierbar und dadurch ein nahtloser Übergang zum Design gewährleistet ist. Zur Herstellung der funktionalen Vollständigkeit haben wir den Blue-Fringe-EDSM-Algorithmus um die Merge-Validation-Technik erweitert. Über Elementanfragen werden mögliche Szenariokompositionen ausgewählt und durch Teilmengenanfragen deren Korrektheit sichergestellt. Anschließend haben wir das Problem der Untergeneralisierung analysiert und die Ursache der lokal optimalen Zustandsvereinigungen vorgestellt. Auf Basis von Komplementärmengenanfragen haben wir eine Lösung vorgeschlagen und als formales Ergebnis dieser Arbeit gezeigt, dass durch die Erweiterung des Blue-Fringe-EDSM-Algorithmus unter Verwendung der Teilmengen- und Komplementärmengenanfragen die funktionale Vollständigkeit hergestellt werden kann. Da der benötigte Interaktionsaufwand der abgesicherten Vervollständigung jedoch sehr hoch ist, haben wir die Interaktion auf Basis der formalen Ergebnisse über die Delta-EDSM-Heuristik und durch eine Beschränkung der Anfragen reduziert.

Das Verfahren ist prototypisch realisiert und durch eine Fallstudie aus der Automobilindustrie sowie durch automatisierte Messungen validiert worden. Wir haben gezeigt, dass nicht nur eine hohe strukturelle Vollständigkeit durch das Verfahren erreicht wird, sondern auch, dass im Maximum von durchschnittlich 1000 Anfragen und damit zwischen sechs und sieben Anfragen pro Szenario die Szenariokomposition von komplexen Transitionssystemen mit bis zu 100 Zuständen ermittelbar ist. Bei einer Abdeckung aller Transitionen können damit Szenariospezifikationen bis zu einem Grad von durchschnittlich 98% vervollständigt werden.

9.2 Ausblick

Durch den Einsatz des JigSCI-Verfahrens kann eine Szenariospezifikation annähernd vervollständigt und aus dieser Spezifikation automatisch ein Transitionssystem abgeleitet werden. Wie jedoch in den automatisierten Experimenten gezeigt, liegt der Aufwand für Spezifikationen mit 400 Ereignissen für die Ingenieure bei bis zu zwei Arbeitstagen, wobei die Anfragen korrekt beantwortet werden müssen. Das Verfahren sollte weiter verbessert werden, um den benötigten Aufwand zu reduzieren und inkorrekte Antworten von Ingenieuren zu berücksichtigen. Weiterhin existieren zahlreiche Einsatzgebiete, wie zum Beispiel die Unterstützung im Entwurf von Testfällen oder zum Reverse Engineering von Zustandsautomaten, die von einer Vervollständigung des JigSCI-Verfahrens profitieren können. In zukünftigen Forschungsarbeiten sollte daher die Erweiterung und Verbesserung, die Berücksichtigung von fehlerhaften Eingaben sowie weitere Einsatzgebiete des JigSCI-Verfahrens betrachtet werden.

Erweiterung und Verbesserung des Verfahrens

Zur Beschränkung des Kontexts der Arbeit wurden technische Verbesserungsmöglichkeiten des JigSCI-Verfahrens zurückgestellt und Annahmen über Szenariospezifikationen und Transitionssysteme getroffen. Im Folgenden stellen wir ausgewählte Ideen zur Erweiterung und Verbesserung des JigSCI-Verfahrens vor.

Erprobung des Windowed-EDSM-Algorithmus als Basisalgorithmus

In [LPP98] wurde gezeigt, dass die ersten Zustandsvereinigungen eines Grammatik-Inferenz-Algorithmus einen sehr großen Einfluss auf die erzielte Qualität haben. Als eine Weiterentwicklung des Blue-Fringe-EDSM-Algorithmus wurde daher der *Windowed-EDSM-Algorithmus* entworfen [CK02], welcher nicht nur Zustandspaare aus roten und direkt angrenzenden blauen Zuständen selektiert, sondern auch die Vereinigung der roten Zustände mit Zuständen bis zu einer festen Entfernung überprüft. In dem Algorithmus wird dadurch die EDSM-Heuristik auf eine größere Menge an Zustandspaaren angewendet und insbesondere frühe Zustandsvereinigungen mit einem erweiterten Fokus ausgewählt. In der Grammatik-Inferenz konnte dadurch die Qualität des Blue-Fringe-EDSM-Algorithmus verbessert werden. Es sollte analog erprobt werden, ob die Qualität der Szenariokomposition des JigSCI-Verfahrens durch die Einbindung der Merge-Validation-Technik in den Windowed-EDSM-Algorithmus gesteigert werden kann.

Dynamische Erweiterung der Lösungstransitionssysteme

Der APTA des JigSCI-Verfahrens wird während einer Vervollständigung nicht modifiziert, um eine Terminierung des Blue-Fringe-Delta-EDSM-Algorithmus zu garantieren. Da das erlernte Wissen dann aber in der Selektion von Zustandspaaren nicht dynamisch berücksichtigt wird, kann der Vervollständigungsprozess verbessert werden, wenn ein Terminierungskriterium ergänzt und die Terminierung des modifizierten Algorithmus nachgewiesen wird. Ein Kriterium zur Terminierung ist zum Beispiel gegeben, wenn sich die rote und blaue Menge nur aus Zuständen des initialen APTAs zusammensetzt und damit nur die zu Beginn einer Vervollständigung existierenden Zustände in der Selektion berücksichtigt werden. Dieses und weitere Kriterien sollten in zukünftigen Arbeiten erprobt werden.

Einbindung von Domain-Wissen und Erlernen von temporallogischen Eigenschaften

In [DLL06] wurde der QSM-Algorithmus um eine Lernkomponente für temporallogische Formeln ergänzt. Durch die Überprüfung, ob Anfragen des Algorithmus den erlernten Formeln gehorchen, konnte die benötigte Interaktion reduziert werden. Eine Übertragbarkeit der Lernkomponente auf das JigSCI-Verfahren und die erzielbare Qualität der Vervollständigung sollten in zukünftigen Arbeiten untersucht werden.

Erweiterung der Quell- und Zielnotationen

Zur Entwicklung des JigSCI-Verfahrens wurde das Referenzverhalten auf LTS beschränkt, die weder Daten, Zeit noch Parallelität unterstützen. In zukünftigen Arbeiten sollten Szenariospezifikationen erweitert und die Vollständigkeit unter Berücksichtigung dieser Eigenschaften hergestellt werden. Eine übliche Herangehensweise zur Unterstützung von Parallelität in Syntheseverfahren ist zum Beispiel die Aufteilung der parallelen Aktivitäten eines Systems auf sequentielle Komponentenzustandsmaschinen. Durch die Synthese des Verhaltens der sequentiellen Komponenten und der Verknüpfung der dadurch entstehenden Komponentenzustandsmaschinen mit dem Parallelisierungsoperator || (s. Kapitel 2.2) werden parallele Systeme konstruiert. Diese Herangehensweise ist auf das JigSCI-Verfahren übertragbar und sollte an Szenariospezifikationen mit expliziter Parallelität erprobt werden.

Konvertierung von Kompositionsinformationen für Syntheseverfahren

Das JigSCI-Verfahren kann als Syntheseverfahren verwendet werden, in dem die vervollständigten Szenariospezifikationen in den Blue-Fringe-Delta-EDSM-Algorithmus eingegeben werden. Da der Schwerpunkt des Verfahrens jedoch auf die Vervollständigung von fehlenden Verhalten und auf die Aufdeckung von Kompositionsinformationen gesetzt wurde, kann die Qualität der Synthese durch spezialisierte Verfahren gesteigert werden. Zum einen können auf diese Weise ergänzende Informationen der Spezifikationen, wie zum Beispiel die Deklaration von Ein- und Ausgabeereignissen, genutzt werden. Zum anderen können Zustandshierarchien im synthetisierten Zustandsautomaten gebildet werden. Das JigSCI-Verfahren sollte daher eine Konvertierung negativer Szenarien in Kompositionsinformationen vorsehen, die es erlaubt, die vervollständigten Szenariospezifikationen an Syntheseverfahren anzupassen. Dies würde das Einsatzgebiet des JigSCI-Verfahrens vergrößern, welches dann nicht nur als eigenständiges Verfahren zur Vervollständigung von Szenariospezifikationen angewendet werden kann, sondern auch als eine ergänzende Maßnahme für Syntheseverfahren.

Benutzbarkeit und Fehlklassifikationen

Während der Vervollständigung des JigSCI-Verfahrens werden ähnliche Anfragen gestellt, die zur Ermüdung von Ingenieuren und zu Fehlklassifikationen führen können. Pausen in der Bedienung und eine spannende, zum Beispiel an ein Spiel orientierte Arbeitsweise können voraussichtlich die Fehlklassifikationsrate reduzieren, jedoch nicht gänzlich ausschließen. Es sollte daher eine Verbesserung der Benutzbarkeit des Verfahrens angestrebt und probabilistische Lernmodelle erprobt werden, die mögliches Rauschen in der Korrektheit der Antworten berücksichtigen. Durch die Modelle können falsche Antworten erkannt und resultierende negative Effekte auf die Vervollständigung reduziert werden.

Gruppierung von Anfragen

Während der Validierung eines Zustandspaares werden Anfragen gestellt, die durch Ingenieure in einer festen Reihenfolge beantwortet werden müssen. Durch die Darstellung des Transitionssystems und durch die Anzeige und Gruppierung aller Anfragen einer Zustandsvereinigung, können Ingenieure einen Überblick über den Fortschritt des Verfahrens erhalten und offensichtlich falsche Anfragen zügig erkennen, um Zustandsvereinigungen mit einer reduzierten Interaktion auszusortieren. Die vermutete Erhöhung der Benutzbarkeit und die Reduktion der Interaktion durch dieses Vorgehen sollten validiert werden.

Einsatz probabilistischer Lernmodelle zur Erkennung von Fehlklassifikationen

In [Sak91] wird das probabilistische Lernen deterministischer Automaten unter Berücksichtigung von Fehlklassifikationen betrachtet. Falsche Antworten der Ingenieure werden dabei als Rauschen angesehen, das mit einer bestimmten Wahrscheinlichkeit auftritt. Zur Darstellung des Rauschens im Lernprozess wurde das probabilistic approximate correct (PAC) Lernmodell vorgeschlagen. Das Modell sieht das wiederholte Stellen von Anfragen vor, bis ein Automat mit einer Restabweichung erlernt werden konnte. Zur Reduktion des Einflusses von Fehleingaben sollte das JigSCI-Verfahren um ein PAC-Modell erweitert und Szenarien ermittelt werden, die einen hohen Einfluss auf den Lernprozess haben. Die Szenarien sollten über Elementanfragen wiederholt überprüft und Widersprüche zu falschen Antworten festgestellt werden. Der durch die hinzukommenden Anfragen entstehende Mehraufwand sollte ermittelt und mit einer konfigurierbaren Restabweichung abgewogen werden.

Einsatz von Korrektionsanfragen

In [BBDT06] wurde der L*-Algorithmus um sogenannte Korrektionsanfragen erweitert, die von Ingenieuren nicht nur bejaht und verneint werden, sondern zusätzlich eine Korrektur falscher Szenarien ermöglichen. Die Anfragen basieren auf dem Prinzip des Spracherlernens von Kindern, die zunächst Wörter oder Sätze falsch aussprechen und durch ihre Eltern und Lehrer korrigiert werden. In zukünftigen Forschungsarbeiten sollte dieser Anfragetyp in das JigSCI-Verfahren integriert werden. Wie wir in der Fallstudie festgestellt haben, regen zum Beispiel die Anfragen des Scenario Puzzlings die Vorstellungskraft der Ingenieure wie in einer Implementation von Anforderungen an. Die Anfragen treffen jedoch häufig nicht exakt fehlendes Verhalten, sondern sehr ähnliches. Durch den Einsatz von Korrektionsanfragen können die Szenarien während der Vervollständigung abgeändert und dadurch die Erkennung fehlenden Verhaltens verbessert werden. Die Korrektionsanfragen können weiterhin eingesetzt werden, um Fehlklassifikationen aufzudecken. Durch den Einsatz von Korrektionsanfragen können Anfragen in Kombination mit einem PAC-Modell wiederholt oder in ähnlicher Form gestellt und durch Ingenieure korrigiert werden. Dadurch können zum einen Fehlklassifikationen in Anfragen direkt durch den Ingenieur korrigiert werden. Zum anderen geben ähnliche Anfragen, die händisch von Ingenieuren auf ein bereits bekanntes Ergebnis korrigiert werden, ein sehr starkes Indiz für die Korrektheit bekannter Antworten.

Erweiterung der Einsatzgebiete des JigSCI-Verfahrens

Das JigSCI-Verfahren wurde entwickelt, um Szenariospezifikationen im Anforderungsbereich so weit zu vervollständigen, dass eine Synthese zu einem Gesamtverhaltensmodell möglich ist. Szenariospezifikationen werden jedoch nicht nur zur Anforderungsermittlung verwendet, sondern auch maßgeblich als qualitätssichernde Maßnahme zur Beschreibung von Testfällen. Wenn das JigSCI-Verfahren um eine Komponente zur Linearisierung und Delinearisierung von Testfällen bezüglich Programmier- oder Testsprachen wie zum Beispiel Java oder TTCN-3 [GHR+03] ergänzt wird, kann das Verfahren ebenfalls auf Testspezifikationen angewendet werden. Bestehende Testgeneratoren leiten ihre Testfälle aus Testmodellen ab oder verwenden den Quellcode einer Software, um Testfälle strukturbasiert zu erstellen. Das JigSCI-Verfahren würde im Gegensatz dazu ein internes Modell erlernen, auf dessen Basis eine bestehende Testspezifikation um weitere Testfälle vervollständigt werden kann. Die Anfragen des Verfahrens zielen dann auf bestehende Lücken der Tests ab und schlagen den Testingenieuren sowohl positive als auch negative Testfälle zur Vervollständigung der Testspezifikation vor.

In einer automatisierten Variante kann das Verfahren zum Reverse Engineering von Testmodellen genutzt werden. Die Elementanfragen des JigSCI-Verfahren können durch das zu testende

System auf Basis von technischen Adaptern beantwortet werden, so dass nur die Teil- oder Komplementärmengenanfragen manuell beurteilt werden müssten. Das Verfahren lernt dann semiautomatisch ein Testmodell, das mit geringem manuellen Aufwand zur Ableitung von Testfällen genutzt werden kann.

Neben dem Einsatz als Testverfahren wurde in einer empirischen Erprobung festgestellt, dass das Verfahren zur Begutachtung und Vervollständigung natürlichsprachlicher Anforderungen geeignet ist. In der Erprobung hatten Probanden die Aufgabe, eine Variante der Szenariospezifikation des Parksystems mit Hilfe einer frühen Version des JigSCI-Verfahrens auf Basis einer vorliegenden natürlichsprachlichen Referenzspezifikation zu vervollständigen. Die Probanden konnten in einigen Fällen die Anfragen des Verfahrens aufgrund unpräziser Anforderungen in der Referenzspezifikation, aber auch aufgrund von Inkonsistenzen sowie geschwärzter Funktionalität nicht beantworten. Insbesondere Rückfragen, Anmerkungen und zwischen den Probanden divergierende Antworten haben verschiedenste Mängel in der natürlichsprachlichen Referenzspezifikation aufgedeckt. Auf Basis dieser Erfahrung bietet das JigSCI-Verfahren eine sehr interessante Möglichkeit, natürlichsprachliche Anforderungen mit Hilfe von Szenarien zu untersuchen. In zukünftigen Arbeiten sollte eine Methode entwickelt werden, in der von einem Gutachter eine Szenariospezifikation aus einer natürlichsprachlichen Anforderungsspezifikation abgeleitet wird. Die Szenariospezifikation sollte dann durch fachkundige Probanden mit Hilfe des JigSCI-Verfahrens vervollständigt werden. Können aufgrund fehlender Details oder Inkonsistenzen Anfragen nicht beantwortet werden, müssen die Rückfragen und Anmerkungen notiert werden. Abschließend werden die Antworten der Probanden miteinander verglichen und bezüglich einer Referenzantwort, die durch den Autor der Anforderungsspezifikation festzulegen ist, abgeglichen. Das Resultat ist ein systematisch erstelltes Prüfprotokoll, das die Anmerkungen und divergierenden Antworten enthält. Aus diesen sind mehrdeutige Anforderungen auf Basis der sich unterscheidenden Antworten direkt ableitbar. Unvollständige Anforderungen und Inkonsistenzen können weiterhin aufgrund der Anmerkungen und Rückfragen festgestellt werden.

Die mannigfaltigen Einsatzgebiete und die vielseitigen Verbesserungsmöglichkeiten zeigen das große Potential des JigSCI-Verfahrens. Der Autor der Arbeit ist daher großer Hoffnung, dass aus zukünftigen Forschungsarbeiten ein vielseitig einsetzbares Werkzeug zur Analyse von Szenariospezifikationen entsteht.

A

Anhang

A.1 Hilfssätze

Lemma A.1. *Sei $A = (Q, \Sigma, \delta, q_0, F_+, F_-, F)$ ein ALTS und $A' = A/\pi$ ein abgeleitetes Quotiententransitionssystem mit einer Zustandspartition π. Wenn $q' \in Q$ über den Pfad $v \in \Sigma^*$ von $q \in Q$ in A erreichbar ist, ist der Block $B(q', \pi)$ auch durch den Pfad v von $B(q, \pi)$ in A' erreichbar.*

Beweis. Sei $v \in \Sigma^*$ ein Pfad von q nach q' in A. Dann existiert eine Menge von Zuständen $q_1, \ldots, q_{n+1}$ und die maximale Zerlegung $v = v_1; \ldots; v_n$, so dass $q = q_1$, $q_{n+1} = q'$ und $\delta(q_i, v_i) = q_{i+1}$ in A. Da die Blöcke in A' die Transitionen ihrer Zustände besitzen, gilt dann $\delta'(B(q_i, \pi), v_i) = B(q_{i+1}, \pi)$ und $v = v_1 \cdot \ldots \cdot v_n$ ist ein Pfad in A'.

Lemma A.2. *Sei $A = (Q, \Sigma, \delta, q_0, F_+, F_-, F)$ ein ALTS mit zwei Zuständen $q, \dot{q} \in Q$ und $A' = A/\pi = A/_{q=\dot{q}}$ das ALTS, das durch die Vereinigung der Zustände entsteht. Dann gilt für einen Zustand $q'' \in Q$:*

1. $\exists v \in \Sigma^* : \hat{\delta}(q, v) = q'' \vee \exists w \in \Sigma^* : \hat{\delta}(\dot{q}, w) = q'' \Leftrightarrow \exists u \in \Sigma^* : \hat{\delta}(\{q, \dot{q}\}, u) = B(\pi, q'')$

2. $\exists v \in \Sigma^* : \hat{\delta}(q'', v) = q \vee \exists w \in \Sigma^* : \hat{\delta}(q'', w) = \dot{q} \Leftrightarrow \exists u \in \Sigma^* : \hat{\delta}(B(\pi, q''), u) = \{q, \dot{q}\}$

Beweis.
1. „$\Rightarrow$": Folgt aus Lemma A.1.
„$\Leftarrow$": Sei u ein Pfad von $\{q, \dot{q}\}$ nach $B(\pi, q'')$ in A'. Dann existiert eine Menge von Blöcken $B_1, \ldots, B_{n+1}$ und die maximale Zerlegung $u = u_1; \ldots; u_n$, so dass $B_1 = \{q, \dot{q}\}$, $B_{n+1} = B(q'', \pi)$ und $\delta'(B_i, u_i) = B_{i+1}$ in A'. Da die Blöcke in A' nur die Transitionen ihrer Zustände besitzen und q'' entweder der einzige Zustand in B_{n+1} ist oder B_{n+1} durch Zustände mit gleichen eingehenden Transitionen wie q'' während der Determinisierung erweitert wurde, existiert eine Menge von Zuständen $q_1 \in B_1, \ldots, q_{n+1} \in B_{n+1}$ mit $\delta(q_i, u_i) = q_{i+1}$ für die gilt $q_1 \in \{q, \dot{q}\}$ und $q_{n+1} = q''$.

2. ergibt sich analog durch die Ersetzung von q und $B(q, \pi)$ durch q'' und $B(q'', \pi)$ und umgekehrt.

A.2 Funktionen der Erreichbarkeitsanalyse

```
1  boolean extendAPTAByOverlaps(ALTS apta, Set<Scenario> U, Set<Scenario> R) {
2      for(Scenario s : U) {
3          for (State glueState : occ(apta, firstEvent(s)) {
4              int overlapSize = 0;
5              for (Event event : s) {
6                  if (glueState.successor(event) != null) {
7                      glueState = glueState.successor(event);
8                      overlapSize++;
9                  } else {
10                     break;
11                 } }
12                 if(overlapSize >= config.getEDSMThreshold()) {
13                     if (oracle.query(prefix(glueState).concat(s)) {
14                         normalizedSSpec.addPositiveScenario(prefix(glueState).concat(s));
15                         State endState = apta.appendBehavior(glueState, s);
16                         apta.addAcceptingState(endState);
17                         move(s, U, R);
18                         return true;
19  } } } }
20      return false;
21  }
22
23  boolean extendAPTAByContinuations(ALTS apta, Set<Scenario> U, Set<Scenario> R) {
24      List<State> glueStates = new ArrayList<State>();
25      if(config.getEDSMThreshold() == 0) {
26          glueStates.addAll(apta.getAcceptingStates());
27          glueStates.addAll(apta.getNonAcceptingStates());
28      }
29      for (State glueState : glueStates) {
30          for (Scenario s : U) {
31              if (oracle.query(prefix(glueState).concat(s)) {
32                  normalizedSSpec.addPositiveScenario(prefix(glueState).concat(s));
33                  State endState = apta.appendBehavior(glueState, s);
34                  apta.addAcceptingState(endState);
35                  move(behavior, U, R);
36                  return true;
37  } } } }
38      return false;
39  }
40
41  void appendNegativeScenarios(ALTS apta, List<Scenario> negativeScenarios) {
42      for(Scenario sn : negativeScenarios) {
43          for (State glueState : occ(apta, firstEvent(sn)) {
44              normalizedSSpec.addNegativeScenario(prefix(glueState).concat(sn));
45              State endState = apta.appendBehavior(glueState, sn);
46              apta.addRejectingState(endState);
47  } }
48  }
```

Auflistung A.1: Erweiterung des APTA durch Überlappungen und Fortsetzungen in der Erreichbarkeitsanalyse

A.3 Die Selektion von Zustandspaaren mit der EDSM-Heuristik

```
 1  private StatePair selectStatePair(ALTS Ai, Set<State> redStates,
 2      Set<State> blueStates, Set<StatePair> rejectedPairs) {
 3
 4      StatePair selectedPair = null;
 5      double highestScore = NEGATIVE_INFINITY;
 6
 7      for (State blueState : blueStates) {
 8          boolean blueStateMergeable = false;
 9
10          for (State redState : redStates) {
11
12              StatePair testedPair = new StatePair(blueState, redState);
13              testedPair.setEDSMScore(EDSMScore(blueState, redState));
14
15              if (testedPair.getEDSMScore() == NEGATIVE_INFINITY) {
16                  rejectedPairs.add(testedPair);
17                  continue;
18              } else if (rejectedPairs.contains(testedPair)) {
19                  continue;
20              }
21
22              if (EDSMDeltaScore(testedPair) >= config.getEDSMThreshold()) {
23
24                  blueStateMergeable = true;
25
26                  if (testedPair.getEDSMScore() > highestScore) {
27                      selectedPair = testedPair;
28                  }
29              }
30          }
31
32          if (!blueStateMergeable) {
33              promoteFromBlueToRed(blueState, blueStates, redStates);
34              break;
35          }
36      }
37      return selectedPair;
38  }
```

Auflistung A.2: Die selectStatePair-Funktion

```
private StatePair selectStatePair(ALTS Ai, Set<State> redStates,
    Set<State> blueStates, Set<StatePair> rejectedPairs) {

  StatePair selectedPair = null;
  double highestScore = NEGATIVE_INFINITY;

  for (State blueState : blueStates) {
    boolean blueStateMergeable = false;

    for (State redState : redStates) {

      StatePair testedPair = new StatePair(blueState, redState);
      testedPair.setEDSMScore(EDSMScore(blueState, redState));
      testedPair.setPriority(p(blueState, redState));

      if (testedPair.getEDSMScore() == NEGATIVE_INFINITY) {
        rejectedPairs.add(testedPair);
        continue;
      } else if (rejectedPairs.contains(testedPair)) {
        continue;
      }

      if (EDSMDeltaScore(testedPair) >= config.getEDSMThreshold()
          || testedPair.getPriority() > config.getPriorityThreshold()) {

        blueStateMergeable = true;

        if (testedPair.getEDSMScore() > highestScore ||
            (testedPair.getEDSMScore() == selectedPair.getEDSMScore() &&
             testedPair.getPriority() > selectedPair.getPriority())) {
          selectedPair = testedPair;
        }
      }
    }

    if (!blueStateMergeable) {
      promoteFromBlueToRed(blueState, blueStates, redStates);
      break;
    }
  }
  return selectedPair;
}
```

Auflistung A.3: Die Selektion von Zustandspaaren unter Berücksichtigung von Prioritäten

Literaturverzeichnis

AE03.   Daniel Amyot und Armin Eberlein. An Evaluation of Scenario Notations and Construction Approaches for Telecommunication Systems Development. *Telecommunication Systems*, 24(1):61–94, 2003.

AEY00. Rajeev Alur, Kousha Etessami und Mihalis Yannakakis. Inference of Message Sequence Charts. In *ICSE '00: Proceedings of the 22nd International Conference on Software engineering*, Seiten 304–313. ACM, 2000.

AK01.   Karen Allenby und Tim Kelly. Deriving Safety Requirements Using Scenarios. In *RE '01: Proceedings of the Fifth IEEE International Symposium on Requirements Engineering*, Seiten 228 – 235. IEEE Computer Society, 2001.

AKRU09. Dalal Alrajeh, Jeff Kramer, Alessandra Russo und Sebastin Uchitel. Learning Operational Requirements from Goal Models. In *ICSE '09: Proceedings of the 2009 IEEE 31st International Conference on Software Engineering*, Seiten 265–275. IEEE Computer Society, 2009.

Ang87. Dana Angluin. Learning Regular Sets from Queries and Counterexamples. *Information and Computation*, 75(2):87–106, 1987.

Ang88. Dana Angluin. Queries and Concept Learning. *Machine Learning*, 2(4):319–342, 1988.

AS83.   Dana Angluin und Carl H. Smith. Inductive Inference: Theory and Methods. *ACM Computing Surveys*, 15(3):237–269, 1983.

AY99.   Rajeev Alur und Mihalis Yannakakis. Model Checking of Message Sequence Charts. In *CONCUR '99: Proceedings of the 10th International Conference on Concurrency Theory*, Seiten 114–129. Springer-Verlag, 1999.

BAL97. Hanêne Ben-Abdallah und Stefan Leue. Syntactic Detection of Process Divergence and Non-local Choice in Message Sequence Charts. In *TACAS '97: Proceedings of the Third International Workshop on Tools and Algorithms for Construction and Analysis of Systems*, Seiten 259–274. Springer-Verlag, 1997.

BBDT06. Leonor Becerra-Bonache, Adrian Dediu und Cristina Tirnauca. Learning DFA from Correction and Equivalence Queries. In *Grammatical Inference: Algorithms and Applications*, Jgg. 4201 of *Lecture Notes in Computer Science*, Seiten 281–292. Springer Berlin / Heidelberg, 2006.

BBM03. Frank Budinsky, Stephen A. Brodsky und Ed Merks. *Eclipse Modeling Framework*. Pearson Education, 2003.

BC96.   R. J. A. Buhr und R. S. Casselman. *Use Case Maps for Object-Oriented Systems*. Prentice-Hall, Inc., 1996.

BCS00. Francis Bordeleau, Jean Pierre Corriveau und Bran Selic. A Scenario-Based Approach to Hierarchical State Machine Design. In *ISORC '00: Proceedings of the 3rd IEEE International Symposium on Object-Oriented Real-Time Distributed Computing*, Seiten 78–85. IEEE Computer Society, 2000.

BHS05. Yves Bontemps, Patrick Heymans und Pierre-Yves Schobbens. From Live Sequence Charts to State Machines and Back: A Guided Tour. *IEEE Transactions on Software Engineering*, 31(12):999–1014, 2005.

BKKL08. Benedikt Bollig, Joost-Pieter Katoen, Carsten Kern und Martin Leucker. Replaying Play In and Play Out: Synthesis of Design Models from Scenarios by Learning. In *TACAS '07:*

Literaturverzeichnis

	Proceedings of the 2007 International Conference on Tools and Algorithms for the Construction and Analysis of Systems, Jgg. 4424 of *LNCS*, Seiten 435–450. Springer Verlag, 2008.
Boe81.	Barry W. Boehm. *Software Engineering Economics*. Prentice Hall, 1981.
Bro06.	Manfred Broy. Challenges in Automotive Software Engineering. In *ICSE '06: Proceedings of the 28th international conference on Software engineering*, Seiten 33–42. ACM, 2006.
BZ83.	Daniel Brand und Pitro Zafiropulo. On Communicating Finite-State Machines. *Journal of the ACM (JACM)*, 30(2):323–342, 1983.
CFGK05.	Mirko Conrad, Ines Fey, Matthias Grochtmann und Torsten Klein. Modellbasierte Entwicklung eingebetteter Fahrzeugsoftware bei DaimlerChrysler. *Informatik - Forschung und Entwicklung*, 20:3–10, 2005.
CK02.	Orlando Cicchello und Stefan Kremer. Beyond EDSM. In *Grammatical Inference: Algorithms and Applications*, Jgg. 2484 of *Lecture Notes in Computer Science*, Seiten 37–41. Springer Berlin / Heidelberg, 2002.
CK03.	Orlando Cicchello und Stefan C. Kremer. Inducing Grammars from Sparse Data Sets: A Survey of Algorithms and Results. *The Journal of Machine Learning Research*, 4:603–632, 2003.
CN97.	François Coste und Jaque Nicolas. Regular Inference as a Graph Coloring Problem. In *ICML '97: Workshop on Grammatical Inference, Automata Induction, and Language Acquisition*, 1997.
DBB97.	Benedicte Dano, Henri Briand und Franck Barbier. An Approach Based on the Concept of Use Case to Produce Dynamic Object-Oriented Specifications. In *RE '97: Proceedings of the 3rd IEEE International Symposium on Requirements Engineering*, Seiten 54–64. IEEE Computer Society, 1997.
DGM02.	Ira Diethelm, Leif Geiger und Thomas Maier. Turning Collaboration Diagram Strips into Storycharts. In *SCESM '02: Proceedings of the 1st International Workshop on Scenarios and State Machines: Models, Algorithms and Tools, ICSE'02*, 2002.
DH01.	Werner Damm und David Harel. LSCs: Breathing Life into Message Sequence Charts. *Formal Methods in System Design*, 19(1):45–80, 2001.
Die08.	Björn Dietrich. Funktionsorientierung nimmt der Automobilindustrie Komplexität. *Economic Engineering*, 6:28–31, 2008.
Die09.	Björn Dietrich. Funktionsorientierter Ansatz bietet Vorteile. Bericht, Automotive Electronics Engineering Report, 2009.
DLDL05.	Christophe Damas, Bernard Lambeau, Pierre Dupont und Axel van Lamsweerde. Generating Annotated Behavior Models from End-User Scenarios. *IEEE Transactions on Software Engineering*, 31(12):1056–1073, 2005.
DLDL08.	Pierre Dupont, Bernard Lambeau, Christophe Damas und Axel van Lamsweerde. The QSM Algorithm and its Application to Software Behavior Model Induction. *Applied Artificial Intelligence*, 22(1-2):77–115, 2008.
DLL06.	Christophe Damas, Bernard Lambeau und Axel van Lamsweerde. Scenarios, Goals, and State Machines: a Win-Win Partnership for Model Synthesis. In *SIGSOFT '06: Proceedings of the 14th ACM SIGSOFT International Symposium on Foundations of Software Engineering*, Seiten 197–207. ACM Press, 2006.
DLRL09.	Christophe Damas, Bernard Lambeau, Francois Roucoux und Axel van Lamsweerde. Analyzing Critical Process Models through Behavior Model Synthesis. In *ICSE '09: Proceedings of the 2009 IEEE 31st International Conference on Software Engineering*, Seiten 441–451. IEEE Computer Society, 2009.
DMV94.	Pierre Dupont, Laurent Miclet und Enrique Vidal. What Is the Search Space of the Regular Inference? In *ICGI '94: Proceedings of the 2nd International Colloquium on Grammatical Inference and Applications*, Seiten 25–37. Springer-Verlag, 1994.
Dup96.	Pierre Dupont. *Utilization et Apprentissage de Modulès de Langage pour la Reconnaissance de la Parole Continue*. Dissertation, Ecole Nationale Supérieure des Télécommunications, 1996.
EK00.	Mohammed Elkoutbi und Rudolf K. Keller. User Interface Prototyping Based on UML Scenarios and High-Level Petri Nets. In *ATPN '00: Proceedings of the 21st International Conference on Application and Theory of Petri Nets*, LNCS, Seiten 166–186. Springer-Verlag, 2000.

Literaturverzeichnis

GHJV95. Erich Gamma, Richard Helm, Ralph Johnson und John Vlissides. *Design Patterns: Elements of Reusable Object-Oriented Software*. Addison-Wesley Longman Publishing Co., Inc., 1995.

GHR+03. Jens Grabowski, Dieter Hogrefe, György Réthy, Ina Schieferdecker, Anthony Wiles und Colin Willcock. An Introduction to the Testing and Test Control Notation (TTCN-3). *Computer Networks: The International Journal of Computer and Telecommunications Networking - ITU-T system design languages (SDL)*, 42:375–403, June 2003.

Gli00. Martin Glinz. Improving the Quality of Requirements with Scenarios. In *Proceedings of the 2nd World Congress on Software Quality*, Seiten 55–60, 2000.

GM03. Dimitra Giannakopoulou und Jeff Magee. Fluent Model Checking for Event-based Systems. In *ESEC/FSE-11: Proceedings of the 9th European Software Engineering Conference held jointly with 11th ACM SIGSOFT International Symposium on Foundations of Software Engineering*, Seiten 257–266. ACM, 2003.

Gol78. E. Mark Gold. Complexity of Automaton Identification from Given Data. *Information and Control*, 37(3):302–320, 1978.

Gri03. Klaus Grimm. Software technology in an automotive company: major challenges. In *ICSE '03: Proceedings of the 25th International Conference on Software Engineering*, Seiten 498–503. IEEE Computer Society, 2003.

Har87. David Harel. Statecharts: A Visual Formalism for Complex Systems. *Science of Computer Programming*, 8(3):231–274, 1987.

HK01. David Harel und Hillel Kugler. Synthesizing State-Based Object Systems from LSC Specifications. In *CIAA '00: Revised Papers from the 5th International Conference on Implementation and Application of Automata*, Jgg. 2088 of *LNCS*, Seiten 1–33. Springer-Verlag, 2001.

HKP05. David Harel, Hillel Kugler und Amir Pnueli. Synthesis Revisited: Generating Statechart Models from Scenario-Based Requirements. In *Formal Methods in Software and Systems Modeling*, Jgg. 3393 of *LNCS*, Seiten 309–324. Springer Verlag, 2005.

HL95. Mats P. E. Heimdahl und Nancy G. Leveson. Completeness and Consistency Analysis of State-Based Requirements. In *ICSE '95: Proceedings of the 17th International Conference on Software Engineering*, Seiten 3–14. ACM Press, 1995.

HM03. David Harel und Rami Marelly. *Come, Let's Play: Scenario-Based Programming Using LSC's and the Play-Engine*. Springer-Verlag New York, Inc., 2003.

HMU07. John E. Hopcroft, Rajeev Motwani und Jeffrey D. Ullman. *Introduction to Automata Theory, Languages, and Computation*. Addison-Wesley Longman, 3rd edition. Auflage, 2007.

IBM. IBM, http://www-142.ibm.com/software/products/de/de/ratidoor. *Rational DOORS*.

IEE98. IEEE - The Institute of Electrical and Electronics Engineers. IEEE Recommended Practice for Software Requirements Specifications. IEEE Software Engineering Standards Collection., 1998.

ITU99. ITU-TS. ITU-TS Recommendation Z.120: Message Sequence Chart (MSC). ITUTS, 1999.

Jaf88. Matthew S Jaffe. *Completeness, Robustness, and Safety in Real-Time Software Requirements Specifications*. Dissertation, University of California, Irvine, 1988.

JL89. M. S. Jaffe und N. G. Leveson. Completeness, Robustness, and Safety in Real-Time Software Requirements Specification. In *ICSE '89: Proceedings of the 11th International Conference on Software Engineering*, Seiten 302–311. ACM, 1989.

JLHM91. Matthew S. Jaffe, Nancy G. Leveson, Mats P. E. Heimdahl und Bonnie E. Melhart. Software Requirements Analysis for Real-Time Process-Control Systems. *IEEE Transactions on Software Engineering*, 17(3):241–258, 1991.

KEK01. Ismaïl Khriss, Mohammed Elkoutbi und Rudolf K. Keller. Automatic Synthesis Of Behavioral Object Specifications From Scenarios. *Jounal of Integrated Design & Process Science*, 5(3):53–77, 2001.

KGSB99. Ingolf Krüger, Radu Grosu, Peter Scholz und Manfred Broy. From MSCs to Statecharts. In *DIPES '98: Proceedings of the IFIP WG10.3/WG10.5 International Workshop on Distributed and Parallel Embedded Systems*, Seiten 61–71. Kluwer Academic Publishers, 1999.

KKF05. Leila Kloul und Juliana Küster-Filipe. From Interaction Overview Diagrams to PEPA Nets. In *PASTA '05: Proceedings of the 4th International Workshop on Process Algebras and Timed Activities*, 2005.

Literaturverzeichnis

KM94. Kai Koskimies und Erkki Mäkinen. Automatic Synthesis of State Machines from Trace Diagrams. *Software—Practice & Experience*, 24(7):643–658, 1994.

Krü00. Ingolf H. Krüger. *Distributed System Design with Message Sequence Charts*. Dissertation, Technische Universität München, 2000.

LDD06. Hongzhi Liang, Juergen Dingel und Zinovy Diskin. A Comparative Survey of Scenario-based to State-based Model Synthesis Approaches. In *SCESM '06: Proceedings of the 5th International Workshop on Scenarios and State Machines: Models, Algorithms, and Tools, ICSE'06*, Seiten 5–12. ACM Press, 2006.

Lev95. Nancy G. Leveson. *Safeware: System Safety and Computers*. ACM, 1995.

LMR98. Stefan Leue, Lars Mehrmann und Mohammad Rezai. Synthesizing ROOM Models from Message Sequence Chart Specifications. Bericht, Departement of Electrical and Computer Engineering, University of Waterloo, 1998.

LPP98. Kevin J. Lang, Barak A. Pearlmutter und Rodney Price. Results of the Abbadingo One DFA Learning Competition and a New Evidence-Driven State Merging Algorithm. In *ICGI '98: Proceedings of the 4th International Colloquium on Grammatical Inference*, Jgg. 1433 of *LNCS*, Seiten 1–12. Springer-Verlag, 1998.

LT88. K.G. Larsen und B. Thomsen. A Modal Process Logic. In *LICS '88: Proceedings of the Third Annual Symposium on Logic in Computer Science*, Seiten 203–210, 1988.

Mag06. Jeff Magee. *Concurrency: State Models And Java Programs*. John Wiley & Sons, 2006.

Mai98. N. A. M. Maiden. CREWS-SAVRE: Scenarios for Acquiring and Validating Requirements. *Automated Software Engineering*, 5(4):419–446, 1998.

McC76. Thomas J. McCabe. A Complexity Measure. *IEEE Transactions on Software Engineering*, 2:308–320, 1976.

Mic10. Microsoft, http://research.microsoft.com/research/msagl/. *Microsoft Automatic Graph Layout (MSAGL)*, 2010.

Mil89. R. Milner. *Communication and Concurrency*. Prentice-Hall, Inc., 1989.

MK99. Jeff Magee und Jeff Kramer. *Concurrency. State Models and Java Programs*. Wiley & Sons, 1999.

MS01. Erkki Mäkinen und Tarja Systä. MAS — An Interactive Synthesizer to Support Behavioral Modelling in UML. In *ICSE '01: Proceedings of the 23rd International Conference on Software Engineering*, Seiten 15–24. IEEE Computer Society, 2001.

Muc03. Henry Muccini. Detecting Implied Scenarios Analyzing Non-local Branching Choices. In *FASE '03: Proceedings of the 6th International Conference on Fundamental Approaches to Software Engineering*, Jgg. 2621 of *LNCS*, Seiten 372–386. Springer-Verlag, 2003.

MZ99. Nikolai Mansurov und Dimitrij Zhukov. Automatic Synthesis of SDL Models in Use Case Methodology. In *SDL '99: Proceedings of the 9th International SDL Forum*. Elsevier Science Publishing Co Inc, 1999.

MZ03. Thomas Maier und Albert Zündorf. The Fujaba Statechart Synthesis Approach. In *SCESM '03: Proceedings of the 2nd International Workshop on Scenarios and State Machines: Models, Algorithms, and Tools, ICSE 2003*. Wiley-VCH, 2003.

NL03. Colin J. Neill und Phillip A. Laplante. Requirements Engineering: The State of the Practice. *IEEE Software*, 20(6):40–45, 2003.

NM05. Humberto Nicolás und Castejón Martínez. Synthesizing State-Machine Behaviour from UML Collaborations and Use Case Maps. In *In SDL Forum*, Jgg. 3530 of *LNCS*, Seiten 339–359. Springer-Verlag, 2005.

NRL08. Lev Nachmanson, George Robertson und Bongshin Lee. Drawing graphs with GLEE. In *GD'07: Proceedings of the 15th International Conference on Graph Drawing*, Seiten 389–394. Springer-Verlag, 2008.

Obj07a. Object Management Group. *UML 2.1.1 Superstructure Specification*, 2007.

Obj07b. Object Management Group. *XML Metadata Interchange (XMI)*, 2007.

OG92. José Oncina und Pedro Garcia. Inferring Regular Languages in Polynomial Update Time. In *Pattern Recognition and Image Analysis*, Jgg. 1 of *Series in Machine Perception and Artificial Intelligence*, Seiten 49–61. World Scientific, 1992.

Literaturverzeichnis

PMPS01. Zs. Pap, I. Majzik, A. Pataricza und A. Szegi. Completeness and Consistency Analysis of UML Statechart Specifications. In *DDECS '01: Proceedings of the 2001 International Workshop on Design and Diagnostics of Electronic Circuits and Systems*, Seiten 83–90. IEEE, 2001.

Ray06. O. Ray. Using Abduction for Induction of Normal Logic Programs. In *Proceedings of the 2nd Workshop on AIAI and Scientific Modelling*, 2006.

Rea90. James Reason. *Human Error*. Cambridge University Press, 1990.

Reg99. Björn Regnell. *Requirements Engineering with Use Cases – A Basis for Software Development*. Dissertation, Lund Institute of Technology, Department of Communication Systems, 1999.

RM06. John Reekie und Rohan McAdam. *A Software Architecture Primer*. Angophora Press, 2006.

RPG94. Jens Rasmussen, Annelise Mark Pejtersen und L. P. Goodstein. *Cognitive Systems Engineering*. John Wiley & Sons, Inc., 1994.

Sak91. Yasubumi Sakakibara. On learning from queries and counterexamples in the presence of noise. *Information Processing Letters*, 37:279–284, March 1991.

Sch03. Axel Schultze. Requirement Engineering – Effektives Verbesserungspotential bei der Entwicklung von Steuergerätesoftware. *ATZ/MTZ Extra Automotive Electronics*, 1:2–6, 2003.

SDV95. Stéphane Somé, Rachida Dssouli und Jean Vaucher. From Scenarios to Timed Automata: Building Specifications from Users Requirements. In *APSEC '95: Proceedings of the 2nd Asia Pacific Software Engineering Conference*, Seiten 48–57. IEEE Computer Society, 1995.

Sel07. Richard W. Selby. *Software Engineering: Barry W. Boehm's Lifetime Contributions to Software Development, Management, and Research*. Wiley-IEEE Computer Society Press, 2007.

SKW+04. Marco Sgroi, Alex Kondratyev, Yosinori Watanabe, Luciano Lavagno und Alberto Sangiovanni-Vincentelli. Synthesis of Petri Nets from Message Sequence Charts Specifications for Protocol Design. In *DASD '04: Proceedings of the 2004 International Symposium on Design, Analysis and Simulation of Distributed Systems*, 2004.

SMMM98. Alistair G. Sutcliffe, Neil A. M. Maiden, Shailey Minocha und Darrel Manuel. Supporting Scenario-Based Requirements Engineering. *IEEE Transactions on Software Engineering*, 24(12):1072–1088, 1998.

STT81. Kozo Sugiyama, Shojiro Tagawa und Mitsuhiko Toda. Methods for Visual Understanding of Hierarchical System Structures. *IEEE Transactions on Systems, Man and Cybernetics*, 11(2):109–125, 1981.

UBC07. Sebastian Uchitel, Greg Brunet und Marsha Chechik. Behaviour Model Synthesis from Properties and Scenarios. In *ICSE '07: Proceedings of the 29th International Conference on Software Engineering*, Seiten 34–43. IEEE Computer Society, 2007.

UKM01. Sebastian Uchitel, Jeff Kramer und Jeff Magee. Detecting Implied Scenarios in Message Sequence Chart Specifications. In *ESEC '01: Proceedings of the 8th European Software Engineering Conference*, Seiten 74–82. ACM Press, 2001.

UKM04. Sebastian Uchitel, Jeff Kramer und Jeff Magee. Incremental Elaboration of Scenario-Based Specifications and Behavior Models Using Implied Scenarios. *ACM Transactions on Software Engineering Methodolgy*, 13(1):37–85, 2004.

WK04. Jon Whittle und Ingolf H. Krüger. A Methodology for Scenario-Based Requirements Capture. In *SCESM '04: Proceedings of the 3rd International Workshop on Scenarios and State Machines: Models, Algorithms and Tools, ICSE'04*, Seiten 2–7, 2004.

WS00. Jon Whittle und Johann Schumann. Generating Statechart Designs from Scenarios. In *ICSE '00: Proceedings of the 22nd International Conference on Software Engineering*, Seiten 314–323. ACM Press, 2000.

Yu87. Eric S. K. Yu. What Does It Mean to Say that a Specification is Complete? In *IWSSD-4: Proceedings of the Fourth International Workshop on Software Specification and Design*, 1987.

ZHJ04. Tewfic Ziadi, Loic Helouet und Jean-Marc Jezequel. Revisiting Statechart Synthesis with an Algebraic Approach. In *ICSE '04: Proceedings of the 26th International Conference on Software Engineering*, Seiten 242–251. IEEE Computer Society, 2004.

ZN08. Justyna Zander-Nowicka. *Model-based Testing of Real-Time Embedded Systems in the Automotive Domain*. Dissertation, Technische Universität Berlin, 2008.

Sachverzeichnis

Äquivalenzanfrage, 34

Abdeckung einer Transition, 144
ALTS, *siehe* Angereichertes Labeled Transition System
Anfragegestütztes Lernen, 34
Angereichertes Labeled Transition System, 65
APG, *siehe* Parkführung
APTA, *siehe* Prefix Tree Acceptor
Architektur des JigSCI-Verfahrens, 122

Bestätigungsanfrage, 96
   bezüglich der kürzesten Präfixe, 110
Block, 18
Blue-Fringe-Delta-EDSM-Algorithmus, 73
   Delta-EDSM-Heuristik, 73
Blue-Fringe-EDSM-Algorithmus, 30
   Beispiel, 32
   Chancen und Herausforderungen des, 41
   EDSM-Heuristik, 31

Charakteristisches Beispiel, 29

Delta-EDSM-Heuristik, 73
Determinisierung, 26
Deterministischer Endlicher Automat, 18

Elementanfrage, 34
Erreichbarkeit
   eines Szenarios, 65
   eines Zustands, 21
Erreichbarkeitsanalyse, 64

Funktionale Vollständigkeit, 60
   Relative, *siehe* Relative funktionale Vollständigkeit
Funktionsorientierte Entwicklung, 10
   Fahrzeugfunktion, 10
   Funktion, *siehe* Fahrzeugfunktion
Funktionsstruktur, 10
   Erweiterte, 11
   Priorisierte, 78

Generalisierung, 25
Grammatik-Inferenz, *siehe* Induktive Grammatik-Inferenz

Induktive Grammatik-Inferenz, 24

Kürzeste-Präfix-Anfrage, 75
   Priorität einer, 80
Kürzester Präfix
   einer Sprache, 28
   eines Zustands, 74
Kanonischer Automat, 28
Kern einer Sprache, 28
Komplementärelementanfrage, 111
Komplementärmengenanfrage, 34
   des JigSCI-Verfahrens, 105
Kompositionsabbildung, 60
   $syn_{BFD\alpha}$, 73
   syn_{BF}, 60

L*-Algorithmus, 50
Labeled Transition System, 19
   Angereichertes, 65
   kompatibel, 26, 58
Linearisierte Szenariospezifikation, *siehe* Szenariospezifikation
Linearisierung, 12
Linearisierungen
   graphische Darstellung, 14
Lokal optimale Partition, 102
Lokal optimale Zustandsvereinigung, 103
LTS, *siehe* Labeled Transition System

Merge-Operation, 25

Normalform einer Szenariospezifikation, 59
Normalisierung, 23

Optimierung, 23

Parallele Komposition, 19
Parkassistenz, 13

Sachverzeichnis

Parkführung, 16
Parklückenvermessung, 13
Partition, 18
Präfix
   eines Zustands, 74
   eines Wortes, 25
   eines Zustands, 25
Präfixabgeschlossenheit, 58
Prefix Tree Acceptor, 25
   Angereichter, 30
Projektion, 23
PSS, *siehe* Parklückenvermessung
PTA, *siehe* Prefix Tree Acceptor

QSM-Algorithmus, 34
   Beispiel, 36
   Chancen und Herausforderungen des, 41
   Gestellte Elementanfrage des, 35
Quotientenautomat, 19

Reaktion auf jedes Eingabeereignis, 21
Referenzverhalten, 58
Relative funktionale Vollständigkeit, 132
Relative strukturelle Vollständigkeit, 131
RPNI-Algorithmus, 24
   Beispiel, 26
   RPNI-Standardordnung, 25

Strukturelle Vollständigkeit
   Relative, *siehe* Relative strukturelle Vollständigkeit
   von Beispielwörtern, 29
   von Szenariospezifikationen, 59
Suffix
   eines Wortes, 28
   eines Zustands, 74
Synthese, *siehe* Syntheseverfahren
Syntheseverfahren

Allgemeiner Aufbau, 23
Begriff, 22
Deduktives, 24
Induktives, 24
Szenario
   Begriff, 9
   Impliziertes, 51
   Linearisiertes, 12
Szenario-Suffix, 75
Szenarioüberdeckung, 15
Szenariofortsetzung, 15
Szenariokomposition, 15
Szenariosimulation, 54
Szenariospezifikation, 12
   Funktionale Vollständigkeit einer, *siehe* Funktionale Vollständigkeit
   Normalform einer, *siehe* Normalform einer Szenariospezifikation
   Priorisierte, 79
   Strukturelle Vollständigkeit einer, *siehe* Strukturelle Vollständigkeit

Teilmengenanfrage, 34
Testspezifikation, 132
Transformation, 23

Vollständigkeit
   absolute, 57
   einer Anforderungsspezifikation, 20
   eines Labeled Transition Systems, 21
   funktionale, *siehe* Funktionale Vollständigkeit
   hinlängliche, 57
   strukturelle, *siehe* Strukturelle Vollständigkeit
   von Beispielwörtern, *siehe* Charakteristisches Beispiel

Zustandsvereinigung, 25
Zyklische-Verhaltens-Anfrage, 95

Die VDM Verlagsservicegesellschaft sucht für wissenschaftliche Verlage abgeschlossene und herausragende

Dissertationen, Habilitationen, Diplomarbeiten, Master Theses, Magisterarbeiten usw.

für die kostenlose Publikation als Fachbuch.

Sie verfügen über eine Arbeit, die hohen inhaltlichen und formalen Ansprüchen genügt, und haben Interesse an einer honorarvergüteten Publikation?

Dann senden Sie bitte erste Informationen über sich und Ihre Arbeit per Email an *info@vdm-vsg.de*.

Sie erhalten kurzfristig unser Feedback!

VDM Verlagsservicegesellschaft mbH
Dudweiler Landstr. 99
D - 66123 Saarbrücken
www.vdm-vsg.de

Telefon +49 681 3720 174
Fax +49 681 3720 1749

Die VDM Verlagsservicegesellschaft mbH vertritt

Printed by Books on Demand GmbH, Norderstedt / Germany